1+X 职业技术·职业资格培训教材

主　编　白云鹏
副主编　单迎春　高　博
编　者　胡振明　王淑娟　季勇金
主　审　徐龙章　罗保国

软件测试人员(Java)(高级)

中国劳动社会保障出版社

图书在版编目(CIP)数据

软件测试人员：高级．Java/上海市职业技能鉴定中心组织编写．—北京：中国劳动社会保障出版社，2012

1 + X 职业技术 · 职业资格培训教材

ISBN 978 - 7 - 5045 - 9993 - 3

Ⅰ.①软…　Ⅱ.①上…　Ⅲ.①软件-测试-技术培训-教材②JAVA 语言-程序设计-技术培训-教材　Ⅳ.①TP311.5

中国版本图书馆 CIP 数据核字(2012)第 246330 号

中国劳动社会保障出版社出版发行

（北京市惠新东街1号　邮政编码：100029）

出版人：张梦欣

*

北京世知印务有限公司印刷装订　　新华书店经销

787 毫米×1040 毫米　16 开本　14.75 印张　276 千字

2012 年 10 月第 1 版　　2012 年 10 月第 1 次印刷

定价：32.00 元

读者服务部电话：010 - 64929211/64921644/84643933

发行部电话：010 - 64961894

出版社网址：http://www.class.com.cn

内容简介

本教材由人力资源和社会保障部教材办公室、中国就业培训技术指导中心上海分中心、上海市职业技能鉴定中心依据上海 1 + X 软件测试人员（三级）职业技能鉴定细目组织编写。教材从强化培养操作技能，掌握实用技术的角度出发，较好地体现了当前最新的实用知识与操作技术，对于提高从业人员基本素质，掌握软件测试人员（三级）的核心知识与技能有直接的帮助和指导作用。

本教材在编写中根据本职业的工作特点，以能力培养为根本出发点，采用模块化的编写方式。本教材内容共分为 4 个章节，主要包括：软件测试基础、软件测试技术及其应用、Java 编程与测试实践、测试自动化技术。同时，本书还提供了 3 个附录，更好地辅助学员们学习使用。

本教材可作为软件测试人员（三级）职业技能培训与鉴定考核教材，也可供全国中、高等职业技术院校相关专业师生参考使用，以及本职业从业人员培训使用。

前　言

职业培训制度的积极推进，尤其是职业资格证书制度的推行，为广大劳动者系统地学习相关职业的知识和技能，提高就业能力、工作能力和职业转换能力提供了可能，同时也为企业选择适应生产需要的合格劳动者提供了依据。

随着我国科学技术的飞速发展和产业结构的不断调整，各种新兴职业应运而生，传统职业中也愈来愈多、愈来愈快地融进了各种新知识、新技术和新工艺。因此，加快培养合格的、适应现代化建设要求的高技能人才就显得尤为迫切。近年来，上海市在加快高技能人才建设方面进行了有益的探索，积累了丰富而宝贵的经验。为优化人力资源结构，加快高技能人才队伍建设，上海市人力资源和社会保障局在提升职业标准、完善技能鉴定方面做了积极的探索和尝试，推出了1+X培训与鉴定模式。1+X中的1代表国家职业标准，X是为适应上海市经济发展的需要，对职业的部分知识和技能要求进行的扩充和更新。随着经济发展和技术进步，X将不断被赋予新的内涵，不断得到深化和提升。

上海市1+X培训与鉴定模式，得到了国家人力资源和社会保障部的支持和肯定。为配合上海市开展的1+X培训与鉴定的需要，人力资源和社会保障部教材办公室、中国就业培训技术指导中心上海分中心、上海市职业技能鉴定中心联合组织有关方面的专家、技术人员共同编写了职业技术·职业资格培训系列教材。

职业技术·职业资格培训教材严格按照1+X鉴定考核细目进行编写，教材内容充分反映了当前从事职业活动所需要的核心知识与技能，较好地体现了适用性、先进性与前瞻性。聘请编写1+X鉴定考核细目的专家，以及相关行业的专家参与教材的编审工作，保证了教材内容的科学性及与鉴定考核细目以及题库的紧密衔接。

职业技术·职业资格培训教材突出了适应职业技能培训的特色，使读者通过学习与培训，不仅有助于通过鉴定考核，而且能够真正掌握本职业的核心技术与操作技能，从而实现从懂得了什么到会做什么的飞跃。

职业技术·职业资格培训教材立足于国家职业标准，也可为全国其他省市开展新职业、新技术职业培训和鉴定考核，以及高技能人才培养提供借鉴或参考。

本书在编写过程中，得到了上海企顺信息系统有限公司、上海企顺技能培训学校、北京信狐天诚软件科技有限公司的大力支持与协助，在此表示衷心的感谢。

新教材的编写是一项探索性工作，由于时间紧迫，不足之处在所难免，欢迎各使用单位及个人对教材提出宝贵意见和建议，以便教材修订时补充更正。

人力资源和社会保障部教材办公室
中国就业培训技术指导中心上海分中心
上海市职业技能鉴定中心

目　录

第1章　软件测试基础 …… 1
第1节　软件测试概览 …… 2
第2节　软件测试工程师职业 …… 11

第2章　软件测试技术及其应用 …… 17
第1节　黑盒测试技术 …… 18
第2节　白盒测试技术简介 …… 40
学习单元1　静态白盒测试 …… 40
学习单元2　结构化测试技术和代码覆盖 …… 44
第3节　目的驱动的软件测试 …… 50

第3章　Java编程与测试实践 …… 71
第1节　Java 程序设计 …… 72
第2节　Java 软件测试实践 …… 99

第4章　测试自动化技术 …… 125
第1节　测试自动化基础 …… 126
第2节　用户界面测试自动化 …… 130
第3节　测试自动化框架基础 …… 135
第4节　高级测试自动化技术 …… 162
第5节　自动化测试工具的使用 …… 166

附录 1　测试人员经常使用的操作系统 ………………………… 173
附录 2　测试人员经常使用的虚拟平台 ………………………… 199
附录 3　常见的软件测试规范 ………… 221

第1章

软件测试基础

第1节　软件测试概览　　　　/2
第2节　软件测试工程师职业/11

第 1 节　软件测试概览

学习目标

了解软件测试的软件工程过程定位、行业整体情况

知识要求

一、软件测试：软件工程中承前启后的环节

软件工程的概念于 1968 年被提出。经历了数十年的发展，人们对软件工程的定义不断更新。简单来说，软件工程是用系统化、规范化和可定量的过程化方法对软件进行开发和维护。软件测试贯穿于整个软件工程，在软件工程各环节有着承前启后的作用。

1. 常见软件过程模型

常见的软件过程模型有瀑布模型、演化模型（如增量模型、原型模型、螺旋模型）、喷泉模型、基于构件的开发模型和形式方法模型等。

（1）瀑布模型。1970 年温斯顿·罗伊斯（Winston Royce）提出了著名的“瀑布模型”，直到 20 世纪 80 年代早期，它一直是唯一被广泛采用的软件开发模型。

瀑布模型（Waterfall Model）是一个项目开发架构，开发过程是通过设计一系列阶段顺序展开的，从系统需求分析开始直到产品发布和维护，每个阶段都会产生循环反馈，因此，如果有信息未被覆盖或者发现了问题，那么最好“返回”上一个阶段并进行适当的修改，项目开发进程从一个阶段“流动”到下一个阶段，这也是瀑布模型名称的由来。

如图 1—1 所示为瀑布模型，虽然它已经被证明并不适合复杂系统的开发，但是它基本阐述了软件生命周期的各个阶段。

瀑布模型具有以下优点：

1）可强迫开发人员采用规范的方法（例如，结构化技术）。

2）严格规定了每个阶段必须提交的文档。

3）每个阶段的结果都能得到验证。

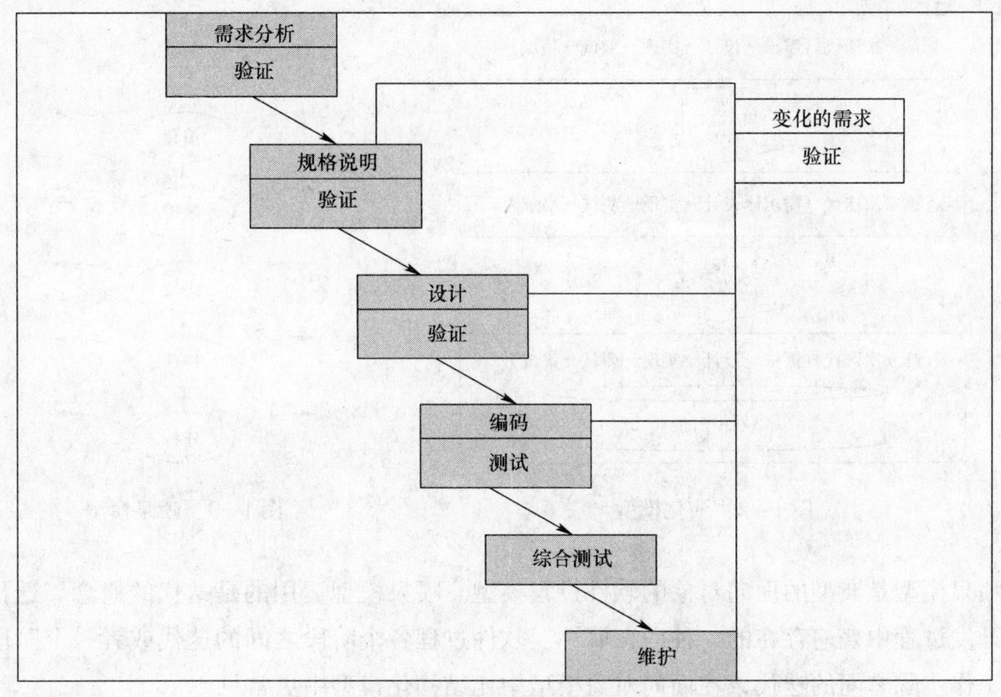

图 1—1　瀑布模型

（2）演化模型。演化模型是一种全局的软件（或产品）生存周期模型，属于迭代开发风格。

该模型可以表示为：第一次迭代（需求→设计→实现→测试→集成）→反馈→第二次迭代（需求→设计→实现→测试→集成）→反馈→……如图 1　2 所示。

演化模型根据用户的基本需求，通过快速分析构造出软件的一个初始可运行版本，这个初始的软件通常称为原型，然后根据用户在使用原型的过程中提出的意见和建议对原型进行改进，获得原型的新版本。不断重复这一过程，最终可得到令用户满意的软件产品。采用演化模型的开发过程，实际上就是从初始的原型逐步演化成最终软件产品的过程。演化模型特别适用于对软件需求缺乏准确认识的情况。

（3）喷泉模型。喷泉模型是一种以用户需求为动力，以对象为驱动的模型，主要用于描述面向对象的软件开发过程。该模型认为软件开发过程自下而上周期的各阶段是相互重叠和多次反复的，就像水喷上去又可以落下来，类似一个喷泉。各个开发阶段没有特定的次序要求，并且可以交互进行，可以在某个开发阶段中随时补充其他任何开发阶段中的遗漏。喷泉模型如图 1—3 所示。

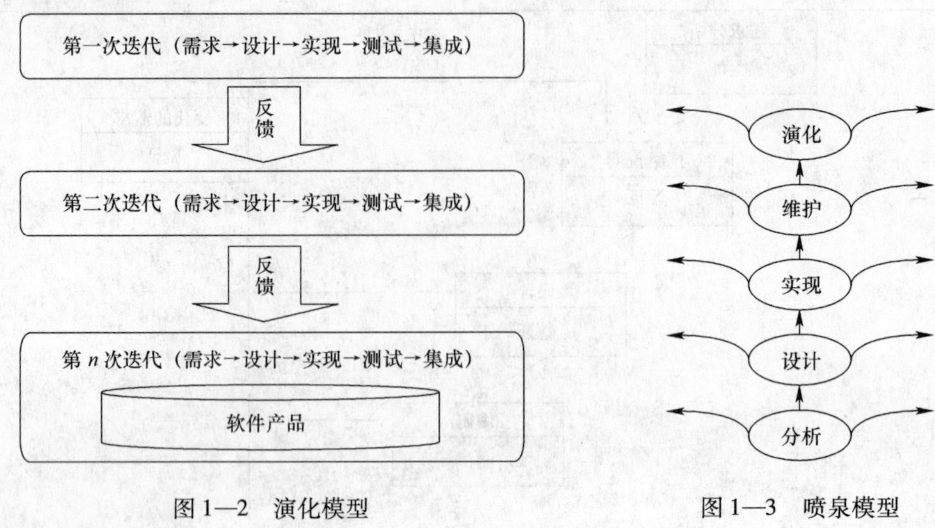

图 1—2　演化模型　　　　图 1—3　喷泉模型

喷泉模型是典型的面向对象的软件过程模型。喷泉模型运用的是迭代的概念。迭代是软件开发过程中普遍存在的一种内在属性。软件过程各个阶段之间的迭代或者一个阶段内各个工作步骤之间的迭代，在面向对象模型中比结构化模型中更常见。

“喷泉”这个词形象地体现了面向对象软件开发过程中迭代的特性。一般来说，使用面向对象方法开发软件时，工作重点应该放在分析阶段。面向对象开发过程可以这样概括：在开发的早期阶段分析人员定义出一系列面向问题的对象，在之后的整个开发过程中这些对象不断地被充实。图 1—3 中不同阶段两侧的箭头像喷泉一样两端呈喷射状，这表示两个活动之间存在交叠，同时也代表该阶段内的迭代。每次迭代都会增加或明确一些目标系统的性质，但却不是对先前工作结果的本质性改动，这样就减少了不一致性，降低了出错的可能性。

其实，在面向对象开发的整个开发过程中，对生命周期各阶段的区别不是很明显，因为所有概念都是围绕对象组成的，分析阶段、设计阶段和实现阶段都使用相同的对象模型。由于各阶段使用统一的概念和表示符号，因此，很容易实现各个开发步骤的反复迭代，达到认识的逐步深化。而面向对象开发方法在概念和表示方法上的一致性，保证了在各项开发步骤之间的无缝过渡。

为避免使用喷泉模型开发软件时开发过程过分无序，应该把一个线性过程作为总目标。但是应该记住，面向对象开发方法要求经常对开发活动进行迭代。

（4）基于构件的开发模型。基于构件的开发（Component-Based Development，CBD）是一种软件开发新模型，它是在一定应用框架和构件模型的支持下，复用构件库中的一个或多个软件构件，通过组合手段高效率、高质量地构造应用软件系统的过程。由于以分布式对象为基础的构件实现技术日趋成熟，CBD 已经成为现今软件复用实践的研究热点，被认为是最具潜力的软件工程发展方向之一。下面先简单介绍与其相关的一些概念，包括构件、接口、构件框架等。

很难给构件下一个完整的定义，因为构件的内涵十分丰富，CBD 又处在发展阶段中，所以出现了许多不很一致的构件定义。概括地说，构件的定义如下："构件是指可以用于多个信息系统的、具有可复用性质的系统成分，其内容兼有独立性、完整性、可标识性、一般性、适应性、可靠性、标准化的特点。"可以认为构件是由一方定义其规格说明，被另一方实现，然后供给第三方使用的一种实体。

接口是用户与构件发生交互的连接渠道，第三方只能通过构件接口的规格说明理解和复用构件，接口规格说明也是一种"契约"，它足够精确地描述构件实现的功能，同时又不把构件限定于唯一的实现方法，这种不确定性带来了解决方案的灵活性。

构件框架（Framework）是构件实现"即插即用"的基础结构。构件框架可以通过一定的环境条件和交互规则将一组构件独立起来，成为一个新的构件。构件通过这种方式迭代和合成，构成一个结构复杂的应用系统。目前，有多个组织和公司制定了构件基础设施的标准或开发了相关产品，也为构件、构件框架和接口建立了模型和技术规范（例如，NET）。

构件和对象都是对现实世界的抽象描述，通过接口封装了可复用的代码实现，不同的是，首先在概念层面上，对象描述客观世界实体（Identity），构件提供客观世界服务（Service）；其次在复用策略上，对象通过继承实现复用，而构件通过合成实现复用；最后在技术手段上，构件通过对象技术而实现，对象按规定经过适当的接口包装之后成为构件，一个构件通常是多个对象的集合体。

当今，构件技术已经成为计算环境的基本组成之一，众多中间件产品和开发工具提供了对不同构件模型的实现支持，特别是在分布式、企业级应用软件系统中，无不把软件的构件化作为解决维护、扩展和升级的唯一途径。

（5）形式方法模型

1）变换模型。变换模型是一种用于软件的形式化开发的方法。在软件需求分析确定以后，便用形式化的规格说明语言将其描述为"形式化软件规格说明"，然后对其进行一系列自动或半自动的变换，最终得到软件系统的目标程序。

2）净室软件过程模型。净室软件过程模型也是软件开发的一种形式化方法，它力求在分析和设计阶段就消除错误，确保正确，然后在无缺陷或"洁净"的状态下实现软件的制作，以生成极高质量的软件。

净室软件过程模型使用盒结构规约进行分析和设计建模，并且强调将正确性验证而不是测试作为发现和消除错误的主要机制。它使用测试来获取认证，使被交付的软件的出错率达到最低。

（6）W 模型。W 模型由 Evolutif 公司提出，相对于 V 模型，W 模型增加了软件各开发阶段中应同步进行的验证和确认活动。W 模型由两个 V 字型模型组成，分别代表测试与开发过程。

W 模型强调测试伴随着整个软件开发周期，而且测试的对象不仅仅是程序，需求、设计等同样要测试，也就是说，测试与开发是同步进行的。W 模型有利于尽早地全面发现问题。例如，需求分析完成后，测试人员就应该参与到对需求的验证和确认活动中，以尽早地找出缺陷所在。同时，对需求的测试也有利于及时了解项目难度和测试风险，及早制定应对措施，这将显著减少总体测试时间，加快项目进度。但是 W 模型也存在局限性。在 W 模型中，需求、设计、编码等活动被视为串行的，同时，测试和开发活动也保持着一种线性的前后关系，上一阶段完全结束，才可正式开始下一个阶段的工作。这样就无法支持迭代的开发模型。

伴随着上述局限性，W 模型的优点在于测试与开发同步进行，且将被测试对象的含义定义得更广泛，从某种程度上说可降低软件开发的成本。但对于当前软件开发复杂多变的情况，W 模型并不能解除测试管理面临的困惑。

2. 软件测试基本方法

软件测试是为了更快、更早地将软件产品或软件系统中所存在的各种问题找出来，并促使程序员尽快地解决这些问题，最终及时地向客户提供高质量的软件产品。要做到这一点，尽可能地找出系统中绝大部分的软件缺陷，必须建立在软件测试非常有用的基本方法之上。软件测试方法可根据测试对象在测试过程中是否发生状态变化分为两大类：动态测试和静态测试。又可根据对测试对象了解的程度，或者按照哲学的观点，分为黑盒测试和白盒测试。

3. 敏捷软件测试

首先，敏捷测试是敏捷的一种，原有测试定义中通过执行被测系统发现问题，通过测试这种活动能够对被测系统提供度量等观点还是适用的。

敏捷测试是遵循敏捷宣言的一种测试实践：

（1）强调从客户的角度，即从使用系统的用户的角度，来测试系统。

（2）重点测试持续迭代的新开发的功能，而不再强调传统测试过程中严格的测试阶段。

（3）建议尽早开始测试，一旦系统某个层面可测试，比如提供了模块功能，就要开始模块层面的单元测试，同时随着测试的深入，持续进行回归测试，保证之前测试过的内容的正确性。

测试不仅仅是测试软件本身，还包括软件测试的过程和模式。如果在产品发布后才发现有很多问题，很可能是在软件开发过程中出了问题。因此，测试除了需要确保软件的质量，即软件做了正确的事情，以及软件做了应该做的事情，敏捷的测试团队还要保证整个软件开发过程是正确的。

敏捷开发的最大特点是高度迭代，有周期性，并且能够及时、持续地响应客户的频繁反馈。敏捷测试是不断修正质量指标，正确建立测试策略，确认客户的有效需求得以圆满实现和确保整个生产的过程安全地、及时地发布最终产品。敏捷测试人员因而需要在活动中关注产品需求和产品设计，解读源代码；在独立完成各项测试计划、测试执行工作的同时，敏捷测试人员需要参与几乎所有的团队讨论和团队决策。一名优秀的敏捷测试人员需要在有限的时间内完成更多的测试准备，并富有极强的责任心和领导力。更重要的是，一名优秀的测试人员需要能够扩展开来做更多的与测试或许无关，但与团队共同目标直接相关的工作，能帮助团队其他成员解决困难、帮助实现其预期目标，发扬高度协作精神以帮助团队最终获取成功。需要指出的是，团队的高度协作精神既需要团队成员的勇敢尝试，更需要团队成员的主动配合和帮助。对于测试人员如此，对于开发、设计人员以及其他成员也是如此。

4. 软件测试和软件质量

随着计算机软件产业的不断发展，软件产品的质量成为用户体验是否良好的关键因素。在纷繁复杂的软件产品层级中，自始至终无一不被软件质量管理与质量控制所贯穿。影响软件质量的因素众多，而软件测试是软件质量的重要保障。

就软件测试过程来说，有以下主要因素决定着软件产品的质量。

（1）规范化的流程。在复杂的项目实施过程中，当对测试资源、测试范围和内容以及时间日期进行界定时，相关文档的管理至关重要。实践表明，一套规范化的软件测试流程的执行，将会获得意想不到的效果。

（2）测试经验。软件测试犹如一位医生面对一位患者，过往的经验告诉测试人员被测试对象哪些地方更容易出现问题，用户使用软件产品的关注点在哪些地方。一位有着丰富测试经验的测试工程师可以在短时间内找出被测对象中存在的有重大价值的潜在错误，整个过程甚至不需要苦思冥想，或是偶然发现，一切尽在掌控中。

（3）理论基础。在软件科学的知识体系中，理论基础处于最底层且最核心的位置。无论是哪个分支，构建起庞大知识体系的理论基础起着中坚作用。在软件测试中，深入透彻掌握相关理论能够使整个知识体系变得庞大而牢固。要善用理论，使其在实践中发挥出巨大的能量。关于软件测试理论基础，将会在本书其他章节详细介绍。

（4）态度。软件测试人员的态度大致可分为两部分，一类是性格因素折射出的工作风格，另一类是基于对软件测试认知的工作态度。

5. 对软件测试的常见误解

（1）软件测试很简单。软件测试工作需要测试人员具有高度的责任感和逆向思维能力。在美国微软公司，软件测试人员和开发人员的比例高达2∶1。在有些重大项目中，这一比例甚至更高。而测试人员全部是同开发人员具有同样编码能力的工程师，他们要完成整套自动化测试程序。相对软件开发工程师，测试工程师需要掌握的知识面更广，要求更高。显然，出色地完成软件测试任务并不简单。

（2）软件测试不重要。软件测试的目的是规避由于软件潜在的错误而带来的商业风险。因为软件测试不到位而造成产品发布后出现重大损失的例子不胜枚举。发现这些错误的唯一手段就是软件测试。

（3）软件测试与开发无关。软件测试用例是根据软件规格说明中对功能的描述来设计并执行的。根据实际运行结果与期望结果进行比对，确认实际结果是否与规格说明中所描述功能一致。测试是发现错误并加以纠正的过程。任何软件产品开发之初都会存在错误，错误被发现并且不断地被修改，反复迭代的过程则是软件测试和开发过程相互作用的结果。

（4）软件测试是开发后期的一个阶段。在不同的软件工程模型中，软件测试并非只存在于某个特定的阶段，而是贯穿于整个软件工程过程中。其中囊括了立项、需求调研、开发、交付及后期维护等阶段。

二、软件测试行业的中兴

软件测试占软件生产过程总成本比例过半，对于某些安全性、稳定性有着特殊要求的软件产品，软件测试所占总成本比例甚至在90%以上。在我国，软件外包测试也是软件测试行业的重要部分，随着全球化浪潮的推进，软件测试行业方兴未艾。

1. 行业的历史和发展

（1）软件测试发展里程。在1956年以前，软件测试停留在代码调试阶段。软件测试与代码调试并无两样。

1957—1978年，软件测试已经与代码调试分离开来，测试使得软件与产品需求更加吻合。

1979—1982年，软件测试进入一个排错的时代，以发现错误为目的。

1983—1987年，软件测试作为软件工程重要环节出现，成为软件质量评估的活动。

自1988年以来，软件测试在软件质量评估、需求验证、软件防错纠错各方面有了长足的进步。

（2）我国软件测试的兴起。近年来，软件测试在众多企业中受到高度重视，并最终形成了规模。表现为测试人员数量的激增，测试人员职业素质的提高，以及社会上林林总总地出现了大大小小的测试培训机构。在每年的软件质量年会上，国内同行交流行业发展信息，共享优势资源。这些现象无一不说明了软件测试在我国正悄然兴起。

2. 软件测试外包概念

信息技术外包（Information Technology Outsourcing，ITO）是指服务外包发包商以合同的方式委托信息技术服务外包提供商向企业提供部分或全部信息技术服务功能，主要包括信息技术的系统、应用管理及技术支持的服务。

业务流程外包（Business Process Outsourcing，BPO）是指服务外包发包商将一个或多个原本企业内部的职能外包给外部服务提供商，由后者来拥有、运作、管理这些指定的职能，涉及的领域非常广泛，主要包括企业的需求管理、内部管理及业务运作服务、供应链管理等。

知识流程外包（Knowledge Process Outsourcing，KPO）是指在一段时间内，立约将知识密集的业务或者那些需要先进的研究与分析、技术与决策技能的流程交给第三方来执行。

一款 IT 产品可以是某个客户定制的产品开发，一般情况下信息技术外包（ITO）的主要流程是：软件开发、软件测试及质量控制。

随着软件全球化竞争的日益加剧，人们对软件质量的要求越来越高。软件企业面临着软件成本与软件质量相互矛盾的尴尬境地。软件外包的兴起，使得软件测试成本下降，缓解了企业的竞争压力。软件测试外包的领域极其丰富，内容涵盖通用办公软件、移动嵌入式软件、操作系统和垂直行业软件等。

以美国为代表的欧美软件外包测试多集中于国际化软件。这些国际化软件的外包测试则由这些供应商直接或间接地分散于各个外包商，类似的跨国外包形式属于离岸外包。在软件测试外包细分市场，又可包括软件核心功能特性测试、国际化测试和本地化测试。软件核心功能特性测试又分为单元测试、集成测试、系统测试和验收测试。国际化测试包括国际化能力测试和本地化能力测试。本地化测试包括本地化功能测试、用户界面测试和语言质量测试。由此可见，软件外包测试并不局限于单一供应商所在地语言的测试，而是多语种、多类型、多内容的立体外包测试。

通过实施国际标准及参与国际项目，我国的软件企业逐渐发展起来并与国际接轨。ISO 9000 和软件能力成熟度模型（软件 CMM）是被广泛认可的两种标准，这两种标准均起源于 1987 年。ISO 9000 是一个各行业通用的质量标准。软件能力成熟度模型的目的在于持续提高软件开发和维护的过程，以保证有良好的实施质量。

KPO 可能成为 IPO 发展的远期方向。知识流程更多地涉及考量、决策，需要专业的知识和更多的研究。在“普通流程”成功外包后，公司也应开始考虑 KPO 了。知识流程一般是指评估、研究、专利申请、法律或保险的申请、医学诊断报告，也可以是其他行业。一般情况下，这些行业涉及制药、生物信息、金融服务、研究分析、技术分析、计算机模拟技术及计算机工程、商业研究、法律服务和财务分析。

3. 软件测试行业的现状和未来

伴随着信息技术的广泛应用，经济发展模式由依托传统行业转变为依托，以知识型、创新型为先导的科技产业。新的经济增长模式将带领一系列创造性行业兴起，计算机软件业的固有特性迎合了这一发展契机，而其中的软件测试更是显示出朝气蓬勃的发展势头。

（1）软件测试行业的广阔市场。软件测试目前被越来越多的企业单位所重视。在以往的软件企业招聘中，软件测试职位居于招聘需求之首。据有关机构调查数据显示，软件测试人才缺口约几十万。目前专职测试工程师非常稀缺，而持有软件测试认证的专业软件测试人才更是少之又少。在我国大学的计算机教育中，软件测试学科教育还很不完善。面对大缺口的人才需求，对应的却是匮乏的软件测试人才资源。在国内大型软件公司，多位开发人员对应一位测试人员，这远远低于软件业发达国家大型软件企业测试开发的比例，而且也不能满足实际测试需求。以微软 Windows 2000 操作系统为例，该项目大约动用了 250 名项目经理，近 1 700 位开发人员，但是内部测试人员是多少呢？总共 3 200 人之多。

（2）软件测试逐渐走向正规化。计算机软件规模正在不断扩大，日益更新的技术及行业规范，使得众多企业需要一整套规范作为行业标准。目前，在中国很多软件企业通过了 CMMI 或 OSI 认证，这很好地规范了软件行业的业务标准。2006 年，在成功通过四级认证的 20 家公司中，有 2 家来自中国，占百分之十。在成功通过五级认证的 60 家公司中，有 10 家来自中国，约占百分之十七。在软件测试领域，由早期程序员的代工转变为成立独立测试部门，由专门测试工程师完成测试工作，并且测试工程师分为不同的角色来完成任务，他们使用规范化的测试流程并撰写相关标准文档。

（3）软件测试逐渐成为软件行业的中坚力量。软件测试总产值约占整个软件行业总收入的四分之一，这表明软件测试在软件行业的地位日趋重要，不可忽视。

（4）政府行业政策扶持。在国内，中央及地方政府根据地方发展特色先后制定了一揽子软件业的利好政策措施，旨在通过政策引导我国信息产业快速发展。通过多方筹集资金，加大对软件产业的投入，为软件企业在国内外发展创造条件。

伴随着全球 IT 浪潮的兴起，软件外包的字眼在软件行业司空见惯。作为全球最大的软件外包市场——印度，承揽了这一领域的主要业务。而软件测试则是软件外包业务的重头戏。

印度政府投巨资为软件企业和海外的研发机构、客户提供高速可靠的数据通信连接。现在印度的卫星通信设施和互联网使国内的各个软件科技园区的联系变得极其方便，也使他们的全球联系更为迅速。

从2005年开始，印度公司开始大举进入中国市场。在印度国内，大部分印度企业都将外包业务集中在班加罗尔附近。而当到了中国，他们也像中国人那样在分散的区域进行布局。这样做，对于印度人及其他客户而言，就可以灵活地根据成本和目前已有业务的分布情况，决定新项目的所在地。

第2节　软件测试工程师职业

了解软件测试工程师的职业要求和发展

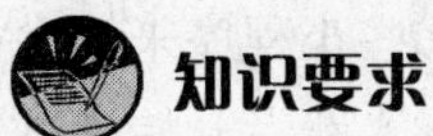

一、软件测试工程师的职业素质

软件测试具有系统化的理论，测试工程师需要具备丰富的实践经验积累，在理论结合实践的过程中不断探索。对于软件测试本身来讲，可以看做是发现缺陷的过程。这个过程需要具备严谨的思维习惯、丰富的知识储备和必要的测试技能。

1. 从“程序员的兼职”到炙手可热的“最具价值职位”

软件测试是伴随着软件的产生而产生的。在早期的软件开发过程中，软件规模都很小、复杂程度较低，软件开发的过程混乱无序、相当随意，测试的含义比较狭窄，开发人员将测试等同于“调试”，目的是纠正软件中已经知道的故障，常常由开发人员自己完成这部分的工作，对测试的投入极少，测试介入也晚，常常是等到形成代码，产品已经基本完成时才进行测试。

到了20世纪80年代初期，软件和IT行业进入了大发展阶段，软件趋向大型化、高复杂度，软件的质量变得越来越重要。这个时候，一些软件测试的基础理论和实用技术开始形成，并且人们开始为软件开发设计各种流程和管理方法，软件开发的方式也逐渐由混乱无序的开发过程过渡到结构化的开发过程，以结构化分析与设计、结构化评审、结构化程序设计以及结构化测试为特征。人们还将“质量”的概念融入其中，软件测试定义发生了改变，测试不单纯是一个发现错误的过程，而且将测试作为软件质量保证（SQA）的主要职能，包含软件质量评价的内容，Bill Hetzel 在《软件测试完全指南》（Complete Guide of Software Testing）一书中指出：“测试是以评价一个程序或者系统属性为目标的任何一种活动。测试是对软件质量的度量。”这个定义至今仍被引用。软件开发人员和测试人员开始坐在一起探讨软件工程和测试问题。

软件测试已有了行业标准（IEEE/ANSI），1983 年 IEEE 提出的软件工程术语中给软件测试下的定义是：“软件测试是使用人工或自动的手段来运行或测定某个软件系统的过程，其目的在于检验它是否满足规定的需求或弄清预期结果与实际结果之间的差别”。这个定义明确指出：软件测试的目的是检验软件系统是否满足需求。它再也不是一个一次性的而且只是开发后期的活动，而是与整个开发流程融合成一体。软件测试已成为一个专业，需要运用专门的方法和手段，需要专门人才和专家来承担。

进入 20 世纪 90 年代，软件行业开始迅猛发展，软件的规模变得非常大。在一些大型软件开发过程中，测试活动需要花费大量的时间和成本，而当时测试的手段几乎完全都是手工测试，测试的效率非常低；并且随着软件复杂度的提高，出现了很多通过手工方式无法完成测试的情况，尽管在一些大型软件的开发过程中人们尝试编写了一些小程序来辅助测试，但是这还是不能满足大多数软件项目的统一需要。于是，很多测试实践者开始尝试开发商业的测试工具来支持测试，辅助测试人员完成某一类型或某一领域内的测试工作，而测试工具逐渐盛行起来。人们普遍意识到，工具不仅仅是有用的，而且要对今天的软件系统进行充分的测试，工具是必不可少的。测试工具可以进行部分的测试设计、实现、执行和比较的工作。通过运用测试工具，可以达到提高测试效率的目的。测试工具的发展，大大提高了软件测试的自动化程度，使测试人员从烦琐和重复的测试活动中解脱出来，专心从事有意义的测试设计等活动。采用自动比较技术，还可以自动完成测试用例执行结果的判断，从而避免人工比对存在的疏漏问题。设计良好的自动化测试，在某些情况下可以实现“夜间测试”和“无人测试”。在大多数情况下，软件测试自动化可以减少开支，增加有限时间内可执行的测试，在执行相同数量测试时节约测试时间。而测试工具的选择和推广也越来越受到重视。

在测试技术不断发展完善的背景下，软件测试行业对从业人员的需求也在与日俱增，呈现出规模大、层次明显等需求特色。在目前的软件测试人力资源市场上，软件测试人才炙手可热。

近年来，在中国 IT 行业的迅猛发展下，越来越多的 IT 企业已逐渐意识到测试环节在软件产品研发中的重要性。有关数据显示，我国目前软件从业人才缺口高达40万人。即使按照软件开发工程师与测试工程师1∶1的岗位比例计算，我国对于软件测试工程师的需求便有数十万之众。此类软件质量控制工作均需要拥有娴熟技术的专业软件测试人才来协作完成。软件测试工程师作为一个重头角色，正成为IT企业招聘的热点。

2. 测试意识的培养

测试意识是一个模糊的概念。在软件测试实践中，通过对测试工作中遇到的问题进行总结反思，构成潜意识并升华成个人的能力。

这种意识的培养，需要在工作当中多加留意，发现工作中的问题，努力找到解决问题的方法。有了良好的测试意识，不仅有利于通常概念的软件测试，对于任何一个测试对象，都可以很快地找出问题，达到测试的目的。

软件的测试与鼠标的测试没有本质区别。以生活中常用的鼠标为例，对于一款鼠标进行测试，需要考虑多种因素，这就体现了测试意识。

（1）鼠标对桌面材质的兼容性测试。采用不同类型材质的鼠标垫，测试鼠标对运行表面的兼容性情况。在鼠标的兼容性测试当中，可以使用数种具有代表性的不同鼠标垫，分别代表6种不同的材质界面。例如，布料界面，超滑布料界面，铝质界面，细质塑料界面，粗质塑料界面以及玻璃界面。根据鼠标的具体表现，会给出“流畅通过”“定位失准”“移动困难”以及“无法移动”等测试结果。

（2）人体工程学设计。一款优秀的鼠标，除了要有强悍的硬件性能外，鼠标外壳的设计及后期驱动的开发都十分重要。鼠标能否符合人体工程学设计、是否专为特殊用途而设计等，都将影响消费者对该鼠标产品的认可度。

人体工程学设计的产品主要以产品的舒适性与外观整体协调性为主要评价目标。人体工程学设计的真正适用性是其最重要的考察指标，长时间的鼠标操作会得出被测鼠标较为客观的测试结果。

（3）鼠标游戏性能测试。评测的项目是哪一款鼠标更加适合游戏类应用，游戏测试项目当然必不可少。可以选择最有代表性意义的游戏，例如，要求鼠标移动频繁、迅速且定位要准确的游戏。游戏当中把鼠标的灵敏度设置为某一恒定值，通过实战应用体现鼠标的游戏性能。

3. 逆向思维和系统化思维

逆向思维也叫求异思维，它是对司空见惯的似乎已成定论的事物或观点反过来思考的一种思维方式。逆向思维是敢于“反其道而思之”，让思维向对立面的方向发展，从问题的相反方面深入地进行探索，树立新思想，创立新形象。当大家都朝着一个固定的思维方向思考问题时，而你却独自朝着相反的方向思索，这样的思维方式就叫逆向思维。

在软件测试过程中，系统化地对功能流程进行验证，并找出与需求不符的功能性问题，以及不能正确呈现的软件功能属于系统化思维模式下的验证方式。这是必要的。如果要做到验证全面且更合乎逻辑，则需要逆向思维方式下设计出的测试路径和方法，找出不常使用的操作方式。例如，在下载过程中突然断电的情况下验证数据的完整性，下载目录所在磁盘空间被充满的情况等。

二、前景广阔、回报丰厚的软件测试工程师职业发展之路

软件测试在国内起步较晚，近几年随着软件业的发展，国际化程度越来越明显。软件测试也正被更多的企业重视，并且软件测试规范也更加符合国际化统一标准。2005 年 10 月 25 日，劳动和社会保障部正式将计算机软件产品检验员（即软件测试工程师）列入第四批新职业中。经过数年的发展，软件测试已跻身 IT 业最抢手的职业之列。

在职业发展初期，软件测试工程师处于 V 字型的最底端，作为刚刚入行的软件测试人员是各方面技能积累的开始。同大多数职业发展模式相似，经过数年甚至更长时间的发展，从业人员将面临两个方向，一个是技术路线，另一个则是管理路线。在软件测试行业，这个特点尤其突出。

1. 软件测试工程师“职业之路”

职业生涯是个人在人生中所经历的一系列职位和角色，他们与个人的职业发展过程息息相关。软件测试工程师在职业发展道路上大致要经过如下阶段：

（1）初级测试工程师。是指刚入门拥有计算机科学学位的个人或具有一些手工测试经验的个人，能开发测试脚本并开始熟悉测试生存周期和测试技术。

（2）中级测试工程师。是指具有 2～3 年经验的测试工程师或程序员，能编写自动测试脚本程序并担任测试编程初期领导工作，不断拓展编程语言、操作系统、网络与数据库技能。

（3）高级测试工程师。是指具有 5～6 年经验的测试工程师或程序员，帮助开发或维护测试或编程标准与过程，负责同级的评审，并为其他初级测试工程师或程序员充当顾问。

（4）软件测试架构设计师。是指具有 6～10 年经验的测试工程师或程序员，带领整个测试团队完成技术攻关，是团队中的技术骨干。能自行解决和把握整个测试过程的难题和标准，可以提出更优技术方案。

2. 管理路线：从软件测试工程师到资深项目经理

在经过 3～5 年的职业道路上的积累，每个人或多或少会遇到职业发展的瓶颈。既然是瓶颈，就需要付出更大的努力去突破。当软件测试工程师具有一定的行业技术经验并对

行业状况有所了解后，走管理路线，成为一名项目经理是软件测试工程师的另一条发展之路。针对努力的方向，作为一名项目管理人员通常有以下几点要求：

（1）善于带领团队。作为一名项目管理人员，要善于凝聚团队力量，发挥团队最大作用。并且，需要协调好上下级关系，使工作效率提高。还要具备强烈的责任感，为员工做出表率。

（2）善于制订和开展计划。一个项目开始之前，首先就是制订计划。计划的制订并不是随便写几条就可以，一般需要具有一定经验，同时利用线表日报等工具辅助完成，善于统计和整理也显得非常重要。再次，在计划开展过程中要能根据实际情况提前调整计划，把握好进度。

（3）能够培养人才。能带一个团队打好仗还不是最好的管理者，能把手下带出一帮精兵强将才是公司更加珍贵的管理者，他们堪称公司的发动机。建立完善的交流培训机制，使得新人培养和老员工交流体制化。

（4）善于处理人际关系。管理者的主要职责是指导下属工作并带领团队达到共同的目标。处理好人际关系的重要性也就不言而喻了。

（5）有丰富的技术经验。测试工程师是否有足够的软件测试经验，接到一个项目知道如何展开，熟知测试与 Bug 的生命周期，熟悉统计数据的制作和分析，能从统计数据中看出目前项目状况问题所在，知道哪里有问题需要改进。这些关乎整个项目的整体进展和质量。

（6）具有良好的学习能力。不同的项目，往往需要用到不同的新技术，即使是资深软件测试工程师，也需要不断地学习。作为管理者，也许不需要在工作当中对具体工作悉数亲自完成，但是需要带领整个团队共同完成工作，需要指导技术骨干突破难点，对工作内容有很好地理解和把握。

3. 软件测试工程师的职业优势

（1）职业前景。根据相关数据显示，我国目前有百余万名软件从业人员，而符合软件测试职位要求，能够较为出色胜任测试工作的人数不超过 5 万，人才缺口在 40 万左右。伴随着信息产业的不断发展，这一趋势在逐年扩大。

（2）福利待遇。测试人员的薪资水平一直处于“双高”地位，即地位高，待遇高。刚入行的从业人员相比较计算机行业其他职位薪资要高，有过数年工作经验的测试人员的待遇甚至高于有着同等资历的开发人员。

（3）就业质量。与其他 IT 职位相比，软件测试人员最大的优势就是发展方向较多。由于工作的特殊性，测试人员不但需要对软件的质量进行检测，而且对于软件项目的立项、管理、售前、售后等领域都要涉及。在这个过程中，测试人员不仅提升了专业的软件测试技能，还能接触到各行各业项目管理、沟通协调、市场需求分析等能力都能得到很好的锻炼，从而为自己的多元化发展奠定了基础。一名软件测试工程师可以随着工作经验的积累、阅历的提升而成为一名项目主管，由于对产品有了整体的把握，结合自身特点，也可以胜任市场推广工作。因此，经过软件测试岗位洗礼的人才往往是行业中的多面手，比其他 IT 人才具有更强的可塑性，在技术、管理、市场甚至其他非 IT 领域都能得到良好的发展。

（4）无性别界限。在 IT 业，高强度的工作压力是对脑力、体力的双重考验，尤其是软件开发工作，软件测试工作更需要从业人员耐心细致，具备强烈的责任心和良好的沟通能力，对性别并没有特别的要求。

练　习　一

1. 简述软件测试发展历史。
2. 常见的软件过程模型有哪些？
3. 什么是敏捷软件测试？
4. 软件测试与软件质量有着怎样的关系？
5. 软件测试工程师应该具备哪些素质？

第 2 章

软件测试技术及其应用

第 1 节　黑盒测试技术　/ 18
第 2 节　白盒测试技术简介　/ 40
第 3 节　目的驱动的软件测试/ 50

第 1 节　黑盒测试技术

学习目标

掌握进行黑盒测试的若干基础技术，并能够应用这些技术实施软件测试

知识要求

本章将对黑盒测试常用方法、技术进行论述，进行实例说明，使读者对黑盒测试有一个整体把握和了解。黑盒测试是软件测试方法的一种，也是软件测试整个体系中不可缺少的一部分。在 IT 行业从业者中，黑盒测试的思想及其重要性往往被忽略。黑盒测试需要测试人员具备丰富的知识背景和应用技能，软件测试工程师需要具备对被测试对象的深刻理解和良好把握能力。

一、测试与测试用例

在软件测试中，测试人员通常使用测试用例展开测试工作。测试用例（Test Case）是为某个特殊目标而编制的一组测试输入、执行条件以及预期结果，以便测试某个程序路径或核实是否满足某个特定需求。测试用例在软件测试中的必要性有以下几点。

1. 指导测试的实施

测试用例主要适用于集成测试、系统测试和回归测试。在实施测试时，测试用例作为测试的标准，测试人员一定要按照测试用例逐一实施测试，并将测试情况记录在测试用例管理软件中，以便自动生成测试结果文档。

根据测试用例的测试等级，集成测试应执行哪些用例，系统测试和回归测试又该执行哪些用例，在设计测试用例时都已做明确规定，实施测试时测试人员不能随意做变动。

2. 规划测试数据的准备

在实践中测试数据是与测试用例分离的。按照测试用例配套准备一组或若干组测试原始数据以及标准预期结果。尤其像测试报表之类数据集的正确性，按照测试用例规划准备测试数据是十分必要的。

除正常数据之外，还必须根据测试用例设计大量边缘数据和错误数据。

3. 编写测试脚本的“设计规格说明书”

为提高测试效率，软件测试应大力发展自动化测试。自动化测试的中心任务是编写测试脚本。如果说软件工程中软件编程必须有设计规格说明书，那么测试脚本的设计规格说明书就是测试用例。

4. 评估测试结果的度量基准

完成测试实施后需要对测试结果进行评估，并编制测试报告。判断软件测试是否完成、衡量测试质量需要一些量化的结果。例如，测试覆盖率是多少、测试合格率是多少、重要测试合格率是多少等。以前统计基准是软件模块或功能点，显得过于粗糙。采用测试用例作为度量基准更加准确、有效。

5. 分析缺陷的标准

通过收集缺陷，对比测试用例和缺陷数据库，分析确定是漏测还是缺陷复现。漏测反映了测试用例的不完善，应立即补充相应测试用例，逐步完善软件质量。而已有相应测试用例，则反映测试的实施或变更处理存在问题。

二、测试用例的设计

软件测试发展至今，经历了可谓沧海桑田的变化。从早期的给程序找错到建立了系统化的测试理论和严格的测试规范以及拥有高水平的测试专家，伴随着高质量的庞大软件系统的诞生，测试用例犹如一把标尺，指导测试工程师按照要求的步骤进行测试。测试用例的设计方法主要有以下几种。

1. 等价类的划分

（1）定义。等价类划分是把所有可能的输入数据即程序的输入域划分成若干部分（子集），然后从每一个子集中选取少数具有代表性的数据作为测试用例。该方法是一种重要的、常用的黑盒测试用例设计方法。

（2）划分等价类。等价类是指某个输入域的子集合。在该子集合中，各个输入数据对于揭露程序中的错误都是等效的，并合理地假定：测试某等价类的代表值就等于对这一类其他值的测试，因此，可以把全部输入数据合理划分为若干等价类，在每一个等价类中取一个数据作为测试的输入条件，就可以用少量代表性的测试数据取得较好的测试结果。等价类划分可以有两种不同的情况：有效等价类和无效等价类。

1）有效等价类。有效等价类是指对于程序的规格说明来说是合理的、有意义的输入数据构成的集合。利用有效等价类可检验程序是否实现了规格说明中所规定的功能和性能。

2）无效等价类。无效等价类与有效等价类的定义恰好相反。无效等价类是指对于程序的规格说明来说是不合理的或无意义的输入数据所构成的集合。对于具体的问题，无效等价类至少应有一个，也可能有多个。

设计测试用例时，要同时考虑这两种等价类。因为软件不仅要能接收合理的数据，也要能经受意外的考验，这样的测试才能确保软件具有更高的可靠性。如图 2—1 所示直观地说明了等价类的概念和划分思路。

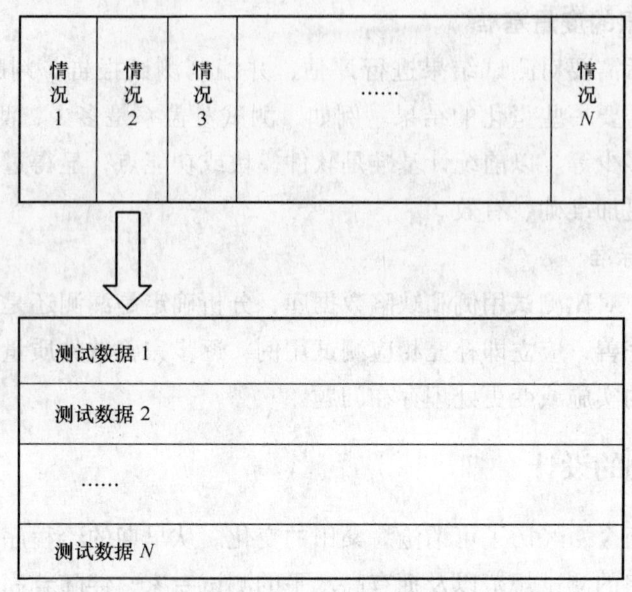

图 2—1　等价类划分

每种情况互不相交：

情况 1：等价类 1（有效等价类）

情况 2：等价类 2（无效等价类）

情况 3：等价类 3（有效等价类）

……

情况 *N*：等价类 *N*（有效等价类）

（3）划分等价类的原则。划分原则是在实践中总结出来带有经验性的划分方法的概括。通常情况以下原则普遍适用，在具体的工作中，需要根据实际情况综合考虑，切忌生搬硬套。

1）在输入条件规定了取值范围或值的个数的情况下，可以确立一个有效等价类和两个无效等价类。

例如，输入条件为 10 以内的自然数。

有效等价类：10 以内的自然数。

无效等价类：大于 10 的自然数、10 以内的非自然数。

2）划分等价类重要的是集合的划分，划分为互不相交的一组子集，而子集的并集是整个集合。在输入条件规定了输入值的集合或者规定了“必须如何”的条件的情况下，可确立一个有效等价类和一个无效等价类。

例如，输入条件为字符数据。

有效等价类：字符数据。

无效等价类：非字符数据。

3）在输入条件是一个布尔量的情况下，可确定一个有效等价类和一个无效等价类。

例如，输入条件为“是”或“否”两种情况。

有效等价类：选择“是”。

无效等价类：选择“否”。

4）在规定了输入数据的一组值（假定 n 个），并且程序要对每一个输入值分别处理的情况下，可确立 n 个有效等价类和一个无效等价类。

例如，输入条件为“甲”“乙”“丙”“丁”4 种情况。

有效等价类：“甲”“乙”“丙”“丁”。

无效等价类：“戊”。

5）在规定了输入数据必须遵守的规则的情况下，可确立一个有效等价类（符合规则）和若干个无效等价类（从不同角度违反规则）。

例如，输入条件为大于 200 个字符。

有效等价类：200 个以上的字符。

无效等价类：0 个字符、空白字符、特殊符号字符串、2 100 个字符等。

6）在确知已划分的等价类中各元素在程序处理中的方式不同的情况下，则应再将该等价类进一步划分为更小的等价类。

例如，某一等价类为多国语言字符，则应该将该等价类再次划分成具体不同语言的多国语言字符等价类。

（4）等价类划分实例。假设某城市电话号码由三部分组成。它们的名称和内容分别是：

地区码：空白或三位数字；

前缀：首位非‘0’或‘1’的三位数字；

后缀：四位数字。

假定被测程序能接受一切符合上述规定的电话号码，拒绝所有不符合规定的电话号码。根据该程序的规格说明，作等价类的划分，并设计测试方案。

1）划分等价类（见表 2—1）。根据等价类的定义，首先找出程序的输入域，即地区码、前缀和后缀，将其视为输入条件。然后对各个输入条件进行等价类的划分。分析每个输入条件的不同情况，从而形成若干有效等价类和无效等价类。这些等价类也是每个输入条件的子集，它们的并集是对应输入条件所有可能的集合。

表 2—1　　　　划分等价类

输入条件	有效等价类	无效等价类
地区码	1. 空白 2. 三位数字	1. 有非数字字符 2. 少于三位数字 3. 多于三位数字
前缀	3. 从 200 到 999 之间的三位数字	4. 有非数字字符 5. 起始位为‘0’ 6. 起始位为‘1’ 7. 少于三位数字 8. 多于三位数字
后缀	4. 四位数字	9. 有非数字字符 10. 少于四位数字 11. 多于四位数字

2）测试方案（见表 2—2）。

表 2—2　　　　测 试 方 案

方案	内容			输入	预期输出
	地区码	前缀	后缀		
1	空白	200 ~ 999 之间的三位数字	四位数字	（　）276 - 2345	有效
2	三位数字		四位数字	（635）805 - 9321	有效
3	有非数字字符			（20A）723 - 4567	无效
4	少于三位数字			（33 ）234 - 5678	无效
5	多于三位数字			（5555）345 - 6789	无效
6		有非数字字符		（345）5A2 - 3456	无效
7		起始位为‘0’		（345）012 - 3456	无效
8		起始位为‘1’		（345）132 - 3456	无效
9		少于三位数字		（345）92 - 3456	无效
10		多于三位数字		（345）4562 - 3456	无效
11			有非数字字符	（345）342 - 3A56	无效
12			少于四位数字	（345）342 - 356	无效
13			多于四位数字	（345）562 - 34567	无效

2. 边界值分析

（1）定义。边界值分析法就是对输入或输出的边界值进行测试的一种黑盒测试方法。通常边界值分析法作为对等价类划分法的补充，在这种情况下，其测试用例来自等价类的边界。

（2）与等价类划分的区别

1）边界值分析不是从某等价类中随便挑一个作为代表，而是使这个等价类的每个边界都要作为测试条件。

2）边界值分析不仅考虑输入条件，还要考虑输出空间产生的测试情况。

（3）边界值分析方法的考虑。长期的测试工作经验告诉人们，大量的错误是发生在输入或输出范围的边界上，而不是发生在输入或输出范围的内部。因此，针对各种边界情况设计测试用例，可以查出更多的错误。

使用边界值分析方法设计测试用例，首先应确定边界情况。通常输入和输出等价类的边界，就是应着重测试的边界情况。应当选取正好等于、刚刚大于或刚刚小于边界的值作为测试数据，而不是选取等价类中的典型值或任意值作为测试数据。

（4）常见的边界值

1）对 16 位的机器而言，32 767 和 –32 768 是整数表示边界。

2）屏幕上光标在最左上、最右下位置。

3）报表的第一行和最后一行。

4）数组元素的第一个和最后一个。

5）循环的第 0 次、第 1 次和倒数第 2 次、最后一次。

（5）边界值分析

1）边界值分析使用与等价类划分法相同的划分，只是边界值分析假定错误更多地存在于划分的边界上，因此，在等价类的边界上以及两侧的情况设计测试用例。

例：测试计算平方根的函数

输入：实数

输出：实数

规格说明：当输入一个 0 或比 0 大的数的时候，返回其正平方根；当输入一个小于 0 的数时，显示错误信息“平方根非法—输入值小于 0”并返回 0；库函数 Print-Line 可以用来输出错误信息。

2）等价类划分

①可以考虑做出如下划分：

a. 输入（i）<0 和（ii）> =0

b. 输出（a）>=0 和（b）Error

②测试用例有两个：

a. 输入 4，输出 2。对应于（ii）和（a）。

b. 输入 -10，输出 0 和错误提示。对应于（i）和（b）。

3）边界值分析。划分（ii）的边界为 0 和最大正实数；划分（i）的边界为最小负实数和 0。由此得到以下测试用例：

①输入｛最小负实数｝。

②输入｛绝对值很小的负数｝。

③输入 0。

④输入｛绝对值很小的正数｝。

⑤输入｛最大正实数｝。

4）一般情况下，软件测试所包含的边界检验有几种类型：数字、字符、位置、重量、大小、速度、方位、尺寸、空间等。

5）对应以上类型的边界值应该在：最大/最小、首位/末位、上/下、最快/最慢、最高/最低、最短/最长、空/满等情况下。

6）利用边界值作为测试数据项（见表 2—3）。

表 2—3　设计思路

项	边界值	测试用例的设计思路
字符	起始 -1 个字符/结束 +1 个字符	假设一个文本输入区域允许输入 1~255 个字符，输入 1~255 个字符作为有效等价类；输入 0 个和 256 个字符作为无效等价类，这几个数值都属于边界条件值
数值	最小值 -1/最大值 +1	假设某软件的数据输入域要求输入 5 位的数据值，可以使用10 000 作为最小值、99 999 作为最大值；然后使用刚好小于 5 位和大于 5 位的数值作为边界条件
空间	小于空余空间一些/大于满空间一些	例如在用 U 盘存储数据时，使用比剩余磁盘空间大一些（几 KB）的文件作为边界条件

7）内部边界值分析。在多数情况下，边界值条件是基于应用程序的功能设计而需要考虑的因素，可以从软件的规格说明或常识中得到，也是最终用户可以很容易发现问题的地方。然而，在测试用例设计过程中，某些边界值条件是不需要呈现给用户的，或者说用户是很难注意到的，但同时确实属于检验范畴内的边界条件，称为内部边界值条件或子边

界值条件。

内部边界值条件主要有以下几种：

①数值的边界值检验。计算机是基于二进制进行工作的，因此，软件的任何数值运算都有一定的范围限制，详见表2—4。

表2—4　　数值边界值检验

项	范围或值
位（bit）	0或1
字节（byte）	0～255
字（word）	0～65 535（单字）或0～4 294 967 295（双字）
千（K）	1 024
兆（M）	1 048 576
吉（G）	1 073 741 824

②字符的边界值检验。在计算机软件中，字符也是很重要的表示元素，其中ASCII和Unicode是常见的编码方式。表2—5中列出了一些常用字符对应的ASCII码值。

表2—5　　字符边界值检验

字符	ASCII码值	字符	ASCII码值
空（null）	0	A	65
空格（space）	32	a	97
斜杠（/）	47	Z	90
0	48	z	122
冒号（:）	58	单引号（‘）	96
@	64		

（6）基于边界值分析方法选择测试用例的原则

1）如果输入条件规定了值的范围，则应取刚达到这个范围的边界的值以及刚刚超越这个范围边界的值作为测试输入数据。

例如，如果程序的规格说明中规定：“重量在10公斤至50公斤范围内的邮件，其邮费计算公式为……”。作为测试用例，应取10及50，还应取10.01，49.99，9.99及50.01等。

2）如果输入条件规定了值的个数，则用最大个数、最小个数、比最小个数少1、比最大个数多1的数作为测试数据。

比如，一个输入文件应包括1～255个记录，则测试用例可取1和255，还应取0及

256 等。

3）将规则 1）和 2）应用于输出条件，即设计测试用例使输出值达到边界值及其左右的值。

4）如果程序的规格说明给出的输入域或输出域是有序集合，则应选取集合的第一个元素和最后一个元素作为测试用例。

5）如果程序中使用了一个内部数据结构，则应当选择这个内部数据结构的边界上的值作为测试用例。

6）分析规格说明，找出其他可能的边界条件。

（7）Jorgensen 公式及其应用

1）公式用法。Paul Jorgensen 建议用于基本边界值分析的测试数量可以用 4n + 1 来计算（或者 6n + 1，包括健壮性边界测试的最小值 -1 和最大值 +1 数值），这里的 n 等于独立参数的个数。Jorgensen 的公式包括了一个数值测试。该公式在分析简单独立参数的极端线性变量范围时非常有用。

2）找出不明显的边界。在某些测试场景下，例如，因为资源不足或资源争用而导致内存或磁盘空间不足，争用共享资源（如数据库锁或网络带宽）而造成的软件缺陷。测试对象就可能会表现出一些在正常条件下并不明显的缺陷。要针对此类情况进行分析，找出相应场景下的边界值。

（8）组合分析技术简介。组合分析是一种基于每对参数组合的测试技术，着重考虑参数之间的影响。主要的错误来源和大多数的错误起源于简单的参数组合。组合分析法的优点是低成本实现，低成本维护，易于自动化，易于用较少的测试案例发现更多的错误和用户可以自定义限制。缺点是需要专家领域知识，不能测试所有可能的组合，不能测试复杂的交互。

例如，某程序的规格说明要求计算出“每月保险金扣除额为 0 至 1 165.25 元”，其测试用例可取 0.00 及 1 165.24，还可取 0.01 及 1 165.26 等。

再如，一个程序属于情报检索系统，要求每次“最少显示 1 条、最多显示 4 条情报摘要”，这时应考虑的测试用例不仅包括 1 和 4，还应包括 0 和 5 等。

（9）边界值法举例。假设商店货物价格（R）皆不大于 100 元（且为整数），若顾客付款在 100 元之内（P），试求找给顾客最少货币个（张）数的最佳组合。[货币面值 50 元（N50），10 元（N10），5 元（N5），1 元（N1）四种]

1）分析输入的情形。

R > 100

0 < R < = 100

R < =0

P >100

R < =P < =100

P < R

2）分析输出情形。

N50 =1

N50 =0

4 > N10 > =1

N10 =0

N5 =1

N5 =0

4 > N1 > =1

N1 =0

3）分析规格中每一决策点的情形，以 RR1，RR2，RR3 表示计算要找 50 元，10 元，5 元货币数时的剩余金额。

R >100

R < =0

P >100

P < R

RR1 > =50

RR2 > =10

RR3 > =5

4）由上述输入/输出条件组合出可能的情形。

R >100

R < =0

0 < R < =100，P >100

0 < R < =100，P < R

0 < R < =100，R < =P < =100，RR =50

0 < R < =100，R < =P < =100，RR =49

0 < R < =100，R < =P < =100，RR =100 < R < =100，R < =P < =100，RR =9

0 < R < =100，R < =P < =100，RR =5

0 < R < =100，R < =P < =100，RR =4

0 < R < = 100，R < = P < = 100，RR = 1

0 < R < = 100，R < = P < = 100，RR = 0

5）为满足以上各种情形，测试资料设计如下：

货物价格 = 101

货物价格 = 0

货物价格 = -1

货物价格 = 100，付款金额 = 101

货物价格 = 100，付款金额 = 99

货物价格 = 50，付款金额 = 100

货物价格 = 51，付款金额 = 100

货物价格 = 90，付款金额 = 100

货物价格 = 91，付款金额 = 100

货物价格 = 95，付款金额 = 100

货物价格 = 96，付款金额 = 100

货物价格 = 99，付款金额 = 100

货物价格 = 100，付款金额 = 100

3. 错误推测法

（1）定义。错误推测法是基于经验和直觉推测程序中所有可能存在的各种错误，从而有针对性地设计测试用例的方法。

（2）错误推测法的基本思想。列举出程序中所有可能有的错误和容易发生错误的特殊情况，根据它们选择测试用例。

例如，输入数据和输出数据为 0 的情况；输入表格为空格或输入表格只有一行。这些都是容易发生错误的情况，可选择这些情况下的例子作为测试用例。

又如，前面例子中成绩报告的程序，采用错误推测法还可补充设计一些测试用例：

1）程序是否把空格作为回答。

2）在回答记录中混有标准答案记录。

3）除了标题记录外，还有一些记录最后一个字符既不是 2 也不是 3。

4）有两个学生的学号相同。

5）试题数是负数。

再如，测试一个对线性表（比如数组）进行排序的程序，可推测列出以下几项需要特别测试的情况：

1）输入的线性表为空表。

2）表中只含有一个元素。

3）输入表中所有元素已排好序。

4）输入表已按逆序排好。

5）输入表中部分或全部元素相同。

4. 因果图法

因果图法也是较常用的一种黑盒测试方法，是一种简化了的逻辑图。因果图能直观地表明输入条件和输出动作之间的因果关系，能帮助测试人员把注意力集中到与程序功能有关的输入组合上。

因果图法是一种适合于描述对于多种输入条件组合的测试方法，根据输入条件的组合、约束关系和输出条件的因果关系，分析输入条件的各种组合情况，从而设计测试用例的方法，它适合于检查程序输入条件涉及的各种组合情况。利用因果图导出测试用例需要经过下面几个步骤。

（1）使用步骤

1）分析程序规格说明的描述中，哪些是原因，哪些是结果。

2）分析程序规格说明的描述中语义的内容，并将其表示成连接各个原因与各个结果的因果图。

3）在因果图上使用若干个特殊的符号标明特定的约束条件。

4）把因果图转换成判定表。

5）把判定表中每一列表示的情况写成测试用例。

（2）使用因果图的优点

1）考虑了多个输入之间的相互组合、相互制约关系。

2）能够按一定步骤，高效率地选择测试用例，同时还能指出程序规格说明描述中存在什么问题。

（3）因果图基本符号和约束。在如图2—2所示的因果图中，Ci表示原因，ei表示结果。约束表示输入状态存在的某些依赖关系。Ci和ei的状态可用0或1表示。0表示某状态不出现，1表示某状态出现。

1）E（Exclusive）约束（异）。a和b中最多有一个可能为1，即a和b不能同时为1。

2）I（Inclusive）约束（或）。a、b、c中至少有一个必须为1，即a、b、c不能同时为0。

3）O（Only One）约束（唯一）。a和b必须有且仅有一个为1。

4）R（Request）约束（要求）。a是1时，b必须是1，即a为1时，b不能为0。

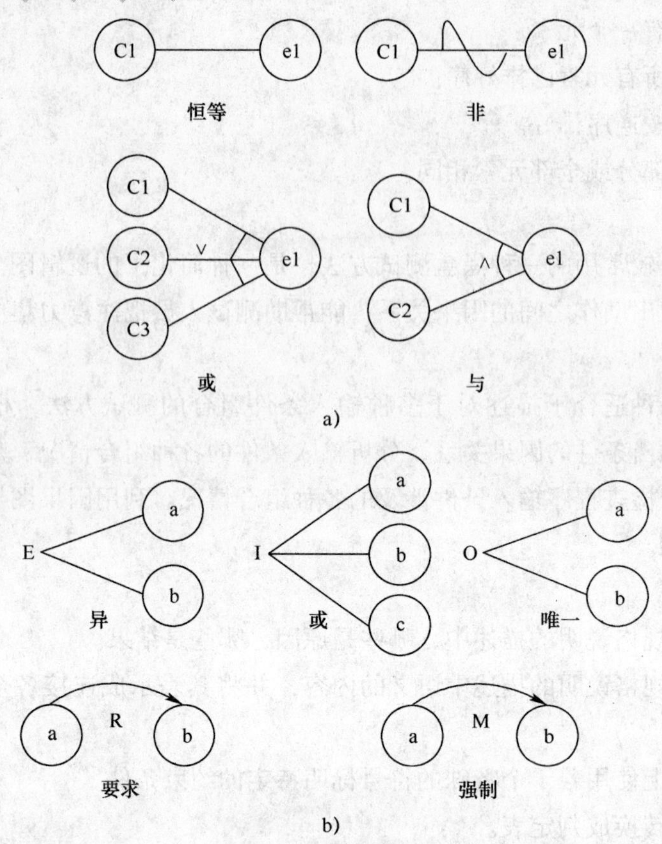

图 2—2　因果图

a）关系符号图　b）约束符号图

5）M（Mask）约束（强制）。若结果 a 为 1，则结果 b 强制为 0。

（4）因果图实例讲解。分析中国象棋中走马的实际情况（下面未注明的均指的是对马的说明）：马走日字形（邻近交叉点无棋子），遇到对方棋子可以吃掉，遇到本方棋子不能落到该位置。

1）如果落点在棋盘外，则不移动棋子。

2）如果落点与起点不构成日字形，则不移动棋子。

3）如果落点处有己方棋子，则不移动棋子。

4）如果在落点方向的邻近交叉点有棋子（绊马腿），则不移动棋子。

5）如果不属于 1 ~4 条，且落点处无棋子，则移动棋子。

6）如果不属于 1 ~4 条，且落点处为对方棋子（非老将），则移动棋子并除去对方棋子。

7）如果不属于 1 ~4 条，且落点处为对方老将，则移动棋子，并提示战胜对方，游戏结束。

根据分析明确原因和结果（见图 2—3）。

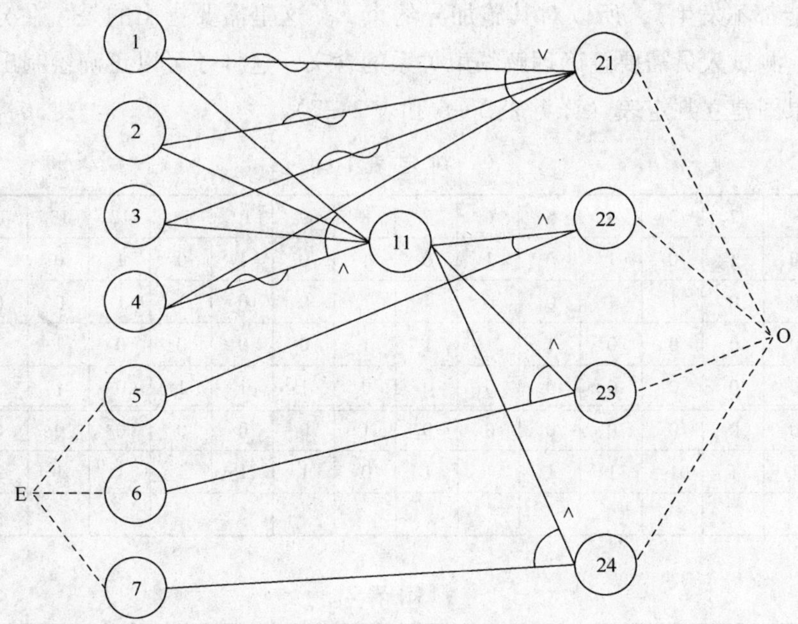

图 2—3　因果图实例

原因：

①落点在棋盘上。

②落点与起点构成日字形。

③落点方向的邻近交叉点无棋子。

④落点处为己方棋子。

⑤落点处无棋子。

⑥落点处为对方棋子（非老将）。

⑦落点处为对方老将。

结果：

㉑不移动棋子。

㉒移动棋子。

㉓移动棋子，并除去对方棋子。

㉔移动棋子，并提示战胜对方，结束游戏。

添加中间节点 11，目的是作为导出结果的进一步原因，简化因果图导出的判定表（原因的组合数目 2^7 过于庞大）。该节点在前一个表中作为结果，在后一个表中作为原因。

考虑结果不能同时发生，所以对其施加唯一约束 O。原因⑤、⑥、⑦至多只能有其一发生（有可能都不发生），所以对其施加异约束 E。这里需要指出的是，在分析情况、绘制因果图前，测试人员需要正确理解约束关系的含义，这样才可以正确绘制出因果图。

根据因果图建立判定表（详见表 2—6 和表 2—7）。

表 2—6　　判 定 表 1

		1	2	3	4	5	6	7	8	9	10	11	12	13	14	15	16
原因	1	0	1	0	1	0	1	0	1	0	1	0	1	0	1	0	1
	2	0	0	1	1	0	0	1	1	0	0	1	1	0	0	1	1
	3	0	0	0	0	1	1	1	1	0	0	0	0	1	1	1	1
	4	0	0	0	0	0	0	0	0	1	1	1	0	1	1	1	1
结果	11	0	0	0	0	0	0	0	1	0	0	0	0	0	0	0	0
	21	1	1	1	1	1	1	1	0	1	1	1	1	1	1	1	1
用例																	

表 2—7　　判 定 表 2

		1	2	3	4	5	6	7	8	9	10	11	12	13	14	15	16
原因	11	0	1	0	1	0	1	0	1	0	1	0	1	0	1	0	1
	5	0	0	1	1	0	0	1	1	0	0	1	1	0	0	1	1
	6	0	0	0	0	1	1	1	1	0	0	0	0	1	1	1	1
	7	0	0	0	0	0	0	0	0	1	1	1	1	1	1	1	1
结果	22	0		0	1	0	0			0	0						
	23	0		0	0	0	1			0	0						
	24	0		0	0	0	0			0	1						
用例																	

注：以上判定表中由于表格大小限制，没有列出最后所选的测试用例；判定表 2 中部分列被合并表示不可能发生的现象；通过中间节点将用例的判定表简化为两个小表，以减少工作量。最后根据以上判定表可写出测试用例表。

5. 功能图法

功能图法其实是一种灰盒测试（因其兼有黑盒和白盒测试，所以称为灰盒测试比较得体）用例设计方法，通常情况下一个程序的功能说明由动态说明和静态说明组成。动态说明描述了输入数据的次序或转移的次序。静态说明描述了输入条件与输出条件之间的对应关系。用功能图形象地表示程序的功能说明，并机械地生成功能图的测试用例。

（1）程序功能说明的组成。动态说明：描述输入数据的次序或转移次序。静态说明：

描述输入条件和输出条件之间的对应关系。

（2）功能图。由状态迁移图和布尔函数组成，状态迁移图用状态和迁移来表示。一个状态指出数据输入的位置（或时间），一个迁移指明状态的改变，同时要依靠判定表或因果图表示的逻辑功能。

（3）功能图法概述。用功能图形象地表示程序的功能说明，并机械地生成功能图的测试用例。功能图模型由状态迁移图和逻辑功能模型构成。

（4）状态迁移图。用于表示输入数据序列以及相应的输出数据，由输入数据和当前状态决定输出数据和后续状态。

（5）逻辑功能模型。用于表示在状态中输入条件和输出条件的对应关系。由输入数据决定输出数据。此模型只适用于描述静态说明。功能图测试用例由测试中经过的一系列状态和在每个状态中必须依靠输入/输出数据满足的一对条件组成。

（6）测试用例生成方法。从状态迁移图中选取测试用例，用节点代替状态，用弧线代替迁移，状态图就可转化成一个程序的控制流程图形式。

（7）测试用例生成规则。为了把状态迁移（测试路径）的测试用例与逻辑模型（局部测试用例）的测试用例组合起来，从功能图生成实用的测试用例，在一个结构化的状态迁移（SST）中，定义 3 种形式的循环：顺序、选择和重复。

（8）功能图生成测试用例步骤。生成局部测试用例：在每个状态中，从因果图生成局部测试用例。局部测试用例由原因值（输入数据）组合与对应的结果值（输出数据或状态）构成测试路径生成：利用上面的规则生成从初始状态到最后状态的测试路径。

测试用例合成：合成测试路径与功能图中每个状态的局部测试用例。结果是初始状态到最后状态的一个状态序列，以及每个状态中输入数据与对应输出数据的组合。

测试用例的合成算法：采用条件构造树。

6. 正交实验设计法

（1）概念。正交实验设计（Orthogonal Experimental Design）是研究与处理多因素实验的一种科学方法。该方法选择最佳的或满意的实验条件，即通过安排若干个条件进行实验，并利用正交表的特点进行数据分析的一种常用的实验设计方法。

（2）正交表。正交实验设计法就是使用已经造好了的表格——正交表，来安排实验并进行数据分析的一种方法。按照正交表来安排实验，相对于使用等价类划分、边界值分析和因果图等方法，既能使试验点分布得很均匀，又能减少试验次数。它简单易行，计算表格化，使用者能够较快掌握。正交表具有下列特点：

1）每一列中各数字出现的次数都一样多。

2）任何两列所构成的各有序数对出现的次数都一样多，所以称为正交表（见表2—8）。

表 2—8　　正　交　表

行号	列号			
	1	2	3	4
	水平			
1	1	1	1	1
2	1	2	2	2
3	1	3	3	3
4	2	1	2	3
5	2	2	3	1
6	2	3	1	2
7	3	1	3	2
8	3	2	1	3
9	3	3	2	1

正交表中行的个数即实验的次数，也是通过正交实验法设计测试用例的个数。列数表示因子数，也就是要测试的功能点。水平编号代表单个因子可以取值的最大个数，即待测功能点的输入条件。可以使用如下方式表达：

$$L_{行数}（水平数^{因子数}）$$

利用正交实验设计法进行测试用例设计，首先需要从软件的规格说明中获得功能相关的对象和外部因素，将它们当做因子，将各个因子的取值当做状态。具体来说，可以将软件规格说明中的功能点进行划分，把主要功能逐层分解和展开。整理后的相对独立基本功能点作为软件测试中的因子。然后确定每个因子的重要程度。对于因子的重要程度，可以从作用的大小、出现的频率高低来判断，从而确定权值。

被测试系统的功能点就是要获取的因子，每个因子对应输入数据按照等价类划分有多个子集，也即每个因子的输入状态。

（3）设计测试用例

1）使用正交表设计测试用例的步骤

①确定因子（变量）。

②每个因子有哪几种水平情况（变量的取值）。

③选择一个合适的正交表。

④将变量的值映射到表中。

⑤将每一行的各因素水平的组合作为一个测试用例。

⑥补充可疑且没有在表中出现的组合。

2）如何选择正交表

①考虑因子（变量）的个数。

②考虑因子水平（变量的取值）的个数。

③考虑正交表的行数。

④取行数最少的一个。

3）设计测试用例时的三种情况

①因子数（变量）、水平数（变量值）相符。

②因子数不相同。

③水平数不相同。

下面通过实例来讲解如何运用正交实验法来设计测试用例：

如图2—4所示是一个证书信息验证系统，在验证信息录入对话框里有三个需要测试的对象，即姓名、身份证号码和证书编号。由此可知需要考虑的因子有三个。每个因子的状态有两个，填写或不填写。

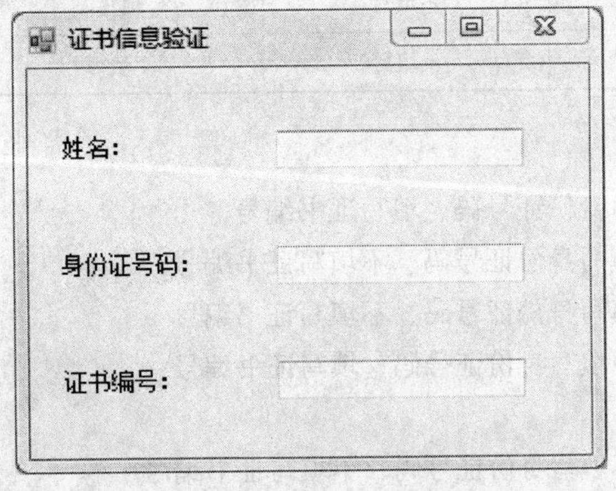

图2—4　验证信息对话框

由以上分析可以确定正交表中的因子数大于等于3，其中至少有3个因子数的水平数大于等于2，而行数则取最少的一个。正交表对应表达式为：

$$L_4\left(2^3\right)$$

得到正交表（见表2—9）。

表 2—9 正交表

行号	列号		
	1	2	3
1	1	1	1
2	1	0	0
3	0	1	0
4	0	0	1

变量映射见表 2—10。

表 2—10 变量映射表

行号	列号		
	1	2	3
1	填写	填写	填写
2	填写	不填写	不填写
3	不填写	填写	不填写
4	不填写	不填写	填写

测试用例如下：

- 填写姓名、填写身份证号码、填写证书编号
- 填写姓名、不填写身份证号码、不填写证书编号
- 不填写姓名、填写身份证号码、不填写证书编号
- 不填写姓名、不填写身份证号码、填写证书编号

补充测试用例：

- 不填写姓名、不填写身份证号码、不填写证书编号

从测试用例可以看出：如果按每个因子两个水平数来考虑的话，需要 8 个测试用例，而通过正交实验法进行的测试用例只有 5 个，大大减少了测试用例数。正交实验设计法利用正交性从全面实验中挑选出部分有代表性的点进行实验，这些有代表性的点具备了“均匀分布，整齐可比”的特点。正交实验设计法用最小的测试用例集合去获取最大的测试覆盖率。

7. 场景矩阵法再分析

通过运用场景来对体系的功能点或者一个流程进行描写，从而提高测试效果。场景法一般包含基本流和备选流，从一个流程开始，通过描写经过的路径来确定过程，经过遍历所有的基本流和备选流来完成全部场景。

如图 2—5 所示，展示了较常见的场景法基本情况的一个实例图。

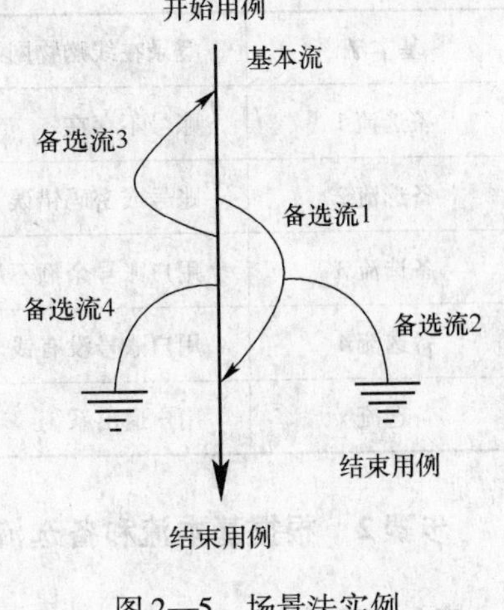

图 2—5　场景法实例

在这个图中，有一个基本流和 4 个备选流。

每一个经过用例的有可能路径，可以确定不同的用例场景。从基本流开始，再将基本流和备选流联合起来，可以确定以下用例场景：

场景 1 基本流

场景 2 基本流 备选流 1

场景 3 基本流 备选流 1 备选流 2

场景 4 基本流 备选流 3

场景 5 基本流 备选流 3 备选流 1

场景 6 基本流 备选流 3 备选流 1 备选流 2

场景 7 基本流 备选流 4

场景 8 基本流 备选流 3 备选流 4

从上面的实例就可以了解场景是如何通过基本流和备选流来确定的。

基本流：基本流是经过用例的最简略的路径（不论有什么情况发生，步伐从开始直接执行到结束）。

备选流：一个备选流有可能从基本流开始，在某个特定前提下执行，然后从头加入基本流中，也能够发源于另一个备选流，或者终止用例，不再加入到基本流中。

上面介绍了一些场景法的基本概念和设计方法，想必读者已有一些了解，下面再举一个简略例子来练习。

技能要求

在线购物

有一个在线购物的实例，用户步入一个在线购物网站进行购物，选购物品后，进行在线采办，这时需要使用账号登录，登录成功后，进行付钱交易，交易成功后，生成订购单，完成全部购物过程。

步骤 1　确定基本流和备选流（见表 2—11）

表 2—11　　基本流和备选流的确定

基本流	登录在线购物网站，选择物品，付钱交易，生成订购单
备选流 1	账号不存在
备选流 2	账号或密码错误
备选流 3	用户账号余额不足
备选流 4	用户账号没有钱
备选流 x	用户退出系统

步骤 2　根据基本流和备选流来确定场景（见表 2—12）

表 2—12　　确定场景

场景 1：成功购物	基本流	
场景 2：账号不存在	基本流	备选流 1
场景 3：账号或密码错误	基本流	备选流 2
场景 4：用户账号余额不足	基本流	备选流 3
场景 5：用户账号没有钱	基本流	备选流 4

步骤 3　设计用例

对每个场景都需要确定测试用例。可以使用矩阵来确定和管理测试用例。下面展示了一种通用方法，此矩阵中各行代表各个测试用例，而各列则代表测试用例的信息。

本例中，对每个测试用例，存在一个测试用例 ID、前提（或者说明）、测试用例中有关的所有数据元素（作为输入或者已存在于数据库中）和预先规定的预期结果。

通过从确定执行用例场景所需的数据元素入手构建矩阵。然后，对每个场景，至少要确定包含执行场景所需的前提的测试用例。例如，在如下矩阵中，V（有效）用于表示这个前提必须是 VALID（有效的）才可执行基本流，而 I（失效）用于表示这种前提下将激活所需备选流。表 2—13 中使用的“N/A”（不适用）表示这个前提不适合用于测试用例。

表 2—13　　设计用例

测试用例 ID	场景/条件	账号	密码	用户账号余额	预期结果
1	场景 1：成功购物	V	V	V	成功购物
2	场景 2：账号不存在	I	N/A	N/A	提示账号不存在
3	场景 3：账号或密码错误（账号正确，密码错误）	V	I	N/A	提示账号或密码错误，返回基本流步骤 3
4	场景 4：账号或密码错误（账号错误，密码正确）	V	I	N/A	提示账号或密码错误，返回基本流步骤 3
5	场景 5：用户账号余额不足	V	V	I	提示账号余额不足请充值
6	场景 6：用户账号没有钱	V	V	I	提示账号没有钱请充值

步骤 4　设置测试数据，把数据填入上边的用例表（见表 2—14）中。

表 2—14

测试用例 ID	场景/条件	账号	密码	用户账号余额	预期结果
1	场景 1，成功购物	Sue	1s2	200	成功购物
2	场景 2：账号不存在	Jim	N/A	N/A	提示账号不存在
3	场景 3：账号或密码错误（账号正确，密码错误）	Sun	1234zxc	N/A	提示账号或密码错误，返回基本流步骤 3
4	场景 4：账号或密码错误（账号错误，密码正确）	Suns	1234546	N/A	提示账号或密码错误，返回基本流步骤 3
5	场景 5：用户账号余额不足	Henry	1V2	1	提示账号余额不足请充值
6	场景 6：用户账号没有钱	John	123ji2	0	提示账号没有钱请充值

以上写到的测试用例为一个功能模块的部分测试用例。其他测试用例可以在写完后再进行增补和扩充，以达到较好的路径覆盖。

第 2 节　白盒测试技术简介

学习单元 1　静态白盒测试

学习目标

掌握进行静态白盒测试的方法

知识要求

一、静态白盒测试的组织

在前序章节中提到了软件测试方法可分为静态测试和动态测试两大类。简单来说，静态测试方法是指在测试过程中不运行程序，通过分析程序逻辑结构来找出程序所存在的不足。动态测试方法是通过运行被测程序，比较实际结果与期望结果来达到测试目的的。

静态白盒测试同其他测试方法一样，被应用在软件产品测试活动中。代码复审会是静态白盒测试的组织形式。

1. 头脑风暴和代码复审会

白盒测试技术的理论性比较强，也比较成熟，现实中不是每个单元都可以很好地完整运用白盒测试技术。如不是关键的单元，也没有必要将所有的理论付诸实践。白盒测试不考虑软件的功能实现，基于对模块内部结构的清晰了解，要求做到验证内部动作是否按照规格说明书的规定正常进行，按照程序内部的结构测试程序，检验程序中的每条通路是否都按照预定要求正确工作。代码复审会解决了这个问题。在代码阶段性复审的会议上，每一位参与者对代码可以提出自己的观点和想法，他们可以畅所欲言，从而产生很多新观点和解决问题的方法，在他人提出的观点之上建立新观点。所有的观点被记录下但不讨论。只有会议结束的时候，才对这些观点和想法进行评估。这便是代码复审会上的头脑风暴。

代码复审会一般会有确定议题、会前准备、确定人选、明确分工、规定纪律、掌握时间等要素。而成功的代码复审会除了上述要点以外，还需要遵守以下几点原则：自由畅谈、延迟评判、禁止批评、追求数量等。

2. 广义静态白盒测试

静态白盒测试（Static White-box Test）通常是指在不执行软件的条件下有条理地仔细审查软件设计、体系结构和代码，从而找出软件缺陷的过程，有时也称为结构化分析（Structural Analysis）。

二、静态白盒测试的常用方法

静态白盒测试的人员是不固定的。在某些小组中，程序员就是组织和审查代码的人员，软件测试人员被要求作为独立的观察者或者是该任务的执行人。

1. 错误核查表

静态白盒测试通过分析程序逻辑结构，逐一找出代码级的缺陷。代码缺陷的评判通常是根据参与者所掌握的编程技能和测试技能来进行的。错误核查表是表格化的错误标准集合，它列出了测试过程中应该注意的问题，以供参考。

（1）数据引用错误应注意的问题

1）变量使用前需要赋值或初始化。

2）数组下标的范围和类型必须正确。

3）指针引用的内存单元必须存在。

4）被引用变量类型或内存属性应与编译器预期一致。

（2）数据声明错误应注意的问题

1）变量需要赋予正确的长度、类型和存储类。

2）变量命名应直观易懂。

（3）计算错误应注意的问题

1）应对同种数据类型进行计算。

2）计算时数据类型应相同且字节长度也要相同。

3）应考虑编译器对类型或长度不同时的转换规则。

4）应赋值的目的变量应大于或等于赋值表达式的值。

5）应注意在数值计算过程中可能出现溢出的情况。

6）应注意除数或模（整除求余运算）是否可能为零。

7）应注意对于整型算术运算或某些计算丢失精度的问题。

8）变量的值不要超过有意义的范围。

9）对于包含多个操作的表达式，求值次序、运算优先级要正确，可以加括号使其看起来更加清晰。

（4）比较错误应注意的问题

1）应注意分数或者浮点数之间的比较精度处理的问题。如 1.00000001 和 1.00000002 极其接近，判断两者是否相等时。

2）每一个逻辑表达式都正确地表达，逻辑计算如期进行，求值次序正确。

3）逻辑表达式的操作数需要是逻辑值。

（5）控制流程错误应注意的问题

1）程序中的语句组要对应。

2）程序、模块、子程序和循环可以终止，除非是可接受结果。

3）应注意出现死循环的情况。

4）循环至少应被执行一次。

5）对于多分支语句，若索引变量超出可能的分支数目，需要正确处理。

（6）子程序参数错误应注意的问题。子程序参数错误的来源是软件子程序不正确地传递数据

1）子程序接收的参数类型和大小与调用代码发送的参数类型和大小要匹配。

2）如果子程序有多个入口点，引用的参数要与当前入口点匹配。

3）注意常量被当做形参传递，意外在子程序中改动的情况。

4）应注意子程序是否更改了仅作为输入值的参数。

5）每一个参数的单位要与相应的形参相匹配。

6）如果存在全局变量，检查在所有引用子程序中是否有相似的定义和属性。

（7）I/O 错误应注意的问题。I/O 错误包括文件读取错误、接受键盘或鼠标输入错误以及向输出设备写入错误等

1）软件应严格遵守外设读写数据的专用格式。

2）文件或者外设不存在或者未准备好的错误情况需要预先处理。

3）软件需要处理外设未连接、不可用或者读写过程中存储空间占满等情况。

4）软件需要以预期的方式处理预计的错误。

5）应注意错误提示信息的准确性、正确性。

（8）其他错误应注意的问题

1）软件使用其他外语，需要处理扩展 ASCII 字符，也可用统一编码取代 ASCII。

2）考虑兼容性，使软件能够运行于不同数量的可用内存、不同的内部硬件、不同的

外设等。

3）程序编译产生的“警告”或者“提示”信息。

2. 代码检查和走查

（1）代码检查的过程。代码检查是静态白盒测试的主要过程，程序员会得到编码风格、算法选择和编程技术等多方面的参考信息。其他参与者同样也可以共享信息

1）协调人在代码检查前分发程序清单和设计规范。

2）编码人员讲述程序的逻辑结构，参与者提问题并判断是否存在错误（参考错误核查表）。

3）目的在于发现错误而不是纠正错误。

4）会议结束后，将已发现错误的清单发送给程序员。

（2）人员组成

1）协调人员。分发材料、安排进程、确保错误随后得到改正。

2）编码人员。参与全部讨论，听取各方提出的建议。

3）测试专家。从测试的角度把握讨论的主题。

4）项目经理。与各方进行讨论并提出建议。

（3）代码走查。代码走查和代码检查类似，都是以小组为单位进行代码阅读，是一系列规程和错误检查技术的集合。二者的过程大致相同，不同之处在于规程有些不同。在代码走查过程中，每个测试用例都在人们头脑中推演，即把测试的数据沿着程序的逻辑结构走一遍，记录程序的状态供监视，很多错误是在向程序员提问的过程中发现的。与代码检查的相似之处在于参与者的不同见解同样重要。

3. 同行复审

同行复审（Peer Review）是代码检查的一种方式，也是提高代码质量的重要手段。检查过程则是由代码的作者和其他同事共同完成，目的在于评估代码的质量。

当处于软件开发过程的任何阶段时，同行复审可以在软件生命周期前期找到存在的问题。也就是说，在这个时期发现问题的难度和成本要比在软件开发后期及测试阶段低得多。据相关统计，通过同行复审在软件开发前期发现问题并改正后，使得软件成本降低为原来的四分之一。

与其他类型评审的区别在于同行复审的成员来自于同事，而不是管理人员。目的在于技术性的评估而不是开发进程的控制。

学习单元 2　结构化测试技术和代码覆盖

学习目标

掌握进行结构化测试的方法

掌握代码覆盖的相关概念并熟练掌握相关技术

知识要求

白盒测试也称结构测试或逻辑驱动测试，它需要了解产品内部工作过程，可通过测试来检测产品内部动作是否按照规格说明书的规定正常进行，按照程序内部的结构测试程序，检验程序中的每条通路是否都能按预定要求正确工作，而不顾它的功能。

白盒测试全面了解程序内部逻辑结构，对所有逻辑路径进行测试。白盒测试是穷举路径测试。在使用这一方案时，测试者必须检查程序的内部结构，从检查程序的逻辑着手，得出测试数据。贯穿程序的独立路径数是个天文数字，但即使每条路径都测试了仍然可能有错误。第一，穷举路径测试绝不能查出程序是否违反了设计规范，即程序本身是个错误的程序。第二，穷举路径测试不可能查出程序中因遗漏路径而出现的错误。第三，穷举路径测试可能无法发现一些与数据相关的错误。

白盒测试是一种逻辑覆盖方法，主要包括：语句覆盖、判定覆盖、条件覆盖、判定—条件覆盖、条件组合覆盖、路径覆盖。

为了具体说明上述内容，先举一个程序流程的例子，下面的说明将采用这个流程作为例子。程序流程图如图 2—6 所示。

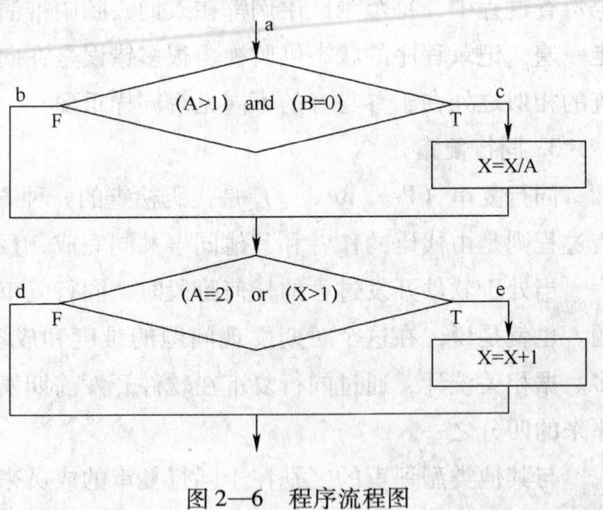

图 2—6　程序流程图

L1(a→c→e)

=｛(A>1)and(B=0)｝and｛(A=2)or(X/A>1)｝(已将 X/A 赋值给 X)

= (A > 1) and (B = 0) and (A = 2) or (A > 1) and (B = 0) and (X/A > 1)
= (A = 2) and (B = 0) or (A > 1) and (B = 0) and (X/A > 1)

L2 (a→b→d)
= not { (A > 1) and (B = 0) } and not { (A = 2) or (X > 1) }
= { not (A > 1) or not (B = 0) } and { not (A = 2) and not (X > 1) }
= not (A > 1) and not (A = 2) and not (X > 1) or not (B = 0) and not (A = 2) and not (X > 1)

L3 (a→b→e)
= not { (A > 1) and (B = 0) } and { (A = 2) or (X > 1) }
= { not (A > 1) or not (B = 0) } and { (A = 2) or (X > 1) }
= not (A > 1) and (A = 2) or not (A > 1) and (X > 1) or not (B = 0) and (A = 2) or not (B = 0) and (X > 1)

L4 (a→c→d)
= { (A > 1) and (B = 0) } and not { (A = 2) or (X/A > 1) }
= (A > 1) and (B = 0) and not (A = 2) and not (X/A > 1)

其中 L1，L2，L3，L4 是四条语句执行的路径。

一、语句覆盖

语句覆盖就是选择足够的测试用例，使得程序中每一条可执行语句至少被执行一次。

在图例中，正好所有的可执行语句都在路径 L1 上，所以选择路径 L1 设计测试用例，就可以覆盖所有的可执行语句。

测试用例的设计格式如下：

【输入的（A，B，X），输出的（A，B，X）】

为图例设计满足语句覆盖的测试用例：

【(2，0，4)，(2，0，3)】

覆盖 ace【L1】

二、判定覆盖

判定覆盖就是设计若干个测试用例，运行被测试程序，使得程序中每个判断的取真分支和取假分支至少经历一次。判定覆盖又称为分支覆盖。

对于图例，如果选择路径 L1 和 L2，就可得满足要求的测试用例。

【(2，0，4)，(2，0，3)】覆盖 ace【L1】

【(1，1，1)，(1，1，1)】覆盖 abd【L2】

如果选择路径 L3 和 L4，还可得到另一组可用的测试用例。

【(2，1，1)，(2，1，2)】覆盖 abe【L3】

【(3，0，3)，(3，0，1)】覆盖 acd【L4】

三、条件覆盖

条件覆盖就是设计若干个测试用例，运行被测试程序，使得程序中每个判断的每个条件的可能取值至少执行一次。

在图例中，事先可对所有条件的取值加以标记。例如，

对于第一个判断：

条件 A＞1 取真为 T_1，取假为$\overline{T_1}$

条件 B＝0 取真为 T_2，取假为$\overline{T_2}$

对于第二个判断：

条件 A＝2 取真为 T_3，取假为$\overline{T_3}$

条件 X＞1 取真为 T_4，取假为$\overline{T_4}$

测试用例	覆盖分支	条件取值
【(2，0，4)，(2，0，3)】	L1（c，e）	$T_1T_2T_3T_4$
【(1，0，1)，(1，0，1)】	L2（b，d）	$\overline{T_1}T_2\overline{T_3}\overline{T_4}$
【(2，1，1)，(2，1，2)】	L3（b，e）	$T_1\overline{T_2}T_3T_4$

或：

测试用例	覆盖分支	条件取值
【(1，0，3)，(1，0，4)】	L3（b，e）	$\overline{T_1}T_2\overline{T_3}T_4$
【(2，1，1)，(2，1，2)】	L3（b，e）	$T_1\overline{T_2}T_3T_4$

或：

测试用例	覆盖分支	条件取值
【(2，0，4)，(2，0，3)】	L1（c，e）	$T_1T_2T_3T_4$
【(1，1，1)，(1，1，1)】	L2（b，d）	$\overline{T_1}\overline{T_2}\overline{T_3}\overline{T_4}$

四、判定—条件覆盖

判定—条件覆盖就是设计足够的测试用例，使得每个判断的所有可能取值至少执行一

次，每个判断中的每个条件的可能取值至少执行一次。

五、组合覆盖

条件组合覆盖就是设计足够的测试用例，在运行被测试程序时，使得每个判断的所有可能的条件取值组合至少执行一次。

记 ① $A>1$，$B=0$ 作 T_1T_2

② $A>1$，$B\neq0$ 作 $T_1\overline{T_2}$

③ $A\ngtr1$，$B=0$ 作 $\overline{T_1}T_2$

④ $A\ngtr1$，$B\neq0$ 作 $\overline{T_1}\,\overline{T_2}$

⑤ $A=2$，$X>1$ 作 T_3T_4

⑥ $A=2$，$X\ngtr1$ 作 $T_3\overline{T_4}$

⑦ $A\neq2$，$X>1$ 作 $\overline{T_3}T_4$

⑧ $A\neq2$，$X\ngtr1$ 作 $\overline{T_3}\,\overline{T_4}$

测试用例	覆盖条件	覆盖组合
【(2，0，4)，(2，0，3)】	(L1)	①，⑤
【(2，1，1)，(2，1，2)】	(L3)	②，⑤
【(1，0，3)，(1，0，4)】	(L3)	③，⑦
【(1，1，1)，(1，1，1)】	(L2)	④，⑧

六、基础路径覆盖和全路径覆盖

路径测试就是从一个程序的入口开始，执行所经历的各个语句的完整过程。从广义的角度讲，任何有关路径分析的测试都可以被称为路径测试。

1. 路径覆盖——基础路径

基础路径测试法是在程序控制流图的基础上，通过分析控制构造的环路复杂性，导出基本可执行路径集合，从而设计测试用例。包括以下 4 个步骤：

- 画出程序的控制流图。
- 计算程序的环形复杂度，导出程序基本路径集中的独立路径条数，这是确定程序中每个可执行语句至少执行一次所必需的测试用例数目的上界。
- 导出基本路径集，确定程序的独立路径。
- 根据独立路径，设计测试用例的输入数据和预期输出。

(1) 控制流图。控制流图（可简称流图）是对程序流程图进行简化后得到的，它可以更加突出地表示程序控制流的结构。控制流图中包括两种图形符号：节点和控制流线。节点由带标号的圆圈表示（符号○），可代表一个或多个语句、一个处理框序列和一个条件判定框（假设不包含复合条件），控制流线由带箭头的弧或线表示，可称为边。它代表控制流的方向。

对于复合条件，则可将其分解为多个单个条件，并映射成控制流图。

程序常见结构的控制流图如图 2—7 所示。

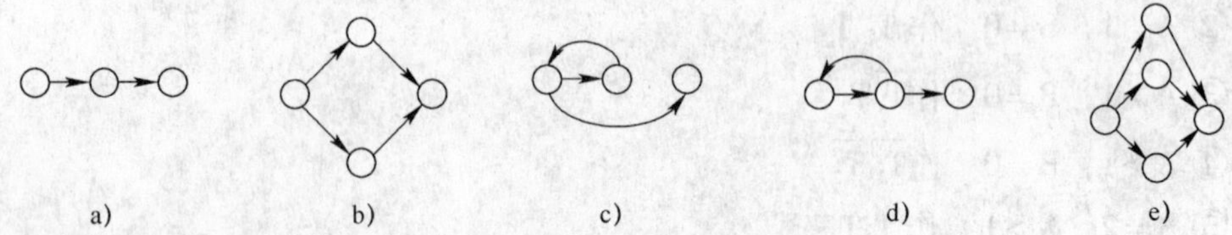

图 2—7　程序常见结构的控制流图

a）顺序结构　b）IF 选择结构　c）WHILE 重复结构　d）UNTILL 重复结构　e）CASE 多分支结构

其中，包含条件的节点被称为判定节点（也叫谓词节点），由判定节点发出的边必须终止于某一个节点，由边和节点所限定的范围被称为区域。

（2）环形复杂度。环形复杂度也称为圈复杂度，它是一种为程序逻辑复杂度提供定量尺度的软件度量。

可以将环形复杂度用于基本路径方法，它可以提供程序基本集的独立路径数量，以确保所有语句至少执行一次的测试数量的上界。

独立路径是指程序中至少引入了一个新的处理语句集合或一个新条件的程序通路。采用流图的术语，即独立路径必须至少包含一条在本次定义路径之前不曾用过的边。

测试可以被设计为基本路径集的执行过程，但基本路径集通常并不唯一。

（3）环形复杂度计算方法。环形复杂度以图论为基础，为程序提供了非常有用的软件度量。可用如下三种方法之一来计算环形复杂度：

1）控制流图中区域的数量对应于环形复杂度。

2）给定控制流图 G 的环形复杂度——V（G），定义为

$$V(G)=E-N+2$$

其中，E 是控制流图中边的数量，N 是控制流图中的节点数量。

3）给定控制流图 G 的环形复杂度——V(G)，也可定义为

$$V(G)=P+1$$

其中，P 是控制流图 G 中判定节点的数量。

（4）实例。在如下示例中，使用基础路径覆盖法来验证 foo 函数。将代码行进行编

号，以备使用它标明控制流图中所对应的代码行。

```
   void foo(int iRecordNum, int iType)
1  {
2      int x = 0;
3      int y = 0;
4      while (iRecordNum > 0)
5      {
6        if(iType = = 0)
7          x = y + 2;
8        else
9          if(iType = = 1)
10             x = y + 10;
11         else
12             x = y + 20;
13     }
14 }
```

接下来画出程序的控制流图（见图2—8）：

计算环形复杂度：

10（条边）- 8（个节点）+ 2 = 4

导出独立路径（用语句编号表示）：

路径1：4→14

路径2：4→6→7→14

路径3：4→6→9→10→13→4→14

路径4：4→6→9→12→13→4→14、

创建测试用例（见表2—15）。

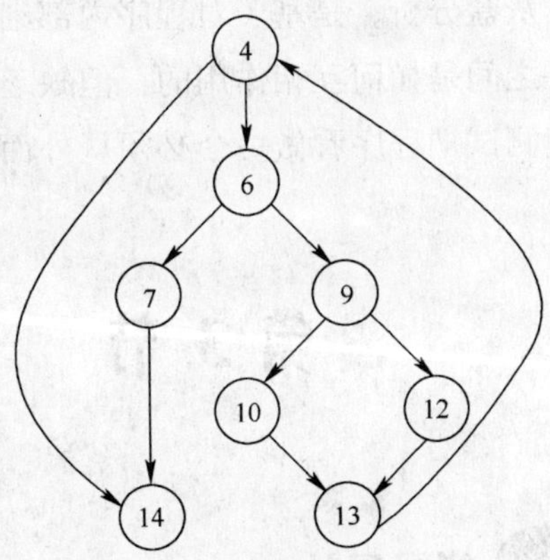

图2—8　控制流图

表2—15　　**创建测试用例**

用例编号	输入数据	预期结果
1	iRecordNum = 0 iType = 0	x = 0 y = 0
2	iRecordNum = 1 iType = 0	x = 2 y = 0

续表

用例编号	输入数据	预期结果
3	iRecordNum = 1 iType = 1	x = 10 y = 0
4	iRecordNum = 1 iType = 2	x = 20 y = 0

2. 全路径覆盖

白盒测试是一种被广泛使用的逻辑测试方法，是由程序内部逻辑驱动的一种单元测试方法。只有对程序内部十分了解才能进行适度有效的白盒测试。但是贯穿在程序内部的逻辑存在不确定性和无穷性，尤其是对于大规模复杂软件，白盒测试不能穷举所有的逻辑路径，因为穷举不能查出程序逻辑规则错误、数据相关错误和程序遗漏的路径。

七、灰盒测试简介

灰盒（Gray Box）是一种程序或系统上的工作过程被局部认知的装置。灰盒测试也称作灰盒分析，是基于对程序内部细节有限认知上的软件调试方法。测试者可能知道系统组件之间是如何互相作用的，但缺乏对内部程序功能和运作的详细了解。对于内部过程，灰盒测试把程序看做一个必须从外面进行分析的黑盒。

第 3 节　目的驱动的软件测试

掌握多种测试的基础技术

能够实施软件测试

一、单元测试

单元测试（Unit Test）是涉及特定部分代码功能性的验证，也叫组件测试（Component Testing)，通常属于函数级。在面向对象环境中则处于类的级别。

作为软件测试过程的最初测试行为，单元测试在整个测试过程中承担着最基层的测试任务。在没有进行封装的单个功能函数或模块的情况下，单元测试对逻辑功能单元进行验证，用以最大限度地保证在功能单元被封装和组合前各自的正确性。

1. 隔离和解耦

隔离即把软件各个模块之间分散开来，使得原本相互耦合的模块失去交叉接口，从而达到消除模块间耦合的目的。

关于解耦，首先要介绍软件工程中的耦合（Coupling）。软件工程中对象之间的耦合度就是对象之间的依赖性。耦合性是程序结构中各个模块之间相互关联的度量。它取决于各个模块之间的接口的复杂程度、调用模块的方式以及哪些信息通过接口。

单元测试可以达到隔离和解耦的效果，使逻辑功能模块在不受其他模块的干扰情况下单独运行后得到结果。

如图 2—9 所示直观地描绘了耦合性的分类。

序号	耦合强弱程度	耦合性	描述
1	弱	非直接耦合	同级模块之间没有信息传递，之间的间接联系是通过上级模块调用和控制实现的
2	↓	数据耦合	上级模块通过参数表与下级模块交换简单变量
3	↓	特征耦合	上级模块通过参数表与下级模块交换数据结构
4	↓	控制耦合	模块间传递的是用做控制信号的开关值或标志量
5	↓	外部耦合	一组模块访问同一个全局变量
6	↓	公共耦合	一组模块访问同一个全局性数据结构
7	强	内容耦合	一个模块可直接调用另一模块中的数据或可直接转到另一模块中去

图 2—9　耦合性的分类

2. 单元测试交付

通常，单元测试由程序员来完成。程序员进行下一步集成测试则完全继承自单元测试，使被集成的功能模块在基本功能输出正确的前提下纳入整个软件测试的前续环节。

使用某些测试工具也可以辅助进行单元测试。但无论使用何种手段进行单元测试，最终的目的在于发现各模块内部可能存在的各种差错。可以参考以下标准。

（1）单元测试的结果与期望结果一致。这是软件测试的基本原理，就是用单元测试来验证功能单元所做的就是所期望的。期望结果来源于功能说明或是过往的经验。

（2）测试结果与期望结果始终一致。执行单元测试，如果只测试被测功能单元的一条正确路径，让它正确走一遍，并不算是真正的完成。软件开发是一项复杂的工程，在测试某功能单元的行为是否和用户的期望一致时，用户需要确认：在任何情况下，这段代码是否都和用户的期望一致；例如，传入不同类型的参数、硬盘空间被充满、缓冲区溢出、网络连接超时的情况。

（3）单元测试的逻辑正确。不能被依赖的代码是没有多大用处的。既然单元测试用来保证代码的正确性，那么单元测试也一定要值得依赖。

单元测试通常由被测模块的开发者来完成，验证模块功能点与期望结果一致。一个函数也许被测试多次，用来找到边际情形或是代码中的其他分支语句。单独的单元测试无法验证软件某部分的功能，可被用来验证软件功能模块可以相互独立地工作。

（4）单元测试具有文档功能。单元测试能够帮助用户充分了解代码的用法，从效果上而言，单元测试就像是能执行的文档，说明了用户在用各种条件调用代码时，用户所能期望这段代码完成的功能。

二、集成和功能测试

集成测试（Integrated Testing）是软件测试过程的一个阶段，在进行单元测试后，各个功能模块要以特定的逻辑组合起来，形成软件整体结构后进行测试。因此，集成测试也叫组装测试或联合测试。

通常软件系统被构建起来以后，由于各功能模块的兼容不当会出现种种问题。严格的单元测试能够保证单个模块正确运行，但不能证明集成起来依然可以不出现错误。也就是说，集成测试是基于单元测试的后续测试环节，并且是必要的。在实践中，一般意义上对系统进行功能测试，多半是在集成测试阶段。功能测试需要从诸多角度对系统进行验证。

1. 期望结果和实际结果

期望结果（Expected Result）是根据功能需求和经验判断得出的软件运行后的期望数据。

实际结果（Actual Result）是软件在特定条件下运行以后的对应数据。

软件测试的原理是将软件运行的期望结果与实际结果进行比较，并根据以往的经验对软件实际特征进行验证。

2. 安装、维护和卸载测试

（1）背景知识。软件的安装、更新和卸载测试是集成测试的重要组成部分。在本地化及国际化测试中，软件安装、维护与卸载测试也是其重要的组成部分（关于软件国际化测试将在本章后续部分介绍）。

软件的安装过程是一系列动作的集合。根据不同软件安装包的要求，软件安装做了以下动作。

1）对注册表的修改。

2）将文件复制到目标目录。

3）创建桌面快捷图标。

4）将必要的动态链接库写入系统目录。

5）其他动作。

软件的卸载过程也是一系列动作的集合。早期软件的卸载会将卸载项写在 log 文件中。使用某些打包工具制作的卸载程序，同样会在安装目录或注册表中建立卸载项。并且，卸载过程中被占用的文件同样需要重启后被删除。

（2）软件安装测试。根据上面的介绍，在做软件安装、卸载和维护测试的时候，要考虑到安装包在整个过程中很多方面的问题。

安装测试（Installing Testing）是指确保该软件在正常情况和异常情况的不同条件下，例如，进行首次安装、升级、完整的或自定义的安装都能被正确执行。异常情况包括磁盘空间不足、缺少目录创建权限等。核实软件在安装后可立即正常运行。安装测试包括测试安装代码以及安装手册。安装手册提供如何进行安装的方法，安装代码提供安装一些程序能够运行的基础数据。

1）多系统安装。在安装程序前，对安装包本身的说明中应该注明该安装包适用于哪些操作系统，通常需要在不同的系统验证安装包是否符合多平台安装要求，例如，Windows 系列、Linux 系列以及 Mac 系统等。

2）功能测试。安装包的主要功能是完成软件的安装，在安装过程中，上面提到了安装包要对系统做出一系列动作。这些动作需要纳入程序测试的范围。

①安装程序可以正常运行。

②程序安装后能正常运行。

③修复性安装后程序可正常运行。

④安装后是否产生了正确的目录结构。

⑤安装后注册表信息是否正确。

⑥快捷方式（桌面、菜单、任务栏等）设置是否正确。

⑦该软件与其他软件的兼容性。

3）界面测试。一般来说，多数安装程序会有图形用户接口，并且在操作过程中扮演重要角色。良好的人机交互接口可以给使用者带来便捷的用户体验，并有利于软件被正确安装。

4）文档测试。软件安装规格及安装说明书是软件安装程序的组成部分，对文档的验证尤为重要。

①软件安装过程是否与软件安装规格一致。例如安装路径、注册表改写项。

②验证安装说明书中所有步骤是否一致。

（3）卸载测试。软件卸载是安装的反过程。测试思路与安装测试大体相当。

1）直接删除安装文件夹进行卸载出现的提示是否与概要设计说明一致。

2）测试使用系统自带的添加和删除（以 Windows 7 为例）程序卸载的情况。

3）测试软件自带的卸载程序。

4）测试卸载后文件是否全部删除，包括安装文件夹、注册表、系统环境变量。

5）卸载过程中出现的意外情况的测试（如死机、断电、重启）。

6）卸载是否支持取消功能，单击取消后软件卸载的情况。

7）如果软件有调用系统文件，当卸载文件时，是否有相应的提示。

3. 界面测试

（1）Web 界面测试。在软件本地化测试（Localization Testing）中，对图形用户接口（UI）的测试非常关键，在 Web 应用程序（B/S 系统）中甚为突出。图形用户接口是与最终用户交互的最直接的途径。Web 图形界面的测试通常要注意以下几点：

1）Tab 快捷键能否按要求正确捕捉到控件焦点。

2）使用不同字号设置时，Web 界面是否可以显示正常。如控件上文字截断问题。

3）在不同分辨率下，所有功能是否可以正常使用。如菜单焦点的捕获问题。

4）界面加载完毕后是否显示无脚本错误。

5）用户体验是否良好。如控件布局、颜色搭配以及是否符合使用习惯。

（2）测试内容

1）文本框的测试

①不同类型值的输入。

②文本长度限制。

③必要的提示信息，如文本框功能提示性信息。

2）命令按钮控件的测试

①按钮的正常操作（单击操作，Tab 键可定位焦点）。

②单击操作后，表单对非法数据给出的提示信息。

3）滚动条控件的测试

①对鼠标滚轮操作的支持。

②键盘导航键操作的支持。

4）复选框的测试

①默认情况下无被选中项。

②支持其他热键操作（Windows 下默认单击空格为选中当前项）。

5）单选按钮控件的测试

①默认情况至少有一项被选中。

②不能将一组单选按钮同时选中。

6）列表框控件的测试

①无重复项、丢失项。

②如可多选，支持快捷键操作（Shift/Ctrl 键）。

7）组合控件的测试

①单击 Tab 键，焦点可顺序移动（自上而下，自左而右）。

②多浏览器环境控件可完整显示。

（3）测试方法。上面介绍了 Web 应用程序图形用户界面测试的一种方法。在很多项目中，UI 自动化测试被广泛应用，通过对 HTML 页面元素的抓取来获得实际结果，使用预先定义的期望结果与之进行比较来完成自动化测试的过程。关于自动化测试的内容，将在后续章节进行介绍。

4. 国际化测试

国际化软件支持多语言、多区域的应用。软件国际化测试是软件国际化的重要环节。世界在变小，如果软件产品只支持某种语言或是仅在某一地区使用，那么会很难得以生存和发展。产品在一个地区进行研发，而将其应用不同地区和语言标准，国际化测试可以帮助软件获得全球范围的使用和认可。

（1）定义。国际化测试（Internationalization Testing）是确保软件产品的功能在不同语言和地区的条件下可以正常工作的验证过程。国际化测试也被称为 I18N，因为在 I 和 N 之间共有 18 个字母。

（2）相关术语

1）本地化能力（Localizability）。本地化能力表示国际化软件实现本地化的难易程度。国际化软件前期的良好设计可以增强本地化能力，降低软件本地化的成本。

2）单一二进制（Single Binary）。在国际化软件中完全国际化的二进制功能文件使用，不用再做修改即可用于该软件的任何本地化的语言版本。

3）硬编码（Hard-coding）。软件工程师在进行国际化软件编码时，把需要本地化的字符串放在程序的主体代码中，而不是放在外部可以易于本地化的资源文件中。

4）伪本地化（Pseudo Localization）。伪本地化是完成一系列本地化任务来模拟本地化产品的过程。而这个过程又没有真正的翻译行为。该过程把提取出的字符串放到资源文件中，通过添加扩展的字符来模拟不同语言。

5）全球可用（World ready）。软件良好的国际化设计可以增强软件本地化的能力。而软件的本地化使得软件全球可用。

（3）实施步骤

1）测试前的准备

①阅读开发文档，确认是否对软件国际化做了相应的说明。

②了解产品的特性，如菜单和对话框的设计是否留出了足够的文本空间。

③所有版本的程序均使用了 Unicode 编码。

④字符编码不能仅限于 8 位或 16 位。

2）搭建测试环境

①安装本地化的操作系统。

②配置可以多次重置的系统环境。

③保留英文版本作为参考。

④将配置信息归档。

3）测试列表

①创建 I18N 测试计划列表。例如，安装/配置手册，英文测试计划和测试用例，在线帮助文档等。

②设置测试优先级，可以根据测试类型、测试语言来划分。

③测试小组与开发小组的沟通。

4）执行测试

①软件安装的国际化测试。

②测试对国际化文本和字符的支持（可编辑区显示的扩展文本、欧元符号、Unicode 编码、输入法）。

③以扩展 ASCII 编码或多字节字符命名的字段可被正确保存、读取和删除。

④以扩展 ASCII 编码或多字节字符命名的文件或 OLE 对象可被剪切、复制、粘贴或嵌入到文档和其他容器对象中。

⑤国际化区域信息转换（时间、货币、排序校正、人名和地址格式）。

⑥其他地理区域敏感问题。

5）伪本地化测试

①硬编码字符串。

②被截断的文本。

③串联字符串。

5. 压力测试

多用户情况可以考虑使用压力测试工具，建议将压力测试和性能测试结合起来进行。如果有负载平衡的话，还要在服务器端打开监测工具，查看服务器 CPU 使用率、内存占用情况，如果有必要，可以模拟大量数据输入、对硬盘的影响等信息。如果有必要的话，必须进行性能优化（软硬件都可以）。

压力测试和性能测试的区别在于他们的测试目的不同。

6. 性能测试

性能测试（Performance Test）是通过自动化的测试工具模拟多种正常、峰值以及异常负载条件来对系统的各项性能指标进行测试的。负载测试和压力测试都属于性能测试，两者可以结合起来进行。通过负载测试，确定在各种工作负载下系统的性能，目标是测试当负载逐渐增加时，系统各项性能指标的变化情况。压力测试是通过确定一个系统的瓶颈或者不能接收的性能点，来获得系统能提供的最大服务级别的测试。

（1）性能测试的分类。性能测试通常包括负载测试、强度测试、容量测试。

1）负载测试。负载测试是一种性能测试，指数据在超负荷环境中运行，程序是否能够承担。

2）强度测试。强度测试是一种性能测试，在系统资源特别低的情况下测试软件系统运行情况。

3）容量测试。容量测试用来确定系统可处理同时在线的最大用户数。

（2）性能测试的步骤

1）制定目标和分析系统。

2）选择测试度量的方法。

3）学习的相关技术和工具。

4）制定评估标准。

5）设计测试用例。

6）执行测试用例。

7）分析测试结果。

8）编写测试报告。

7. 安全性测试

病毒、间谍软件及黑客的攻击都是计算机的安全问题，安全性测试就是要像黑客一样对软件进行攻击，找出其中的漏洞进行完善，使软件安全性得到保障。

（1）软件安全性测试涉及的方面。安全性测试在软件测试中至关重要，在网络技术蓬勃发展的背景下，对软件产品安全性的保障十分必要。软件安全性测试通常主要考虑如下几个方面。

1）用户名和密码

①是否设置密码最小长度。

②用户名和密码中是否可以有空格或回车键。

③是否允许密码和用户名一致。

④防恶意注册，可否用自动填表工具自动注册用户。

⑤对用户遗忘密码的处理。

⑥有无默认的超级用户。

⑦有无超级密码。

⑧是否有校验码。

⑨密码错误次数有无限制。

2）直接访问需要权限的网页地址

①没有登录或注销登录后，直接输入登录后才能查看页面的网址，能直接打开页面。

②注销后，单击浏览器上的“后退”按钮，可以进行操作。

③正常登录后，直接输入自己没有权限查看的页面的网址，可以打开页面。

3）隐藏域与 CGI 参数。有此隐藏域中泄露了重要的信息，有时还可以暴露程序源代码。直接修改 CGI 参数，就能绕过客户端的验证了。

例如，<input type = “hidden” name = “h” value = http://XXX/checkout. php >，只要改变 value 的值就可能会把程序的源代码显示出来。

4）上传文件没有限制

①上传文件最好有格式的限制。

②上传文件还要有大小的限制。

5）把数据验证寄希望于客户端的验证。客户端是不安全的，重要的运算和算法不要在客户端运行。重要的输入（如：密码）在客户端应该加密。

例如，保存网页并对网页进行修改，使其绕过客户端的验证（如只能选择的下拉列表框，对输入数据有特殊要求的文本框）。

（2）软件安全性测试的重要问题

1）没有被验证的输入

①数据类型（字符串、整数、实数等）。

②允许的字符集。

③最大长度和最小长度。

④是否允许空输入。

⑤参数是否是必需的。

⑥重复是否允许。

⑦数值范围。

⑧特定的值（枚举型）。

⑨特定的模式（正则表达式）。

2）有问题的访问控制。主要用于需要验证用户身份以及权限的页面，复制该页面的URL地址，关闭该页面以后，查看是否可以直接进入该复制好的地址。

例如，从一个页面链接到另一个页面的间隙可以看到URL地址，直接输入该地址，可以看到自己没有权限的页面信息。

3）错误的认证和会话管理。账号列表：系统不应该允许用户浏览到网站所有的账号，如果必须有一个用户列表，推荐使用某种形式的假名（屏幕名）来指向实际的账号。

浏览器缓存：认证和会话数据作为GET的一部分来发送。

认证和会话数据不应该作为GET的一部分来发送，应该使用POST。

例如，对Grid、Label、Tree view类的输入框未做验证，输入的内容会按照html语法解析出来。

4）跨站脚本（XSS）。分析：攻击者使用跨站脚本来发送恶意代码给没有发觉的用户，窃取他人机器上的仕意资料。

①HTML标签：<…>…</…>

②转义字符：&（&）；<（<）；>（>）； （空格）。

③脚本语言：

```
<script language = 'javascript' >
…Alert ('')
</script>
```

④特殊字符：' ' < > /

⑤最小长度和最大长度。

⑥是否允许输入空值。

例如，对Grid、Label、Tree view类的输入框来做验证，输入的内容会按照html语法解析出来。

5）缓冲区溢出。没有加密关键数据。用户使用缓冲区溢出来破坏Web应用程序的栈，通过发送特别的编码到 Web 程序中，攻击者可以让 Web 应用程序来执行任何代码。

例如，view-source：http 地址可以查看源代码。

在页面输入密码，页面显示的是 ******，单击右键，查看源文件就可以看到刚才输入的密码。

6）注入式漏洞。用户登录处、不用登录可以查看到数据库中的数据表现尤为重要。

例如，一个验证用户登录的页面，如果使用 SQL 语句为：

Select * from table A where username = “” + username + ‘’ and password …

SQL 输入：

or 1 = 1

就可以不输入任何 password 进行攻击。

7）不恰当的异常处理。分析：程序在抛出异常的时候给出了比较详细的内部错误信息，暴露了不应该显示的执行细节，网站存在潜在漏洞。

8）不安全的存储。没有加密关键数据。

分析：账号列表：系统不允许用户浏览到网站所有的账号，如果必须要一个用户列表，推荐使用某种形式的假名（屏幕名）来指向实际的账号。

浏览器缓存：认证和会话数据不应该作为 GET 的一部分来发送，应该使用 POST。

例如：

- view-source：http 地址可以查看源代码。
- 在页面输入密码，页面不显示 ******。
- 在文本框输入密码，页面显示的是 ******。
- 数据库中存储的密码没有经过加密。
- 在地址栏中可以看到刚才填写的密码。
- 通过右键查看源文件就可以看到刚才输入的密码。

9）拒绝服务。分析：攻击者可以从一台主机产生足够多的流量来耗尽很多应用程序，最终使程序陷入瘫痪之中。需要做负载来应对。

10）不安全的配置管理。分析：Config 文件中的链接字符串及用户信息、邮件、数据存储信息都需要加以保护。

程序员应该做的：配置所有的安全机制，关掉所有不使用的服务，设置权限角色账号，使用日志和警报。

例如，数据账号是不是默认为 sa，密码（还有端口号）是不是直接写在配置文件里没有进行加密。

8. 可达性测试

当今有很多功能强大的工具软件能够测试软件的可达性。而何为可达性测试呢？有很多文字描述了可达性测试的概念。常见的两个例子分别是测试软件是否支持屏幕阅读器（可令视力障碍的人知道屏幕上显示的内容），软件是否可以在高对比度下正常工作。

软件的可达性是一种以使用者为中心的设计概念。可达性设计的重点在于让软件产品能够符合使用者的习惯和需求，使用者在使用过程中不产生压力或感到挫折，并能够让使用者用最少的努力发挥最大的效能。可达性测试概念本身不难理解。但是关键在于知道其测试方法而不只是其定义。在被问到如何测试软件可达性的时候，不局限于只能回答该软件是否支持屏幕阅读器功能，诸如此类。下面讨论可达性的三种类型。

（1）键盘可达性。很多用户都使用键盘，但是却没有意识到他们已经享受到了键盘可达性带来的良好用户体验。几乎所有人都喜欢使用“Ctrl + X”和“Ctrl + C”而不是用鼠标来进行剪切和复制。事实上，他们正在使用键盘的可达性。

虽然使用键盘和使用鼠标对上述操作在单次耗费时间上并无很大差距，但是使用鼠标还是会较使用键盘时间稍长一些。另一种情况是对鼠标操作可能会产生误操作。例如，没能通过鼠标精确获得同系统光标一样坐标的鼠标指针，这样就不得不再次进行同样的操作，于是会花费更多的时间来更正。有的时候甚至已经做了粘贴操作，却还没有察觉被粘贴对象选错了。

测试键盘可达性时一定使用键盘尽可能少的敲键数。过多的敲键数可能反映出了程序的设计问题或是软件潜在的缺陷。比如使用快捷键“Ctrl + Alt + Shift + T”来执行某个功能，而使用 Enter 键也可以执行，那么这属于设计问题。当一个对话框包含 20 个控件，而当前焦点正好位于第 10 个控件，如果想将焦点移动到第 20 个控件，则要被迫敲击 Tab 键 10 次。而如果该控件带有下划线字母标示的热键（如A），那么只需要使用组合键“Alt + A”便可以将焦点定位到该控件，而敲键数目只有两个。这对于手部活动不便的人来说是非常重要的。这类问题则属于软件存在的缺陷。

（2）高对比度下的可达性。什么是高对比度呢？通过启动菜单→控制面板→轻松访问→显示，选中“使用高对比主题”选项。高对比度更改操作系统的字体大小和字体颜色。如果用户在户外使用笔记本计算机，可以通过设置高对比度来提高可视性。

在启动被测试程序前，开启高对比度功能。下面的列表是测试在高对比度功能开启的情况下需要检查的内容。

1）验证所有图形用户接口是否可见。

2）如果背景颜色变成黑色，那么字体颜色被硬编码为黑色的时候，程序或对话框是否可用。

3）验证主动和被动选取表现的差异。

4）自始至终焦点应当是存在的。

5）所有颜色选项是否工作正常。

6）验证是否存在被截断的文本。

注：主动选取是指在选取下拉列表框子项的同时伴随有焦点存在，因此只能有一个子项被主动选取。当焦点移出控件时，列表框的子项仍旧处于被选取的状态，这些子项的状态叫做被动选取。无论高对比度是否被设置，主动选取和被动选取必须对系统的颜色设置有正确的反映。

（3）助残功能的可达性。在众多软件产品中，屏幕阅读器是很常见的助残功能软件。它可以将文字、图形转换为语音和点字，可以读出键入的命令行，所有图形用户界面呈现在屏幕上的图形和文字等。

首先，也是最重要的一点是测试工程师需要对普通键盘的快捷键非常熟悉。其次，在测试工程中，必须只使用键盘，因为一个盲人是根本无法使用鼠标的。

当安装屏幕阅读器后，测试工程师可以打开一个对话框，例如“开始”→“运行”对话框。使用 Tab 键使得焦点游走于对话框中的每个控件。测试工程师可以仔细倾听，辨认屏幕阅读器所发出的声音是否符合其预设模式：<控件名><控件类型><类型对应属性>。而当焦点定位在“运行”对话框的“OK”按钮之上时，测试工程师应该听到“OK PushButton”。如果焦点位于组合框，并且组合框的可编辑文本框中的文本是“mspaint. exe”，则应该听到“Open：ComoBox mspaint. exe”。当然，进行该测试时，也可以关掉显示器来强迫自己仔细辨别屏幕阅读器正在说些什么。

9. 产品生命周期

软件产品生命周期分为软件定义、软件开发和软件维护 3 个时期。各个时期都有各自的主要任务。

（1）软件定义时期任务

1）确定软件开发工程必须完成的总目标。

2）初步确定工程的可行性。

3）明确系统必须达到的工程和应该采用的策略。

4）制定工程的进度表，估计工程所需要的资源与成本。

（2）软件开发时期任务

1）以软件定义时期的数据作为依据进一步设计软件系统。

2）对系统进行详细设计并且编码调试。

3）测试软件系统。

(3) 软件维护时期任务

1) 在软件使用时纠正新发现的错误。

2) 根据用户的需求改变系统，以满足用户新的需求。

维护时期的根本目的是延长软件的使用时间，使软件系统能够更好地满足用户的需求。一个真正的好的软件系统是在反复的维护与测试中诞生的，也可以将维护时期看成是一个高度浓缩的定义和开发过程。

10. 软件生命周期的不同阶段

将软件生命周期的 3 个时期连接起来，又可以将其分成 8 个阶段，分别是：问题定义、可行性研究、需求分析、总体设计、详细设计、编码和单元测试、综合测试、维护。这 8 个阶段是一层层嵌套的，可以概括地说前一个阶段是后一个阶段的基础。下面简单介绍一下软件生命周期每个阶段的基本任务。

(1) 问题定义阶段。在问题定义之前，首先要弄清楚用户想要解决什么问题，在不知道用户的要求的情况下是不可能开发出满足用户要求的软件系统的。在系统分析员完成访问调查后，需要扼要地写出关于问题性质、工程目标和工程规模的书面报告，并得到用户的确认。

(2) 可行性研究阶段。可行性研究是在问题定义之后进一步探讨问题定义阶段所确定的问题是否可行。在对问题正确定义的基础上，通过分析问题（往往需要研究现在正在使用的系统），导出试探性的解，然后复查并修正问题定义，再次分析问题，改进提出的解法。经过定义问题、分析问题、提出解法的反复过程，最终提出一个符合系统目标的高层次的逻辑模型。然后根据系统的这个逻辑模型设想各种可能的物理系统，并且从技术、经济和操作等各方面分析这些物理系统的可行性。最后，系统分析员提出一个推荐的行动方针，提交用户和使用部门负责人审查批准。

在可行性研究阶段，可以运用下列两个工具：系统流程图和数据流图。系统流程图是概括地描述物理系统的传统工具，它用来描绘组成系统的主要物理元素以及信息在这些元素间流动和处理的情况。数据流图是描绘系统逻辑模型的极好工具。通常数据字典和数据流图共同构成系统的逻辑模型。没有数据字典精确定义数据流图中的每个元素，数据流图就不够严密，然而没有数据流图，数据字典也很难发挥作用。

在问题定义之后，系统分析员要分析研究是否存在一个可行的方案来解决问题。要做到这一点，需要进行一次浓缩简化过的系统分析和设计过程。此阶段应该是比较简短的，分析员不需要在此阶段研究如何解决问题，而是探索问题是否有价值去解决，是否能解决。简单地说可行性研究的目的就是研究软件系统开发完成后是否能赚到钱，能赚多少。

(3) 需求分析阶段。这个阶段是软件开发过程中最重要的一个阶段，它执行的成功与否直接会影响到软件系统开发的成功与否。需求分析的主要任务是：让开发人员明确知道用软件需要实现的功能，让用户的需求能详细准确地表达出来。要做到这两点，系统分析员必须反复与用户密切交流沟通，完成符合用户要求的软件系统逻辑模型。通常用数据流图、数据字典和简要的算法表示系统的逻辑模型。在需求分析阶段确定的系统逻辑模型是进行之后开发工作的基础，除了要保证其完整性外，还需要用正式的文档准确地记录下来，这份重要的文档通常被称为规格说明书。

（4）总体设计阶段。总体设计又可称为概要设计，此阶段的主要任务是从宏观上搞清楚怎么样解决问题。简单地说就是软件工程师需要设计出几种可行的方案，从经济方面考虑，通常至少设计出低成本、中等成本和高成本 3 种方案。在详细的分析和权衡各方案的利弊的基础上选出一个最佳方案，并制订实现最佳方案的详细计划。如果用户接受此方案，就可以依照其向下继续开发。软件设计的一条基本原理就是程序应该模块化，也就是说一个程序应该有若干个模块按合理的层次结构组织而成。确定程序由哪些模块组成和模块之间的关系也是在这个阶段完成的。

（5）详细设计阶段。详细设计也叫模块设计，在这个阶段将详细设计每个模块，确定实现模块功能所需要的算法和数据结构。总体设计只是在宏观上解决了问题，具体应该怎么解决问题是本阶段要完成的任务。但是这个阶段还不是编写程序，而是设计出程序的详细规格说明。详细的规格说明必须包括必要的细节问题，能够让程序员明白需要用代码实现什么。

（6）编码和单元测试阶段。这一阶段才是真正的编码阶段，程序员必须写出正确的容易理解、容易维护的程序模块，并且模块需要经过仔细的测试。在详细设计阶段产生的详细规格说明就是程序员编程的依据。

（7）综合测试阶段。这个阶段的关键任务是通过各种类型的测试与调试，使软件达到预定的要求。最基本的测试是集成测试和验收测试。所谓集成测试是根据设计的软件结构，把经过单元测试检验的模块按某种选定的策略装配起来，在装配过程中对程序进行必要的测试。所谓验收测试是按照规格说明书的规定，由用户对目标系统进行验收。必要的时候还可以再通过现场测试或平行运行等方法对目标系统进一步测试检验。通过软件测试结果可以分析软件系统的可靠性，同样也可以通过了解用户对可靠性的要求来决定何时结束测试与调试。测试计划、详细测试方案和测试结果应该用正式的文档保存下来，作为软件配置的一个组成部分。

（8）维护阶段。维护阶段的主要任务就是使软件系统能够持久地满足用户的需要。常用的维护活动有 4 种。改正维护，改正软件在使用中发现的错误；适应性维护，使软件适应环境的变化；完善维护，根据用户的要求增加或改进软件的功能；预防性维护，修改软件为未来的维护活动做准备。维护阶段执行的好坏直接影响到软件的实际使用。不将维护阶段再细化的原因是维护可以看成是一个压缩过的开发过程。

软件的生命周期通常被分成以上 8 个阶段，实际上，所承担的软件项目不同划分阶段也略有不同。目前使用最广的软件开发过程分别是结构化软件开发过程和面向对象开发过程。

三、回归测试

回归测试（Regression Test）是当软件发生改变时，重新测试已经通过测试的部分，以验证修改的正确性及其对其他部分造成的影响。目的在于验证已经被发现的缺陷是否被正确修改以及由于修改是否产生了新的缺陷。

1. 回归测试的必要性和范围

由于软件各个功能模块间的耦合关系以及模块内功能逻辑的依赖，程序的修改后验证其他模块的正确性是十分必要的。软件开发是一个成本与质量的平衡过程。对于回归测试的范围，则要根据具体情况做出适当的选择，通常来说，有以下几种选择方式。

（1）选择全部测试用例。在实践中，软件修改后很少做这样的回归测试。显然，软件局部修改后对所有测试用例进行验证成本是比较高的。考虑到时间与软件质量的平衡，对测试用例可以进行有选择的验证。下面三种方法则是从不同角度对测试用例的选择方法。

（2）考虑风险优先级。软件在阶段性交付或是正式投入市场后，都会存在各种潜在的风险。而回归测试往往是在交付前进行的后续验证，起着审核和把关的作用。因此，回归测试的意义从这个角度讲，就是要针对软件可能存在风险的部分着重进行测试，将软件的风险降低到最低。选取风险系数高的测试用例进行验证是十分有效的，这样的回归测试可以做到降低风险与节省成本并举的效果。

（3）基于主要功能点。无论是在哪个领域使用的软件，基本功能的使用都是较为频繁的。基本功能主要是指常用模块的功能属性。即使是在软件阶段性交付的初期，基本功能也是被关注的焦点。因此，在软件交付的初期，基于主要功能点的用例验证同时也在一定程度上兼顾了风险优先的用例选取原则。

（4）专注被修改模块。对于被修改模块的测试进行验证是最直观且较为有效发现错误的一种手段。软件在修改之后最直接的反映就是被修改部分特性发生变化，所以无论以何种方式选取测试用例，专注被修改模块部分用例进行验证都是必要的。在非常了解软件本身的逻辑结构，并且清楚被修改部分的功能对其他部分所构成的影响前提下，专注被修改部分的用例进行验证会是一种非常高效的方法。

2. 回归测试的常用技术

回归测试中较为常见的测试技术有数据驱动测试（Data-driven Test）和自动化测试（Automated Test）。

数据驱动测试即黑盒测试，又称功能测试，是把测试对象看做一个黑盒子，对软件产品功能进行测试时，不需要测试软件产品内部逻辑结构和处理过程。数据驱动测试着重于测试软件的功能。

自动化测试在回归测试中的应用可以提高测试效率，帮助测试工程师摆脱重复单一的数据录入或是击键等测试操作，避免了时间和人力资源的浪费。通过修改编写及录制的测试脚本，实现了测试脚本的复用。

3. 回归测试的实施

（1）数据准备。在软件测试流程中，测试管理手段名目繁多，不胜枚举。通常选择某种测试管理工具对测试流程进行统一管理。从前期的测试计划、测试用例、提交的问题描述，以至后期的测试报告等。

回归测试不难让人联想到重复枯燥的劳动，验证过程需要对以往存在的问题和已经被反复测试过的模块再次进行验证。使用某些自动化测试工具录制测试脚本，可以在回归测试中对脚本稍加修改后进行回放。

（2）执行测试。回归测试的执行人通常是对被测模块比较熟悉的测试人员或是软件潜在问题的发现者。回归测试的执行过程非常重要。这个过程是对旧的问题进行验证，可能发现新的问题的唯一有效方式。执行测试者需要严格按照问题描述进行验证，从而确定问题是否被修正。

（3）结果归档。在软件生命周期的任何阶段，对测试数据进行统计归档是必要的。一方面可以直观清晰地说明软件产品的质量状态，另一方面也可以反映测试工作的深入情况，为测试工作进一步执行提供参考依据。

4. 案例研究

委托单位　上海××信息系统有限公司

测试类型　回归测试

项目概述及背景

“上海世博会志愿者招募系统”是一个帮助2010年上海世界博览会招募并组织志愿者参与一系列相关活动的网站，其中的功能模块“志愿者自动分组”是用来将志愿者按照一定规则进行自动组团的功能模块。这些规则包括年龄、性别、兴趣、志愿者服务意向等信息，通过这些信息可以自动分析出最佳的志愿者组合，意在提高人员的管理水平和效率。

测试目标

1. 检验系统是否满足技术服务合同规定的志愿者招募流程系统功能需求。

2. 检测系统是否遵循 GB/T 23000. 1—2001、GB/T 18492—2001 等现行标准的质量特性要求。

测试效果

1. 本次共计测试系统功能点 120 个，发现问题 55 个，包括功能实现、可靠性和可达性等问题。

2. 经过修改并进行回归测试，43 个问题已经解决，3 个问题未关闭，极大地提高了软件产品的质量。

测试技术

1. 使用 Bug 管理工具对测试流程进行规范化管理，强调每个环节与发现问题的统一。

2. 设计充分的反向测试用例考察系统容错能力。

练 习 二

1. 简述白盒测试过程。

2. 白盒测试的代码覆盖方法有哪几种？请列出这些方法的特点。

3. 分析下列代码，使用语句覆盖测试方法进行测试：

```
void foo(int x,int A,int B)
{
  if(A >0 && B = =2)
       x = A  *  B;
  if(A <0 || B = =0)
       x = A  +  B;
}
```

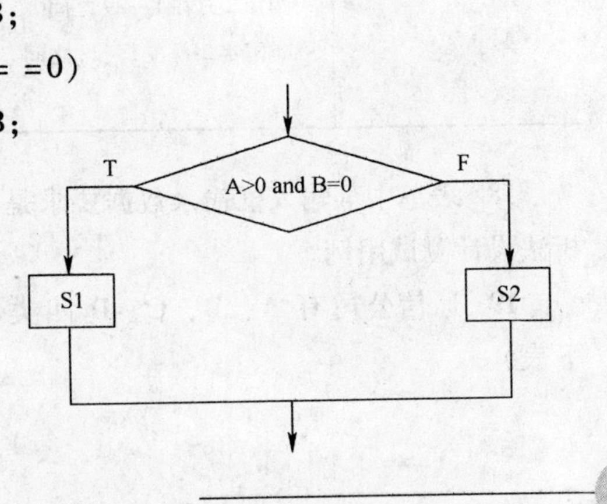

4. 试为它设计足够的测试用例，分别实现对程序的判定覆盖、条件覆盖和条件组合覆盖。

5. 简述测试与测试用例的关系。

6. 常见的测试用例设计方法有哪些？

7. 单元测试的概念及其意义是什么？

8. 什么是集成测试？

9. 安装和卸载测试包含哪些场景？

10. 简述压力测试与性能测试的区别及联系。

11. Web 应用程序的界面测试应该注意什么问题？

12. 软件国际化测试的概念及其基本步骤是什么？

13. 安全性测试通常包含哪几方面内容？

14. 简述软件产品的生命周期。

15. 简述回归测试的概念及实施过程。

16. 正交试验设计法在测试用例设计中的优点是什么？

17. 试用等价分类法测试校务管理系统中学生出生年月日的输入设计是否符合要求，假设出生年月日格式为 yyyymmdd（见下表）。

测试用例

输入数据	有效等价类	无效等价类
出生年月日	8 位数字字符	有非数字字符 小于 8 个数字字符 多于 8 个数字字符
对应数值	在 19090101 ~ 19900101 之间	<19090101 >19900101
月份对应数值	在 1 ~ 12 之间	等于“00” >12
日期对应数值	1，3，5，7，8，10，12 月在 1 ~ 31 之间 4，6，9，11 月在 1 ~ 30 之间 闰年 2 月在 1 ~ 29 之间 非闰年 2 月在 1 ~ 28 之间	>12 等于“00” >31 2，4，6，9 月等于“31” 2 月等于“30” 非闰年 2 月等于“29”

18. 表单中某输入框输入数据要求是 1 到 5 000 的整数。请用等价类划分和边界值分析法设计测试用例。

19. 通信公司有 A、B、C、D 四类收费标准，请用因果图法设计测试用例（见下表）。

测试用例

项目	时长	国内漫游	资费
拨打本地电话	小于等于 3 分钟	是	A 类
	大于 3 分钟	是	B 类
	小于等于 3 分钟	否	A 类
	大于 3 分钟	否	B 类
拨打国内长途	小于等于 3 分钟	是	C 类
	大于 3 分钟	否	D 类

第 3 章

Java 编程与测试实践

第 1 节　Java 程序设计　/ 72
第 2 节　Java 软件测试实践　/ 99

第 1 节　Java 程序设计

学习目标

能够针对 Java 语言编写程序和软件，制订测试计划和方案，开发测试模型和工具

知识要求

一、搭建 Java 的编译和运行环境

1. Java 软件的获取和安装

在制订测试计划的时候，测试环境及相关测试资源（软硬件、人员）配备就已经在考虑之列了。毋庸置疑，环境是测试工作的基础，规划、配置、优化测试环境是实施测试的重要阶段，测试环境与最终产品真实运行环境是否匹配会影响测试结果的准确性。

Java 测试环境的搭建不仅涉及操作系统本身，也涉及了 Java 开发包的安装和配置、集成测试环境的安装和搭建等。

（1）操作系统准备。传统上，操作系统（Operating System，OS）是对计算机硬件进行直接控制及管理的系统软件。通常，操作系统的功能包括处理器管理、存储管理、文件管理、设备管理和作业管理等。

操作系统在概念上可以分割成两部分：内核（Kernel）以及壳（Shell）。一个壳程序包裹了与硬件直接交流的内核：硬件 < - > 内核 < - > 壳 < - > 应用程序。

有些操作系统内核与壳完全分开（例如 UNIX、Linux 等），用户可以在一个内核上使用不同的壳；也有的操作系统内核与壳关系紧密（例如 Microsoft Windows），内核及壳只是在层次上不同而已。

1）测试环境的概念。测试环境的广义概念包括测试分析、规划设计环境、执行软件测试环境和测试管理环境，狭义概念仅仅是执行软件测试的环境。

2）测试分析、规划与设计环境。撰写分析测试需求、编制测试计划、制定测试策略等与软件 QA 相关的文档所需的软硬件支持。

3）执行软件测试环境。执行软件测试环境也称为软件测试实施环境，是指对测试对象进行各种测试所需的软件、硬件支持。执行环境包括测试对象的运行平台（硬件、软件）和测试工具。执行测试的环境必须尽量仿真测试对象的实际运行环境，这样才有可能找到在真实环境中运行的所有问题，同时执行环境也要符合能够快速搜寻错误原因的要求。

4）测试管理环境。测试管理环境是测试资源赖以存在的软硬件环境的维护管理情况。层次由低向高包括管理工具、测试环境管理规章制度、管理理念等，具体而言有 Bug 跟踪、分析管理；对 CASE 的分类管理，对测试任务的分派、测试资源管理。测试资源包括测试活动所使用或者产生的无形资产（人力、软件）或有形资产（硬件、文档）。

（2）重要性。测试环境于测试而言，就如水之于鱼。在测试的各个阶段，测试环境始终是测试的基础。不当的测试环境对于测试结果的可能影响有：

1）测试结果完全无效，甚至是完全相反的结果。

2）测试结果与软件在实际使用中的结果存在很大误差。

3）无法找到在真实环境下运行过程中会出现的重大错误，最后把带有致命缺陷的产品交给客户。

4）导致开发延期，造成企业信誉损失。

同时，各个阶段环境对测试影响并不一样：

在测试计划阶段，执行测试的环境尚在规划中，测试分析、规划、设计的环境相对简单，只需要能够撰写文档并共享资源即可。在这个阶段，熟悉产品特性、充分理解测试需求有利于设计执行测试环境；分析现有资源，合理调度并申请甚至购买必需但未具备的资源是计划顺利实施的重要保障。测试环境计划得周全严密对于测试进度的好处体现在可以避免错误的环境配置导致返工或临时采购遗漏测试资源而最终影响整个项目进度。

在单元测试阶段，有许多单元测试工作由开发人员承担，其测试工作在开发环境中完成，是进行调试、代码分析而发现缺陷的理想环境。但是，这种环境与测试目标最终运行环境可能有很大的不同。例如，在开发环境下，通常会安装多种构件库，假设开发中的软件隐含地调用了其中某些构件，而目标运行系统可能没有配置这些库，这样得到的测试结果就不是可靠的。

在集成测试阶段，集成测试阶段汇集来自各个开发小组、成员的程序单元，目标代码版本可能并非最终版本，多半是带有调试信息的目标程序，因此测试环境虽然可以模拟真实环境，但是还带有开发环境的烙印。

在系统测试和用户认可测试阶段，必须尽最大可能仿真实际环境。在有些定制软件项目中，验收测试的环境已经是最终运行环境。这个阶段的所有测试案例都应该注明测试环境要求。

有关系统环境的详细配置信息，请参见附录部分。

（3）Java 软件的下载和安装

1）Java 软件开发包的组成。Java 测试环境需要相应的软件开发包的支持。JDK（Java Development Kit）作为使用最为广泛的 Java 语言开发包，是 Java 的核心。几乎所有 Java 应用服务器都内置了不同版本的 JDK。它包含以下组件：

①Javac：编译器，将源程序转成字节码。

②Jar：打包工具，将相关的类文件打包成一个文件。

③Javadoc：文档生成器，从源码注释中提取文档。

④Jdb：debugger，查错工具。

⑤Java：运行编译后的 Java 程序（. class 后缀的）。

⑥Appletviewer：小程序浏览器，一种执行 HTML 文件上的 Java 小程序的 Java 浏览器。

⑦Javah：产生可以调用 Java 过程的 C 过程，或建立能被 Java 程序调用的 C 过程的头文件。

⑧Javap：Java 反汇编器，显示编译类文件中的可访问功能和数据，同时显示字节代码含义。

⑨Jconsole：Java 进行系统调试和监控的工具。

2）在 Windows 系统上的安装。欲获得 JDK 最新更新安装，可以访问：

http://www. java. com/zh_ CN/download/chrome. jsp? locale = zh_ CN

在 Windows 系统上部署 Java 测试环境大致经过以下步骤：

①检查下载文件的大小：在下载前，注意由下载页面提供的文件大小信息。下载完毕后，检查文件是否全部下载完毕。

②运行安装程序：双击安装程序图标（见图 3—1）。

③删除下载的文件，释放磁盘空间。

④设置更新 PATH 环境变量。

⑤检查更新 CLASSPATH 环境变量。

JDK 安装后会将所有文件放到 jdkx. x. x 目录下。相应的，JRE 会将其文件放到 jrex. x. x 目录下。为开发包中各个特性进行更新的 zip 文件则放在了“Program Files\Common Files\Java\Update”路径下，同时该文件也会被用来支持对 JDK 和 JRE 的更新响应。

图 3—1　JDK 安装程序

安装完成后，需要重新启动计算机，这样可以完成对注册表项的修改。

环境变量（Java 应用涉及三个环境变量）见表 3—1。

表 3—1　　环境变量

变量名称	功　能
JAVA_HOME	Java 开发包的安装目录
CLASSPATH	给定要运行的类和这个类用到的所有类的 package 所在目录
PATH	在使用命令行输入一条命令时，操作系统会自动搜索 path 变量中所指定的所有目录。该变量不只与 Java 相关。变量中的所有路径采用分号分隔；如果是在 Linux 系统中，采用冒号分隔

（4）通过简单程序验证 Java 软件开发包是否正确安装

Java 软件开发包的安装不需要耗费太多的时间。安装完成后可以动手编写简单的 Java 程序来验证环境是否可以支持 Java 程序的编译和运行。对于初学者可以参考“The Java Tutorial”。下面是最为常见的入门程序：

```
//Java sample code
import java. io. * ;
public class HelloWorld{
public status void main(String args[ ]){
    System. out. println("Hello World!");
    }
}
```

在 Java 程序中，在保存该文件的时候，文件名称要与类名一致。而且一个文件只能有一个公共类。若在一个文件中存在多个类，则文件名要与公共类名一致。公共类如果不存在，文件名可以取任意一个类名。在上例中需要保存文件为“HelloWorld. java”。

接下来是验证的环节，在命令行下键入：

Javac HelloWorld. java

如果显示结果为“Hello World”，证明 Java 软件开发包安装正确，并且正常工作。否则，要根据错误提示信息对相应配置进行修改。

在命令行中输入“java - version”会显示已安装 Java 开发包的详细信息，如图 3—2 所示。

（5）常见安装问题的故障排除。Java 软件开发包的安装可以在短时间内完成，写好的程序可在此平台上通过编译并运行。然而，在简短的配置过程中可能会出现各不相同的问题，以下是在安装过程中可能出现的故障及其解决方法。

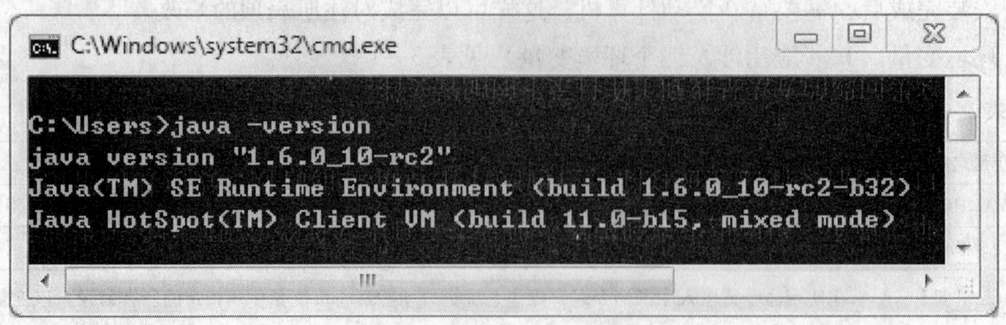

图 3—2　查看 JDK 版本信息

1）安装文件被破坏。在 Linux 系统下配置 Java 脚本测试环境需要安装 Java 语言开发包。安装前需要到官方站点下载。下载后的安装文件可能会因为各种原因被破坏而造成无法正常使用。常见在安装过程中出现中断并且报错。

在 Java 语言开发包下载过程中要确保网络工作正常，完全下载后进行安装。

2）重复安装失败。Windows 系统安装 Java 软件开发包后，安装目录的文件夹可能会有意无意地被删除。这样不但使得 Java 程序不能正常编译，也不是正确的卸载方法。再次安装开发包的时候，程序会检测出已经安装了开发包而导致安装失败。

Java 语言开发包安装后会产生环境变量，表示 Java 的安装路径等信息。右击“我的电脑”→“属性”→“高级”→“环境变量”→“系统变量”，删除相关路径，重新设置进行保存。正确卸载安装包的方法是从控制面板及注册表中删除相关信息。

3）环境变量配置问题。无论在 Windows 系统还是在 Linux 系统下，安装 Java 软件开发包后对环境变量的配置是必要的，以使命令行进行编译和运行程序的时候可以顺利进行，否则会出现命令无法识别或抛出异常信息等现象。

由于环境变量设置的问题导致路径无法找到，可参考本章关于 Java 软件开发包安装部分的内容。

2. Eclipse 环境的安装和配置

Eclipse 最初由 OTI 和 IBM 两家公司的 IDE（集成开发环境）产品开发组创建，起始于 1999 年 4 月，是由 IBM 提供的最初软件框架基础，包括 Platform、JDT 和 PDE。之后由 IBM 出资组建了庞大的 Eclipse 联盟。有 150 多家软件公司参与到 Eclipse 项目中。该联盟负责这种工具的后续开发。

Eclipse 是一个开放源代码的 Java 语言集成开发环境，不仅如此，并且具有可扩展性，可通过插件组件构建开发环境。其本身也带有标准的插件集。Eclipse 可以在 Windows、Linux 和 Mac OS X 等平台运行。

（1）操作系统准备。安装 Eclipse 对操作系统没有特殊的要求，在安装之前，一般来说，需要首先安装 Java 软件开发包，并且在 Eclipse 安装完成后，也需要对环境变量进行配置。关于操作系统安装和配置的详细内容，可参见附录部分。

（2）Eclipse 软件的安装和故障排除

1）Windows 系统上的安装。在 Windows 系统上安装 Eclipse 3.0 的过程比较简捷。Java 软件开发包安装完成后，下一步便是安装 Eclipse 3.0，可以从 Eclipse 的官方站点 http://www.eclipse.org 下载安装程序。

下载 Eclipse - platform - 3.0 - win32.zip 和 Eclipse - JDT - 3.0.zip 后，将它们解压到同一个目录，无须安装，直接找到目录下的 Eclipse.exe 双击后运行，就可以看到启动界面，如图 3—3 所示。

图 3—3　Eclipse 启动界面

有关 Eclipse 在 Linux 系统的安装可参见附录部分。

2）常见故障及其解决方法

①重启报错。在使用 Eclipse 的过程中，会遇到重启后报错的问题。表面上看起来没有任何非法操作，程序也未遭到破坏。但是查看日志文件会发现原因在于先前打开的编辑器窗口关闭后文件已经被移除。当再次打开 Eclipse 的时候，致使其初始化失败而无法启动。

解决这类问题的方法是找到工作目录下的配置文件：

目录：workspace\.metadata\.plugins\org.eclipse.ui.workbench

文件：workbench.xml

编辑上述文件，删除已经不存在内容的标签，该标签记录的是上次打开文件的文件名。然后保存更改，重新启动 Eclipse。

②无法热部署。Tomcat 服务器在 Debug 模式下可以进行热部署，即不需要关掉服务器就可以对服务器进行配置。在无法进行此操作的时候，需要检查是否在 Debug 模式下。

（3）针对 Web 应用的配置。Web 应用程序的应用范围非常广泛，在测试对象中占有相当大的比例。Eclipse 也是 Web 应用程序开发的利器。Web 程序运行需要服务器端的支持。Tomcat 作为一款轻量级的开源服务容器，无疑是使用简便、容易掌握的 Java 脚本服务器之一。这里介绍在 Java 脚本环境下如何安装和配置 Tomcat，以此来熟悉 Eclipse 对 Web 应用的配置。

1）Tomcat 简介。Tomcat 是一款免费的、开源的轻量级应用服务器。它是 Apache 基金会的 Jakarta 项目的核心。由 Apache 和 Sun（已于 2009 年 4 月被 Oracle 公司收购）也包括其他一些公司或个人共同开发完成。在中小型系统和并发访问用户不是很多的情况下被普遍使用。主要用来开发 JSP 应用程序。

不同版本的 Tomcat 在功能上略有差异，常见对其进行的操作有以下几种：

①启动内存参数。

②修改 Tomcat 下的 JDK 目录。

③增加虚拟目录。

④防止 Get 方式 URL 的乱码。

⑤虚拟主机配置文件。

⑥数据源的配置。

2）Tomcat 的安装和配置

①下载并安装服务器。运行下载的安装文件，可进入安装状态。安装过程就像安装 Windows 系统的其他软件一样简单，根据界面提示操作直到完成。其中要注意的是端口号，在安装过程中会提示用户修改端口号，如果没有其他服务器，建议把端口号修改为 80，方便以后调试程序。如果已经有了其他服务器占据了 80 端口，可以将端口号设置为 8080。

开启 servlet 调试器。主要是为了在不修改 web. xml 文件的情况下也能运行新的 servlet。随着学习的深入，用户会体会到这样带来的便利，但不建议企业服务器这么做，仅限于学习阶段。具体做法如下：在 Tomcat 的根目录下，例如安装目录是 D:\Apache Software Foundation\Tomcat 5. 5，找到 conf 文件夹下的 web. xml 文件，把其中的 servlet 和 servlet - mapping 元素注释去掉：

```
<servlet>
    <servlet-name>invoker</servlet-name>
    <servlet-class>
    org.apache.catalina.servlets.InvokerServlet
    </servlet-class>
    ...
</servlet>
...
<servlet-mapping>
<servlet-name>invoker</servlet-name>
<url-pattern>/servlet/*</url-pattern>
</servlet-mapping>
```

②测试服务器

a. 测试服务器的基本配置。通过单击开始→程序→Apache Tomcat 5.5 - Monitor Tomcat - Start 来启动服务器。在浏览器地址栏输入 http://localhost：port/（注意：port 是用户设置的端口号），看能否正确显示 Tomcat 服务器说明页面。如无法显示，请检查上述配置。

b. 测试 html 文件。样例页面 hello.html 写好后，复制至 Tomcat 主目录\webapps\ROOT\下。在浏览器地址栏输入 http://localhost：port/hello.html（注意文件名的大小写）。

c. 测试 JSP 文件。将写好的 hello.jsp 复制至 Tomcat 主目录\webapps\ROOT\下。在浏览器地址栏输入 http://localhost：port/hello.jsp（注意文件名的大小写）。

d. 测试 servlet。最后，将写好的 HelloServlet.java 编译成功后，把 HelloServlet.class 复制至 Tomcat 主目录\webapps\ROOT\WEB-INF\classes（一般需要自己建一个 classes 文件夹）下，在浏览器地址栏输入 http://localhost：[port]/servlet/HelloServlet（这里可以看到开启 servlet 调试器的便利之处）。

（4）针对桌面应用的配置。Eclipse 可以开发出桌面应用程序。针对桌面应用的配置，以创建桌面应用程序项目为例，来熟悉这个过程。

桌面应用程序即所谓的 RCP，就是 Rich Client Platform 的缩写，即富客户平台，是 Eclipse进化的产物（自 3.0 版以后出现），也是 Eclipse 组织向用户提供的强大的开放性开发平台，能够使用户方便地创建自己的基于 Eclipse 的应用程序，并且这些应用程序能够得到 Eclipse 的底层支持。下面一步步建立一个 Eclipse RCP 程序：

1）单击“新建”→“项目”，选择“插件项目”。

2）单击“下一步”，输入项目名称，选择 Eclipse 版本，这里选择的是 3.2。

3）单击“下一步”，插件标识和插件名称可以更改，其他的内容都可以保持默认，一定要记得选中富客户机应用程序支持。

4）单击“下一步”，选中一个模板，这里选择一个最简单的模板，到时候看源代码的时候便于理解。

5）单击“下一步”，更改一下应用程序标题。

6）单击“完成”，可以在项目上单击鼠标右键，选择按 Eclipse 程序运行，这样就可以看到效果了。

在桌面应用程序测试环境下，在 Eclipse 需要关联到第三方 JAR 文件的时候，需要正确引用。可以在工程的“属性”对话框中设置“Java Build Path”的值。另外，也可以编辑工程目录下的 . classpath 文件，该文件记录了工程中的环境变量和工程文件的输出目的路径。

二、Java 编程基础

在软件测试工作实践中，无论是自动化测试工具的开发、测试脚本的编写，还是测试环境的配置，使用功能强大的编程语言或是某类脚本语言进行编码的技能非常重要。Java 编程语言作为典型的面向对象且功能完善的程序设计语言，在软件测试工作中被广泛使用。

1. Java 语言基础

Java 语言中的数据类型有简单数据类型和复合数据类型两种，其中简单数据类型包括整数类型、浮点类型、字符类型和布尔类型。复合数据类型包含类、接口和数组。表达式是由运算符和操作数组成的符号序列，对一个表达式进行运算时，要按运算符的优先顺序从高向低进行，同级的运算符则按从左到右的方向进行。条件语句、循环语句和跳转语句是 Java 中常用的控制语句。

数组是最简单的复合数据类型，数组是有序数据的集合，数组中的每个元素具有相同的数据类型，可以用一个统一的数组名和下标来唯一地确定数组中的元素。在 Java 中，对数组定义时并不为数组元素分配内存，只有在数组初始化后，才为数组中的每一个元素分配空间。已定义的数组必须经过初始化后，才可以引用。数组的初始化分为静态初始化和动态初始化两种，其中对复合数据类型数组动态初始化时，必须经过两步空间分配。首先，为数组开辟每个元素的引用空间，然后，再为每个数组元素开辟空间。Java 中把字符串当做对象来处理，java. lang. String 类提供了一系列操作字符串的方法，使得字符串的生成、访问和修改等操作变得简单和规范。

（1）标识符和保留字

1）标识符。程序员对程序中的各个元素加以命名时使用的命名记号称为标识符。在

Java 语言中，标识符是以字母、下划线（_）、美元符（$）开始的一个字符序列，后面可以跟字母、下划线、美元符、数字。例如，identifier、userName、User_Name、_sys_val、$change为合法的标识符，而2mail、room#、class 为非法的标识符。

2）保留字。保留字（reserved Word）具有专门的意义和用途，不能当做一般的标识符使用，也称为关键字。Java 语言中的保留字均用小写字母表示。下面列出了 Java 语言中的所有保留字：

abstract，break，byte，boolean，catch，case，class，char，continue，default，double，do，else，extends，false，final，float，for，finally，if，import，implements，int，interface，instanceof，long，length，native，new，null，package，private，protected，public，return，switch，synchronized，short，static，super，try，true，this，throw，throws，threadsafe，transient，void，while。

（2）数字类型。表 3—2 列出了每种数字类型的合法范围以及该类型的默认值。

表 3—2　　数字类型

类型	默认值	取值范围
byte	0	－128 ～ 127
short	0	－32 768 ～ 32 767
int	0	－2 147 483 648 ～ 2 147 483 647
long	0	－9 223 372 036 854 774 808 ～ 9 223 372 036 854 774 807
char	'\u0000'	'\u0000' ～ '\uffff'
float	0.0f	NaN，负无穷大，负有限值，负零，正零，正有限值和正无穷大
double	0.0d	NaN，负无穷大，负有限值，负零，正零，正有限值和正无穷大
Boolean	false	true 和 false

（3）运算符和表达式

1）运算符。对各种类型的数据进行加工的过程称为运算，表示各种不同运算的符号称为运算符，参与运算的数据称为操作数，按操作数的数目来分，可有：

①一元运算符：＋＋，－－，＋，－

②二元运算符：＋，－，>

③三元运算符：？：

基本运算符还可以按功能划分为：

①算术运算符：＋，－，＊，/，%，＋＋，－－

②关系运算符：>，<，>=，<=，==，!=

③布尔逻辑运算符：!，&&，‖

④位运算符：> >，< <，> > >，&，|，^，~

⑤赋值运算符：=，及其扩展赋值运算符如 + =，- =，* =，/ = 等

⑥条件运算符：?：

⑦其他：分量运算符 ·，下标运算符 [ ]，实例运算符 instanceof，内存分配运算符 new，强制类型转换运算符（类型），方法调用运算符（）等。

2）表达式。表达式是由操作数和运算符按一定的语法形式组成的符号序列。一个常量或一个变量名字是最简单的表达式，其值即该常量或变量的值。表达式的值还可以用做其他运算的操作数及形成更复杂的表达式。

表达式的类型由运算以及参与运算的操作数的类型决定，可以是简单类型，也可以是复合类型。

3）运算符的优先级。表达式按照从左到右的原则进行计算，根据表达式中运算符的优先级即可确定哪些运算符先执行。按照优先级的原则，Java 程序能够保证某一表达式每次执行都产生相同的结果。表 3—3 按照运算符执行的优先次序列出了 Java 运算符。

表 3—3　　运算符的优先级

优先级	结合性	运算符	描述
第一	不适用	()	括号（强制次序）
第二	从左到右	+ +	前/后 增 1（一元）
	从右到左	- -	前/后 减 1（一元）
	从右到左	!	逻辑求补（一元）
	从右到左	~	一元按位逻辑非
	从右到左	+	加法（一元）
	从右到左	-	减法（一元）
第三	从左到右	* / %	乘法、除法和求余
第四	从左到右	+ -	加法和减法
第五	从左到右	<<	左移
	从左到右	> >	右移（符号扩展）
	从左到右	> > >	右移（零扩展）
第六	从左到右	< <=	“小于”和“小于或等于”
	从左到右	> >=	“大于”和“大于或等于”
	从左到右	instanceof	该类的一个实例对象

续表

优先级	结合性	运算符	描述
第七	从左到右 从左到右	= = ! =	相等 不相等
第八	从左到右	&	按位与，布尔与
第九	从左到右	∧	按位异或（XOR），布尔异或（XOR）
第十	从左到右	|	按位或，布尔或
第十一	从左到右	&&	与
第十二	从左到右	||	或
第十三	从右到左	? :	三元条件
第十四	从右到左	=	赋值

带有最高优先级运算符的操作最先执行，接着执行优先级较低一点的运算。当在同一表达式中出现相同优先级的操作时，根据运算符结合性进行处理。可以通过使用括号来改变优先顺序或结合原则。

（4）控制语句。Java 程序通过控制语句来执行程序流，完成一定的任务。程序流是由若干条语句组成的，语句可以是单一的一条语句，如 c = a + b，也可以是用大括号 {} 括起来的一个复合语句。Java 中的控制语句有以下几类：

1）分支语句：if - else，switch

2）循环语句：while，do - while，for

3）与程序转移有关的跳转语句：break，continue，return

4）例外处理语句：try - catch - finally，throw

5）注释语句：//，/* */，/** */

（5）一维数组。在 Java 语言中，数组是一种最简单的复合数据类型。数组是有序数据的集合，数组中的每个元素具有相同的数据类型，可以用一个统一的数组名和下标来唯一地确定数组中的元素。

1）一维数组的定义

type arrayName[ ];

类型（type）可以为 Java 中任意的数据类型，包括简单类型和复合类型。

例如：

int intArray[ ];

```
Date dateArray[ ];
```

2）一维数组的初始化

①静态初始化

```
int intArray[ ] = {1,2,3,4};
String stringArray[ ] = {"abc","How","you"};
```

②动态初始化

a. 简单类型的数组

```
int intArray[ ];
intArray = new int[5];
```

b. 复合类型的数组

```
String stringArray[ ];
String stringArray = new String[3];/ * 为数组中每个元素开辟引用空间(32 位) * /
stringArray[0] = new String("How");//为第一个数组元素开辟空间
stringArray[1] = new String("are");//为第二个数组元素开辟空间
stringArray[2] = new String("you");// 为第三个数组元素开辟空间
```

3）一维数组元素的引用

```
arrayName[index]
```

index 为数组下标，它可以为整型常数或表达式，下标从 0 开始。每个数组都有一个属性 length 指明它的长度，例如，intArray. length 指明数组 intArray 的长度。

（6）多维数组。在 Java 语言中，多维数组被看做数组的数组。

1）二维数组的定义

```
type arrayName[ ][ ];
type [ ][ ]arrayName;
```

2）二维数组的初始化

①静态初始化

```
int intArray[ ][ ] = {{1,2},{2,3},{3,4,5}};
```

在 Java 语言中，由于把二维数组看做是数组的数组，数组空间不是连续分配的，所以不要求二维数组每一维的大小相同。

②动态初始化

a. 直接为每一维分配空间，格式如下：

```
arrayName = new type[arrayLength1][arrayLength2];
int a[ ][ ] = new int[2][3];
```

b. 从最高维开始，分别为每一维分配空间：

```
arrayName = new type[ arrayLength1 ][ ];
arrayName[0] = new type[ arrayLength20 ];
arrayName[1] = new type[ arrayLength21 ];
…
arrayName[ arrayLength1 - 1 ] = new type[ arrayLength2n ];
```

c. 例子

二维简单数据类型数组的动态初始化如下：

```
int a[ ][ ] = new int[2][ ];
a[0] = new int[3];
a[1] = new int[5];
```

对于二维复合数据类型的数组，必须首先为最高维分配引用空间，然后再顺次为低维分配空间。

而且，必须为每个数组元素单独分配空间。

例如：

```
String s[ ][ ] = new String[2][ ];
s[0] = new String[2];//为最高维分配引用空间
s[1] = new String[2];//为最高维分配引用空间
s[0][0] = new String("Good");// 为每个数组元素单独分配空间
s[0][1] = new String("Luck");// 为每个数组元素单独分配空间
s[1][0] = new String("to");// 为每个数组元素单独分配空间
s[1][1] = new String("You");// 为每个数组元素单独分配空间
```

3）二维数组元素的引用。对二维数组中的每个元素，引用方式为：arrayName[index1][index2]

例如：num[1][0]；

2. Java 程序示例

在开始编写程序前，可以建立一个目录结构用来保存代码。这里，在 C 盘根目录下建立名为 test 的目录（c:\test）。

接下来，在 test 主目录下建立一个子目录 Hello，将要编写的第一个程序 HelloWorld 保存在该目录。

打开文本编辑器键入以下源代码：

```
public class HelloWorld
```

```
{
    public static void main(String args[])
    {
        System.out.println("Hello World!");
    }
}
```

将以上源码保存在 c：\test 目录下，取名为 HelloWorld.java，作为 ASCII 文本文件保存起来。运行 javac 编译器：

```
Hello > javac HelloWorld.java
```

如果没有编译错误信息，则编译通过，否则可以与上述源文件比较，检查存在的输入错误。发现错误后修改它，并将其更改保存。然后，再按照上述方法进行编译。成功编译后显示的信息如下：

```
Hello > javac HelloWorld.java
Hello >
```

编译器将把源文件转换成名为 HelloWorld.class 的二进制字节码文件。编译器对于在源文件中遇到的每一个类，都会创建相同名字的字节码文件。在此例中，Hello 目录下此时应该包含两个文件：HelloWorld.java 和 HelloWorld.class 这两个文件。成功编译源代码后，会在相同目录产生一个二进制字节码文件，这样就可以运行该程序了。

三、Java 语言的面向对象程序特点

1. 类及类的修饰符

类是创建对象的模板或蓝图，可以将类看做是数据类型。当从同一个类创建或实例化对象时，它们的类型被认为是相同的。

每个对象都是类的一个实例。类决定对象的类型。如果两个对象是同一类的实例，那么它们被认为是同一类型的。可以使用 instanceof( )方法来查明对象是否是从某一类实例化而来的。

当编写 Java 程序时，需要使用很多由 Java 开发环境提供的类。可以原样使用，也可以使它们适合用户的需要。此外，用户还可以使用其他 Java 编程人员开发的类或自己创建的类。

要创建一个类，应声明并编写类体：

```
class declaration
{
```

```
    …
    /* class body(typically variables and methods) */
    …
}
```

上面的简单例子说明了实现类的两个部分：

类的声明：包括类名，供其他对象使用的访问类型，以及它从中继承状态和行为的超类、接口。

类体：在其中定义类的特殊状态和行为，这是通过变量和方法实现的。

Java 的每个源文件中只允许有一个公共类声明，但可以有多个非公共类声明。最好为每个类创建一个单独的源文件。

（1）类的声明。类声明的语法如下：

[modifiers] class ClassName [extends superClass] [implements interfaces]

在类的声明中，中括号（[ ]）内的元素是可选的。可以通过简单提供关键字 class，后面跟一个名称来声明一个类，如下面的代码段所显示的那样。这里声明了 SimpleClass 类，它是可以声明的最简单的类：

```
class SimpleClass()
{
}
```

声明的可选部分允许指定类的可见度、可扩展的超类以及可实现的接口。指定的类名必须是一个合法的标识符。类名一般以大写字母开始。变量名和对象名一般以小写字母开始。在每个名字中，后面每个单词的首字母通常都大写。例如：

ThisIsAClass

thisIsAnInstanceOfTheClass

thisIsAVariable

（2）修饰符。类修饰符包括 abstract、final 和 public，它们分别将类声明为抽象类、终态类和公共类。

1）抽象类（abstract）。如果一个类中至少有一个抽象方法，则该类必须用 abstract 声明为抽象类。抽象方法没有执行部分。抽象类的目的是允许声明没有执行部分的方法。同样，需要由抽象类的子类来为抽象方法提供执行部分。

当知道其子类将执行某个不同的方法时，应该将该类声明为抽象类。这里以 makeMusic()方法为例。在一个管弦乐队程序中，几个程序类（比如 Violin、Trumpet、Triangle 等）都执行 makeMusic()方法，但每个类的执行都不相同。这种情况下应该将其父类声明为抽象类，并允许所有的子类都能执行在父类中声明的抽象方法：

```
abstract class myInstrument
{
    …
}
```

为了使其成为一个完整而有效的类，还需至少声明一个抽象方法。例如 makeMusic( )。由于在这里只集中考虑类声明，因此，省去了抽象方法声明。如果将一个类声明为抽象类，那么在该类中至少有一个方法是抽象方法。没有抽象方法的抽象类在编译时会报错。

更为重要之处在于不能创建抽象类实例。必须先创建一个子类，然后创建该子类（假设该子类不是抽象类）的一个实例。用户将会认识到，抽象类的子类和抽象类本身并不是一回事，它只是完成其父类方法的执行。

抽象类是介于标准类和接口之间的很好的媒介。由于它真正执行方法，因此，当必须要创建一个类时，而该类必须要依赖其子类来实现一种或多种方法时就非常有用了。含有抽象方法就不能直接创建对象，因此这些方法是空的，抽象类的操作与标准类相似。

2）终态类（final）。final 修饰符指定一个没有子类的类，即终态类。由于终态类不能被细分，因此，不能添加额外的变量和方法。更重要的是，方法不能被重载，实现的方法也不能与类的作者的意图有所不同。

要指定一个终态类，在关键字 class 之前使用关键字 final。例如，在 java. lang 中定义的 String 类按照如下形式声明：

```
public final class String
{
    …
}
```

如上所列，final 修饰符之前有另一个修饰符 public。public 修饰符指定 String 类的范围，指出其他哪些对象可以访问它。public 和相关的修饰符有时候被称为访问修饰符，它们指示类的访问范围。

对于一个类来说，既是终态类又是抽象类是没有意义的。当一个类是抽象类时，它将其方法的实现留给它的子类。然而，由于终态类不能被细分为子类，因此二者不能同时存在。每当将一个类声明为既是抽象类又是终态类时，程序将无法通过编译。

3）公共类（public）。public 修饰符指出一个类可以被当前包之外的对象使用。在默认情况下，当没有指定访问修饰符的时候，类仅能在声明它们的包内使用。

例如，String 类被声明为 public，是因为包外的其他类和对象（程序中的类和方法）需要访问它。因而，Java 的 String 类被声明为 public。

```
public final class String
{
    …
}
```

当将一个类指定为公共类时，应该在声明的最前面放上 public 关键字。如果公共类同时还是终态类或抽象类，要将 final 或 abstract 放在 public 之后。

2. 类的域、方法及对应的访问控制符

上面已经介绍过 Java 中类的声明方法及类修饰符。这里将会介绍类体，也就是类的域、方法及其对应的访问控制符。在 Java 类中有两种变量，即成员变量和非成员变量。

成员变量是与类和产生于类的对象直接相关的变量。

非成员变量是与类不相关的变量（例如在方法中使用的局部变量和作为方法参数的变量）。

请看下列示例代码：

```
public class StayAfterSchool
{
    String whatToWrite;
    int numberOfTimes;

    public StayAfterSchool( )
    {
        whatToDo = "I will not chew gum in class.";
        numberOfTimes = 100;
        writeOnBoard( whatToWrite, numberOfTimes);
    }
    public void writeOnBoard( String s, int i)
    {
        for( int count = 0; count  < i; count ++ )
        {
```

```
            system. out. println( s) ;
        }
    }

    public static void main( String[ ] args)
    {
        new StayAfterSchool( ) ;
    }
}
```

观察上面的代码，注意区别成员变量与非成员变量。

（1）成员变量。所有成员变量都在类体内声明，不是在方法内或作为方法参数。在实践中，成员变量为 whatToWrite 和 numberOfTimes。成员变量的两种形式为：类变量、实例变量。

变量 whatToWrite 和 numberOfTimes 是实例变量。它们属于一个特定的对象。例如，假定想要完成几项任务，只想知道要完成的任务数。如果使用实例变量，可以将第一个任务赋为 1，第二个为 2……但是想要知道总数，可以创建一个称为 numberPunished 的类变量。可以断定它是个类变量，因为它有关键字 static。一个类变量属于该类，但可以通过该类的任何实例来访问。

```
public class StayAfterSchool
{
    String whatToWrite;
    int numberOfTimes;
    static int numberPunished;

    public ToDoAfterWork( String writeThis, int ThisManyTimes)
    {
        numberPunished ++ ;
        whatToWrite = writeThis;
        numberOfTimes = ThisManyTimes;
        writeOnBoard( whatToWrite, numberOfTimes) ;
    }
    public void writeOnBoard( String s, int i)
```

```
    {
        for( int count =0;count  < i;count ++ )
        {
            system. out. println( s );
        }
    }

    public static void main( String[ ] args)
    {
        new ToDoAfterWork(“I won’t chew gum. ”,100 );
        new ToDoAfterWork(“I won’t run in the hall. ”,50);
        new ToDoAfterWork(“I won’t bark in my desk. ”,25);
        System. out. println( "There are" +numberPunished +“students being punished. " );
    }
}
```

以上代码将输出“ I won’t chew gum.” 一百遍，“I won’t run in the hall.” 五十遍，“I won’t bark in my desk.” 二十五遍，还有“There are 3 students being punished.”。

（2）非成员变量。方法参数表中的变量或在类方法内声明的变量不是成员变量。虽然它们接近于对象，但不能认为是对象。在前一例子中，变量 s 和 i 传入输出所需的信息，但变量并不是 StayAfterSchool 类的一部分。同样，在 for 循环中，需要循环变量 count，但它不是 StayAfterSchool 类的一部分。

（3）声明方法。方法的声明可以有很多选项。在下面的方法声明概述中，每个方括号内的项都是可选项。

[accessSpecifier] [static] [abstract] [final] [native] [synchronized] returnValue methodName([paramlist]) [throws exceptionList]

在最简单的情况下，方法声明必须包括返回类型和方法名称。如果在方法声明中制定了返回类型，方法中就必须返回一个具有相同类型的数据。同时，可以使用具有相同的名称但有不同数目或者类型参数的方法来重载一个方法。每个可选项都允许用户控制方法可用的行为和扩展功能。

（4）域的访问控制符。可以使用如下方式声明一个变量：

[accessSpecifier] [static] [final] [transient] [volatile] type variableName

下面对访问控制符进行详细的说明。

1）accessSpecifier。Java 支持变量和方法的五级访问：

①private：只允许在同类内部访问。标准 Java 的实例变量应该是私有的（只有类或对象能够操纵其状态）。对这些私有变量的访问通常由 public 方法提供。

②protected：只允许从含有声明该元素的类的包内进行访问。此外，还允许从单个包中的子类访问。

③public：允许在使用类的任何地方访问。只要能找到它，就可以使用。

④只允许在含有类的包内访问。注意这里没有关键字，通常代表 friendly，它是在没有显式访问说明符的情况下的默认行为。

⑤private protected：可以被两种类访问和引用，一种是该类本身，另一种是该类的所有子类。把同一个包内的非子类排除在可访问的范围之外，使得成员变量更专注于具有明确继承关系的类，而不是松散地组合在一起的包。

2）static。该关键字指定一个变量或者为类变量，或者为实例变量。

不管创建了多少类实例，类变量在每个类中只出现一次。在 Java 运行时系统第一次遇见类时为类变量分配内存，并且只有那么一次。

相反，实例变量为每个类实例分配一次内存。当每一个类实例被创建的时候，系统都为该类中的所有实例变量分配内存。在本质上，类变量为所有类实例所共享，而每个对象获取它自己的实例变量复制。

再有，类变量通过关键字 static 类声明，这是它与实例变量的区别。

3）final。不管是类变量还是实例变量，它都可以声明成 final 的。一个被声明成 final 的变量一旦被赋值，就不可再进行改变。用户可以把 final 变量想象成常量（constants）：一旦它们被设置，就不可再更改了。正因为如此，它们可以像 C/C ++ 里的#define 语句一样来使用。试图修改一个 final 变量是非法的，会导致编译无法通过。

一般来说，Java 中的常量名称通常全部使用大写字母拼写，如果名称中包含多个单词，单词间用下划线连接起来。所以，可以使用如下方法通过常量来定义圆周率或人的正常体温：

```
final double PI = 3. 141 592 653 59；
final double NORMAL_ BODY_ TEMPERATURE = 98. 6；
```

类变量通常用来声明所有类对象可以共享的常量，这样比使用实例变量更有效，因为内存只被分配一次。声明一个常量形式的类变量，只需要简单地在 static 前面加上一个 final 关键字即可：

```
final static double PI = 3. 141 592 653 59；
```

终态变量在定义时可以不初始化。然而，它们一旦被赋值，就不可以再被改变。这可以允许用户创建以计算结果为值的常量，它们在赋值后同样也不能被修改。

4）transient。瞬时变量表示它们不作为类持久状态的一部分。在串行化一个对象时，记录包含其当前和持久状态的相关信息。对象中那些具有 transient 关键字的变量不被串行化。

5）volatile。表明变量的值易于受到线程的访问。每次它的值都从内存中读出，并在结束时又写回内存。为保证数据的完整性，不能声明变量既是终态又是易变的。

3. 面向对象中的继承和多态

（1）继承。继承（Inheritance）是面向对象软件技术当中的一个概念。如果一个类别 A“继承自”另一个类别 B，就把这个 A 称为“B 的子类别”，而把 B 称为“A 的父类别”。继承可以使得子类别具有父类别的各种属性和方法，而不需要再次编写相同的代码。在令子类别继承父类别的同时，可以重新定义某些属性，并重写某些方法，即覆盖父类别的原有属性和方法，使其获得与父类别不同的功能。另外，为子类别追加新的属性和方法也是常见的做法。一般静态的面向对象编程语言，继承属于静态的，意即子类别的行为在编译期就已经决定，无法在执行期扩充。

有些编程语言支持多重继承，即一个子类别可以同时有多个父类别，比如 C++ 编程语言。Java 语言不支持多重继承，单继承使 Java 的继承关系很简单，一个类只能有一个父类，易于管理程序，同时一个类可以实现多个接口，从而克服了单继承的缺点。

一般情况下，当一个类由新类创建的对象与原始类创建的对象存在“属于”关系时，可以考虑使用继承来扩展类。例如，滴管咖啡壶、蒸汽加压咖啡壶、真空咖啡壶、过滤咖啡壶以及法式压力咖啡壶等都由 CoffeeMaker 扩展而来，用户可以说 DripCoffeeMaker 是 CoffeeMaker 的一种，PressCoffeeMaker 是 CoffeeMaker 的一种等。

以 CoffeeMaker 为例开始讨论。如果需要创建一个更加友好的 CoffeeMaker，它能够在倒咖啡之前检查是否能给每个人都倒一杯咖啡。那么，来定义这样一个类 NiceCoffeeMaker，除了它在倒咖啡之前判断能否给每个人倒满一杯咖啡之外，其他部分和类 CoffeeMaker 完全相同：

```
public class CoffeeMaker
{
    private int coffeeRemaining;
    public void pourOneCup( )
    {
        if( coffeeRemaining > 0)
```

```
        {
            System. out. println( pouring one cup) ;
            coffeeRemaining - - ;//measured in whole cups
        }
        else System. out. println( " sorry,not enough coffee" ) ;
    }
    public void pourManyCups( int howMany)
    {
        for( int i =0;i  < howMany;i ++ )
        {
            pourOneCup( ) ;
        }
    }
    public void brewThisMuch( int howManyCups)
    {
        coffeeRemaining = howManyCups;
    }
}

public class NiceCoffeeMaker extends CoffeeMaker
{
    public void pourManyCups( int howMany)
    {
        if( coffeeRemaining  < howMany)
        {
            System. out. println( " Sorry, I'm short by" + ( howMany - coffeeRemaining) +
" cups. " ) ;
        }
        else
        {
        for( int i =0;i  < howMany;i ++ )
        {
```

```
            pourOneCup( );
        }
      }
   }
}
```

把它放到类 CoffeeTester2 中检验：

```
public class CoffeeTester2
{
   NiceCoffeeMaker myCoffeeMaker;

   public static void main(String args[])
   {
       CoffeeTester2 c = new CoffeeTester2( );
       c. myCoffeeMaker = new NiceCoffeeMaker( );
       c. myCoffeemaker. brewThisMuch(3);
       c. myCoffeeMaker. pourManyCups(5);
       System. out. println("\n");
       c. myCoffeeMaker. brewThisMuch(5);
       c. myCoffeeMaker. pourManyCups(3);
   }
}
```

在以上代码中创建了一个 NiceCoffeeMaker，向它发出倒三杯咖啡的请求。注意类 NiceCoffeeMaker 没有 brewThisMuch( )方法，这是因为 NiceCoffeeMaker 扩展了类 CoffeeMaker，它使用 CoffeeMaker 的 brewThisMuch( )方法。所煮的咖啡量保存在变量 Coffee Remaining 中，这个变量由 CoffeeMaker 定义，现在也被 NiceCoffeeMaker 包含进来。如果在类 NiceCoffeeMaker 中再定义一个 coffeeRemaining 变量，那么它对于 brewThisMuch 方法是不可见的，因此，所煮的咖啡量的信息就可能会保存到了一个错误的变量中。

现在，如果让 myCoffeeMaker 倒五杯咖啡，由于 myCoffeeMaker 是一个 NiceCoffeeMaker 对象，因此它使用 NiceCoffeeMaker 中的 pourManyCups( )方法。换句话说，超类中的方法与派生类中相同类型和特征的方法、变量会在派生类中被重载。这表明除非父类的变量和方法被子类重载，否则它们会在子类中完全保持它们在父类中的行为。CoffeeTester2 的执行结果如下：

```
Sorry I'm short by 2 cups.

pouring one cup
pouring one cup
pouring one cup
```

（2）多态。多态（Polymorphism）在面向对象语言中指接口的多种不同的实现方式，多态是面向对象程序设计语言的重要特性之一。

这里使用一个是拥有很少功能的 CoffeeMaker，它只能倒出一杯咖啡。这就是本例中需要的全部。注意到 pourOneCup( )方法不做任何事情，因为永远不会调用它。只调用某种类型的 CoffeeMaker 的 popOneCup( )方法。也就是说，只是从 CoffeeMaker 的某个子类中调用 pourOneCup( )方法。下面创建一个类 CoffeeMaker，该类中的方法只拥有一个空的函数体：

```
public class coffeeMaker
{
    public void pourOneCup( ) { }
}
```

从上面的类可以派生出几种类型的 CoffeeMaker，如 DripCoffeeMaker、FrenchPress、VacuumCoffeeMaker 等。先来看 DripCoffeeMaker：

```
DripCoffeeMaker:
public class DripCoffeeMaker extends CoffeeMaker
{
    public void pourOneCup( )
    {
        System. out. println( "Here is a cup of Drip coffee." );
    }
}
```

使用如下 CoffeeTester 类进行测试：

```
public class CoffeeTester
{
    DripCoffeeMaker brewer;
```

```
    public static void main(String args[])
    {
        CoffeeTester c = new CoffeeTester();
        c.brewer = new DripCoffeeMaker();
        c.brewer.pourOneCup();
    }
}
```

输出结果：Here is a cup of Drip Coffee.

使用了一个子类来扩展另一个类的功能。创建这个子类的实例并调用 pourOneCup()方法，所使用到的只是在子类中重载的方法。下面引入类 CoffeeTester2：

```
public class CoffeeTester2
{
    CoffeeMaker brewer;

    public static void main(String args[])
    {
        CoffeeTester2 c = new CoffeeTester2();
        c.brewer = new DripCoffeeMaker();
        c.brewer.pourOneCup();
    }
}
```

输出结果与上例相同：Here is a cup of Drip coffee.

在这里，变量 brewer 具有 CoffeeMaker 的类型，尽管它是使用 DripCoffeeMaker 类的构造函数创建的，这是由于 DripCoffeeMaker 属于 CoffeeMaker。值得注意的是，虽然一个 DripCoffeeMaker 实例被创建了，但是从外部看，只知道是一个 CoffeeMaker (c. brewer. pourOneCup)。

请求 CoffeeMaker 来 pourOneCup()，这是合法的，因为 CoffeeMaker 中拥有一个名为 pourOneCup()的方法，这也是为什么要在超类中设置这个方法的原因所在。但在超类中，这个方法不做任何事情。命令 c. brewer. pourOneCup()会导致 DripCoffeeMaker 类中的 pourOneCup()方法被调用，原因在于 brewer 是作为一个 DripCoffeeMaker 对象而创建的，所以它清楚 pourOneCup()方法产生上述的输出结果。这就是多态性的体现。

仔细观察设计中可以采用多态的部分，不难发现在设计继承关系时，在超类中保留的那些函数声明是非常有效的。它们可以被任何派生类继承，并且以不同的方法实现。

（3）接口。用户使用自动提款机的时候，按下按键提示它取出100元钱，用户并不关心随后提款过程如何处理，而只关心你可见并且可用的交互部分。可能提款机内部的机械设备自动处理了一摞100元的钞票，也可能有工作人员在手工寻找用户需要的钱。用户可以看到的只有接口。通过它，用户按下某些按键告诉提款机提款指令，然后提款机通过某个出口把钱给用户。

Java编程语言中的接口的概念和这一想法完全类似，它规定了一种用户如何与实现了这个接口的类进行交互的方式。它保证某些方法是可以使用的，只是具体实现留待将来完成。接口可以带有适当的参数（公有、静态和终态变量）。

可以把接口看成一个完全的抽象类。接口中声明的方法都不能由接口本身来实现，其中的所有方法都必须被实现它的类来完成。

声明接口的方法（方括号中的项是可选的）：

```
[public] interface name [extends interface1,interface2,…]
{
    …
}
```

接口可以继承任意个其他的接口。并且，一个类可以实现任意个接口。在接口中，所有的变量都自动成为公有、静态和终态的。

接口中的方法也类似，它们自动被作为公有和抽象的来对待。下面定义一个名为ShowDown的接口：

```
public interface ShowDown
{
    int SHERIFF = 60000;//所有的变量都是公有、静态和终态的
    void Encounter();//所有的方法都是公有和抽象的
    void SizeUp(int dude);//所有的方法都是公有和抽象的
}
```

在上面的示例代码中，并没有声明常数据变量SHERIFF为终态的和静态的，因为在实现过程中它自动被当做公有、静态和终态属性来对待。对于ShowDown接口中的方法也是如此。由于每个方法都是抽象的，因此它要求在使用它的子类中必须实现它们，但在声明它们的接口中不能提供。

仅仅需要提供接口中方法的名称参数表，甚至画括号都不需要。事实上，如果用户包含它们，编译器就会产生一个错误信息，不管用户是否提供了方法体代码：

```
void SizeUp( int dude)
{
    //此处非法,不能包含双括号
}
```

对于接口，要把整个方法体部分去掉，代之以一个分号，如下所示：

```
void SizeUp( int dude);
```

接口中的变量和方法被强制附加了访问权限，但是，对于接口本身并不是这样。如果没有把接口定义为公有的，Java 不会自动为其加上公有的属性。

第 2 节　Java 软件测试实践

学习目标

掌握测试过程管理工具的使用

能够使用测试工具执行测试工作

知识要求

一、使用 CheckStyle 软件检查代码规范

1. 安装和配置 Checkstyle 插件

使用测试工具是为了辅助测试活动的顺利高效进行而采用的一种有效的手段。测试工具不仅限于回归测试等常见的测试活动中，在软件测试的每个环节都会用到相应的测试工具。下面的内容将涉及两款 Java 语言环境常用的静态代码分析工具，能更好地帮助提高软件质量，完善测试流程。

静态代码分析是指无须运行被测代码，仅通过分析或检查源程序的语法、结构、过程、接口等来检查程序的正确性，找出代码隐藏的错误和缺陷，如参数不匹配、有歧义的嵌套语句、错误的递归、非法计算、可能出现的空指针引用等。

在软件开发过程中，静态代码分析往往先于动态测试之前进行，同时也可以作为制定动态测试用例的参考。统计证明，在整个软件开发生命周期中，30% ~70% 的代码逻辑设计和编码缺陷是可以通过静态代码分析来发现和修复的。

但是，由于静态代码分析往往要求大量的时间消耗和相关知识的积累，因此，对于软件开发团队来说，使用静态代码分析工具自动化执行代码检查和分析，能够极大地提高软件可靠性并节省软件开发和测试成本。作为静态代码分析的相关概念，需要了解以下内容：

- 缺陷模式匹配：缺陷模式匹配事先从代码分析经验中收集足够多的共性缺陷模式，将待分析代码与已有的共性缺陷模式进行模式匹配，从而完成软件的安全分析。这种方式的优点是简单方便，但是要求内置足够多缺陷模式，且容易产生误报。

- 类型推断：类型推断技术是指通过对代码中的运算对象类型进行推理，从而保证代码中每条语句都针对正确的类型执行。这种技术首先将预定义一套类型机制，包括类型等价、类型包含等推理规则，之后基于这一规则进行推理计算。类型推断可以检查代码中的类型错误，简单，高效，适合代码缺陷的快速检测。

- 模型检验：模型检验建立于有限状态自动机的概念基础之上，这一理论将被分析代码抽象为一个自动机系统，并且假设该系统是有限状态的，或者是可以通过抽象归结为有限状态。在模型检验过程中，首先将被分析代码中的每条语句产生的影响抽象为一个有限状态自动机的状态，之后通过分析有限状态机，从而达到代码分析的目的。模型检验主要适合检验程序并发等时序特性，但是对于数据值、域数据类型等方面作用较弱。

- 数据流分析：数据流分析也是一种软件验证技术，这种技术通过收集代码中引用到的变量信息，从而分析变量在程序中的赋值、引用以及传递等情况。对数据流进行分析可以确定变量的定义以及在代码中被引用的情况，同时还能够检查代码数据流异常，如引用在前赋值在后、只赋值无引用等。数据流分析主要适合检验程序中的数据域特性。

（1）Checkstyle 简介。Checkstyle 是一款检查 Java 程序源代码样式的开源工具，它可以有效地帮助检查代码，以便更好地遵循代码编写标准，特别适用于小组开发时彼此间的样式规范和统一，进行静态代码分析。Checkstyle 提供了高可配置性，以便适用于各种代码规范，所以除了使用它提供的几种常见标准之外，用户还可以定制自己的标准。检查对象主要包括：

- Javadoc 注释
- 命名约定

- 标题
- Import 语句
- 体积大小
- 修饰符
- 块
- 代码问题
- 类设计
- 冗余检查

（2）安装和配置。本教材介绍在 Eclipse 中使用 Checkstyle 插件的安装方式。以下内容是通过直接下载安装包进行安装的方法。

1）下载安装包。通过开源站点（http://sourceforge.net/projects/checkclipse/）下载 Checkstyle 的 Eclipse 平台插件版安装包后，将 plugins 和 features 两个文件夹下的内容复制到 Eclipse 安装目录下对应的 plugins 和 features 文件夹。

2）配置。Checkstyle 的规则文件用来指定哪些模块适用于 Java 源文件。模块是一个以 Checker 模块为根元素的树结构。modules 的下一层元素包括如下内容：

- FileSetChecks：一些以输入文件为参数的模块，并引发错误消息。
- Filters：过滤审核事件的模块，包括错误消息。
- AuditListeners：报告被接受的事件。

很多检查是 TreeWalker FileSetCheck 模块的子模块。TreeWalker 通过逐个地将 Java 源文件转换成抽象的语法树，然后循环它的每个子模块来处理检查结果。每个子模块检查各自特定的方面。

Checkstyle 从 XML 文件获取配置信息。在 XML 文档中指定了配置的模型的层次以及它们的属性。当使用命令行执行 Checkstyle 命令时，需要提供一个包含配置文档的文件。Checkstyle 的发布包中的 doc 目录中包含了一个样例的配置文件 sun_checks.xml，可以检查 Sun 的编码规范。下面来分析各个对象的功能和用法：

①Modules。XML 配置文档中由元素的 name 属性指定的 module 元素。下面是一个典型的配置片段：

```
<module name = "Checker" >
    <module name = "PackageHtml"/ >
    <module name = "TreeWalker" >
        <module name = "AvoidStarImport"/ >
        <module name = "ConstantName"/ >
```

```
        <module name="EmptyBlock"/>
    </module>
</module>
```

在上面的配置中：

• 根模块 Checker 包含了子模块 FileSetChecks——PackageHtml 和 TreeWalker。（PackageHtml 模块检查所有的包都要有文档）

• 模块 TreeWalker 包含了子模块 AvoidStarImport、ConstantName 和 EmptyBlock。这些子模块分别检查 Java 源文件是否有星号引入语句、合法的常量名以及是否包含空块。

对于每个配置模块，Checkstyle 通过 module 元素的 name 属性指定要加载的类。加载模块的类的规则如下：

• 根据指定的包名，例如加载类 com. puppycrawl. tools. checkstyle. TreeWalker，<module name = “com. puppycrawl. tools. checkstyle. TreeWalker” >，这有助于第三方的模块集成到配置中。

• Checkstyle 预定义的包名，例如 com. puppycrawl. tools. checkstyle. checks 和 com. puppycrawl. tools. checkstyle. filters 以及它的子包（仅包含在 Checkstyle 发布版本中）。

②Property。属性用于控制模块如何执行任务。每个模块的属性都有一个默认值。下面的三个例子指定了属性值：

```
<module name="MethodLength">
    <property name="max" value="60"/>
</module>
```

max 的默认值为 150，可以将其自定义为 60，如果默认值可以满足检查的要求，那么就不要修改默认值：

```
<module name="Checker">
    <module name="PackageHtml"/>
    <module name="TreeWalker">
        <property name="tabWidth" value="4"/>
    <module name="AvoidStarImport"/>
    <module name="ConstantName"/>
        ...
    </module>
</module>
```

模块的属性是可以继承的，例如上面例子中 TreeWalker 的 tabWidth 属性，就可以被

AvoidStarImport 和 ConstantName 等子模块继承。

```
<property name = "headerFile" value = "${checkstyle. header. file}"/>
```

属性也是可以被扩展的，可以在运行时指定属性的值。

```
<module name = "JavaDocMethod">
    <property name = "severity"
              value = "${checkstyle. javadoc. severity}"
              default = "error"/>
</module>
```

可以在指定属性值后设置一个默认值，当属性值没有被设置时，使用默认的属性值，如上面的例子中 checkstyle. javadoc. severity 没有被设置时，severity 属性的值就是 error。

③Checker。所有的配置都有一个根模块 Checker，Checker 包含以下内容：

- FileSetCheck：用于检查文件的模块。
- Filter：用于过滤审核事件。
- AuditListener：报告被过滤的事件。

Checker 还定义了被其他所有模块继承的属性：

- basedir：基准目录名，字符串类型，默认值为 null。
- localeCountry：区域设置，字符串类型，可以是空字符串或者大写的 ISO 3166 标准的 2 个大写代码，默认值为 JVM 的区域设置。
- localeLanguage：消息的区域语言，字符串类型，可以是空字符串或者是小写的 ISO 639 代码，默认值是 JVM 的区域语言。

④TreeWalker。FilterSetCheck TreeWalker 检查单个的 Java 源文件，并定义适用于检查这些文件的属性：

- cacheFile：缓存文件，用于缓存已经通过检查的文件，避免重复检查文件。字符串类型，默认为 null。
- tabWidth：tab 字符的空格数。整型，默认值为 8。
- fileExtensions：用于标识 Java 文件的扩展名。字符串类型集合，默认为 Java。
- charset：文件的编码格式。字符串类型，默认为系统属性 file. encoding。

```
<module name = "Checker">
    <module name = "TreeWalker">
        <property name = "cacheFile" value = "target/cachefile"/>
        <property name = "tabWidth" value = "4"/>
```

```
        <property name = "charset"  value = "UTF - 8"/>
        ...
    </module>
<p class = "MsoNormal" style = "text - indent:21pt;margin:0m/>
```

更加详细的配置信息可参见：http://checkstyle. sourceforge. net/config. html。

重新启动 Eclipse，在主窗口菜单选择“Windows”→“Preferences”选项，选择默认规则文件（sun_ checks. xml 是 Checkstyle 附带规则文件），如图 3—4 所示。

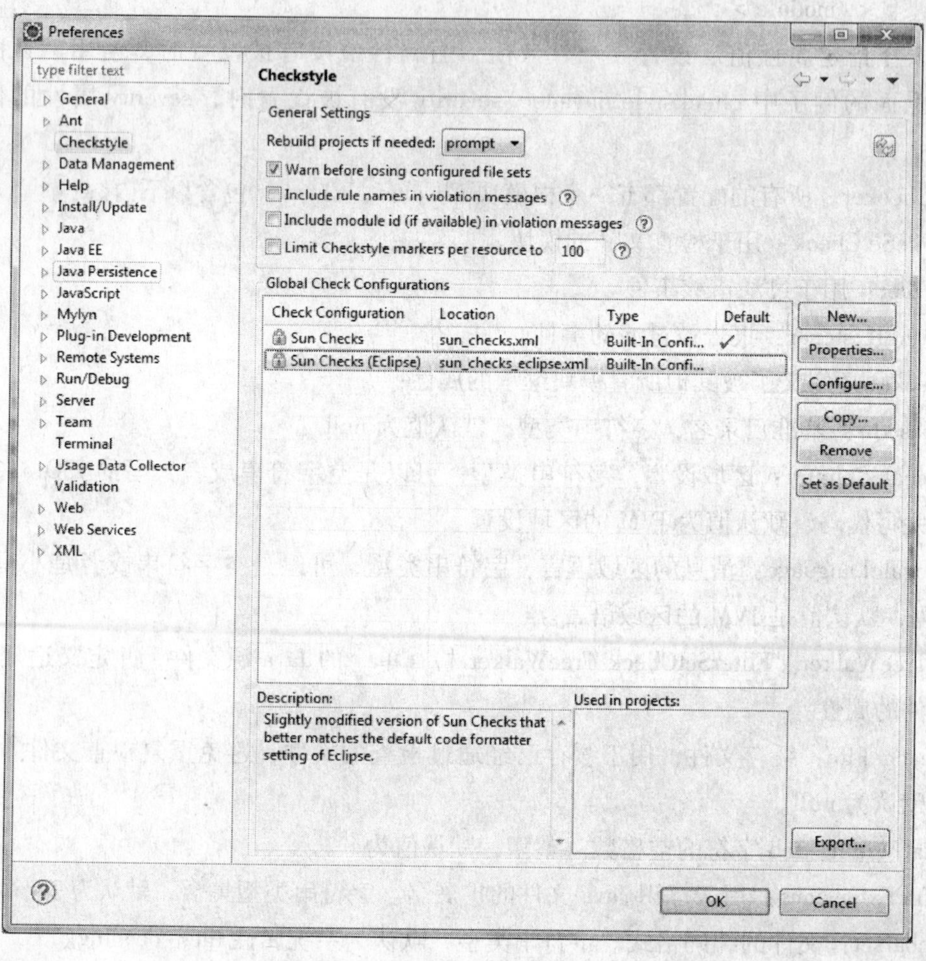

图 3—4　设置 Checkstyle 规则文件

用鼠标右键单击工程节点，在弹出的快捷菜单中选择“Properties”→“Checkstyle”，勾选“Checkstyle active for this project”复选框，如图 3—5 所示。

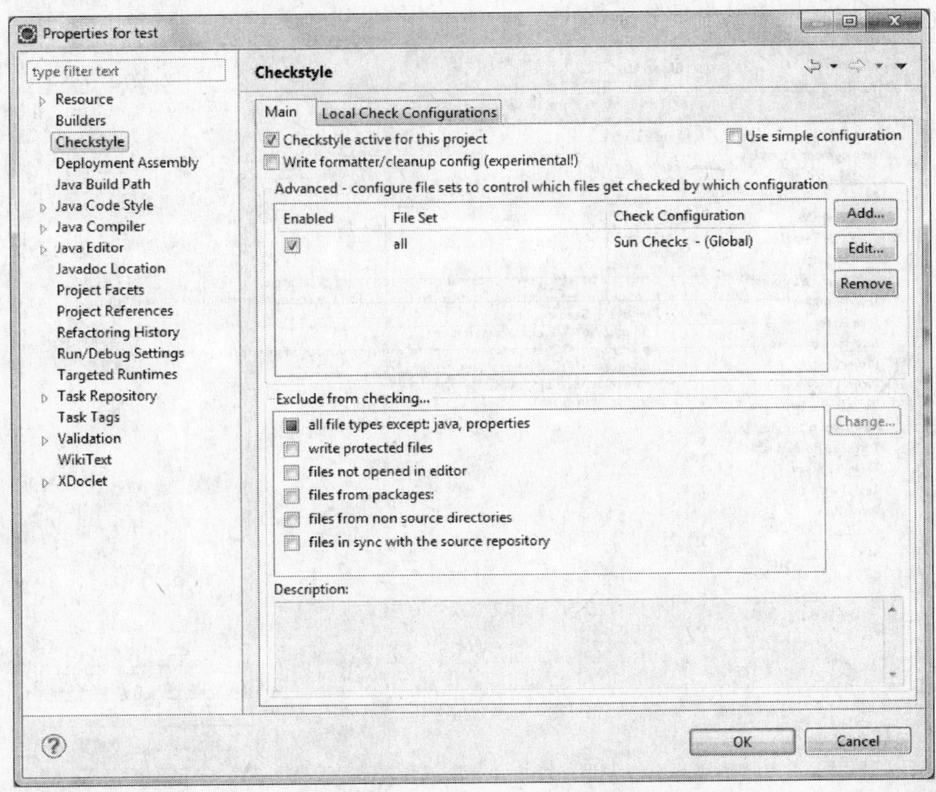

图 3—5 激活 Checkstyle 插件

在图 3—5 所示对话框中，单击左侧的“Java Code Style”节点，在右侧视图中选择“Enable project specific settings”复选框，保存设置，如图 3—6 所示。

3）Checkstyle 设置完成后，以下段示例代码（见图 3—7）为例，即可看到检查结果（见图 3—8）。

参照所显示的信息，可以对代码进行修改。例如，首条提示信息“File contains tab characters（this is the first instance）.”，去掉第四行代码中的制表符即可。

初步使用 Checkstyle 可以使用如上所述附带的规则文件。进入“Windows”→“Preferences”→“Checkstyle”→“Configuration…”，可以根据一段时间项目人员的反馈来增加或移除检查项，使代码检查更加符合项目要求。

在 Eclipse 的主菜单中，进入“Windows”→“Preferences”→“Java”→“Code Style”→“Import”，可以导入自定义的规则文件，如图 3—9 所示。

自定义规则文件的格式和内容可参见前面对规则文件结构的讲解及 Checkstyle 附带的

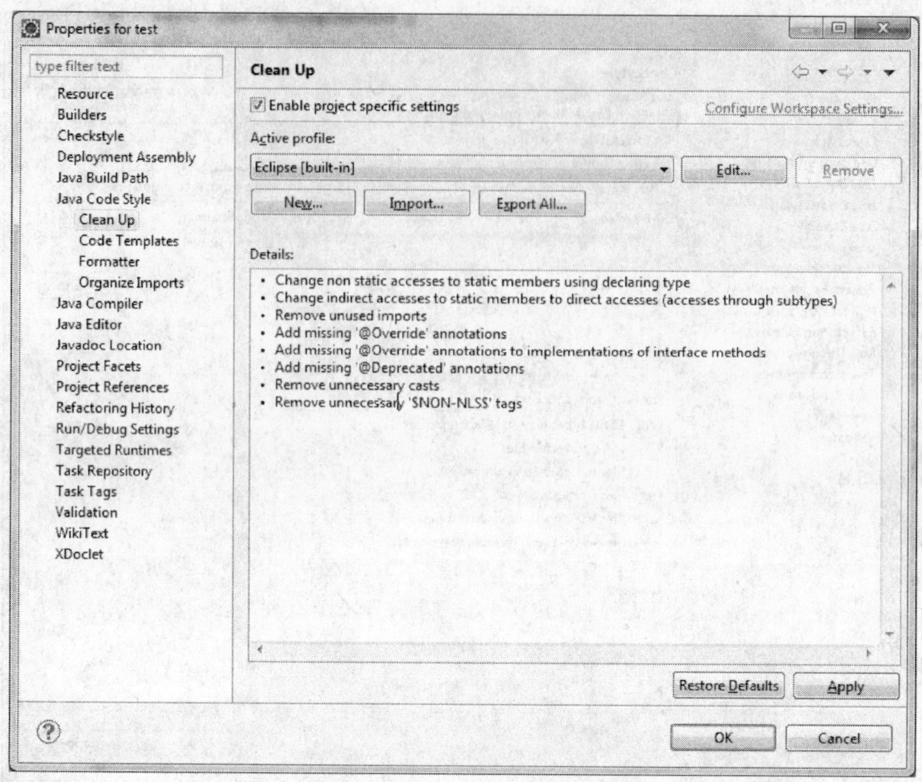

图 3—6　启用项目特定设置

sun_checks. xml 文件。

2. Checkstyle 插件的应用和常见错误信息分析

Checkstyle 配置是通过指定 modules 来应用到 Java 文件的。modules 是树状结构，以一个名为 Checker 的 module 作为根节点，一般的 checker 都会包括 TreeWalker 子 module。可以参照 checkstyle 中的 sun_checks. xml。这是根据 Sun 公司的 Java 语言规范定义的配置。

```

package java.io;
public class CheckingCodeStyle {

}
```

图 3—7　简单的示例代码

在 xml 配置文件中通过 module 的 name 属性来区分 module，module 的 Properties 可以控制如何去执行这个 module，每个 property 都有一个默认值，所有的 check 都有一个 severity 属性，用它来指定检查的等级。TreeWalker 为每个 Java 文件创建一个语法

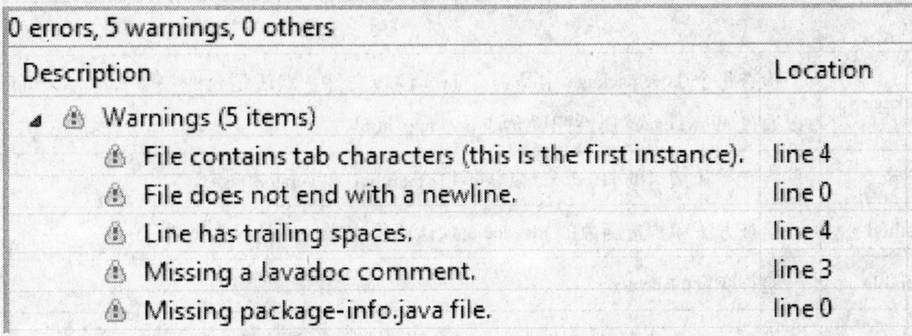

图 3—8　示例代码检查结果

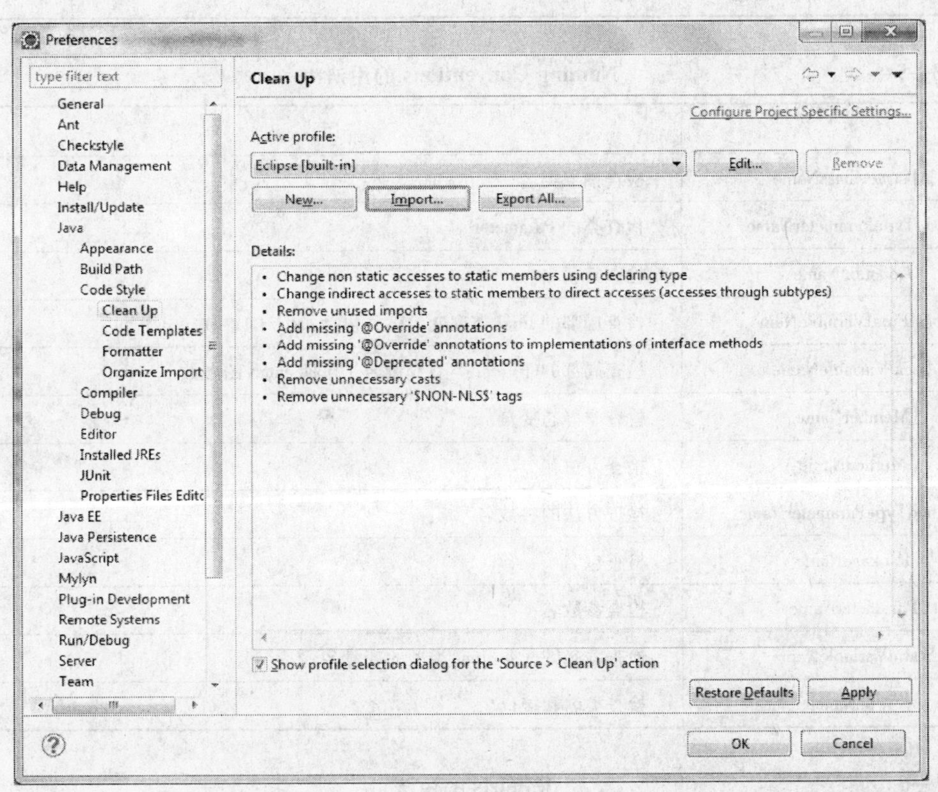

图 3—9　自定义规则导入对话框

树，在节点之间调用子 modules 的 Checks。下面来看看 standard checks 中的一些具体用法。

（1）Standard checks 用法（见表 3—4 至表 3—14）

表 3—4　**Javadoc Comments 的用法**

检查点	用　法
JavadocPackage	检查每个 Java package 中是否有 Java 注释文件，默认是允许一个 package - info. java，也可以通过 allowLegacy 属性配置允许 package. html
JavadocType	检查类和接口的 javadoc。默认不检查 author 和 version tags
JavadocMethod	检查方法和构造函数的 javadoc。默认不检查未使用的异常抛出
JavadocVariable	检查变量的 javadoc
JavadocStyle	检查 javadoc 的格式。比如，javadoc 的第一行是否以句号结束，javadoc 除了 tags 外是否有 description，检查 javadoc 中的 html 格式
WriteTag	输出 javadoc 中的 tag

表 3—5　**Naming Conventions 的用法**

检查点	用　法
AbstractClassName	检查抽象类名
ClassTypeParameterName	检查类的 Parameter 名
ConstantName	检查常量名
LocalFinalVariableName	检查局部的 final 类型变量名，包括 catch 的参数
LocalVariableName	检查局部的非 final 类型变量名，包括 catch 的参数
MemberName	检查非静态变量
MethodName	检查方法名
MethodTypeParameterName	检查方法的参数名
PackageName	检查包名
ParameterName	检查参数名
StaticVariableName	检查静态的、非 final 类型的变量名
TypeName	检查类名和接口名

表 3—6　**Imports 的用法**

检查点	用　法
AvoidStarImport	检查是否有使用 * 进行 import
AvoidStaticImport	检查是否有静态 import，比如是否导入了 java. lang 包中的内容
IllegalImport	检查是否 import 了违法的包，默认拒绝 import 所有 sun. * 包

续表

检查点	用　法
RedundanImport	检查是否有重复的 import
UnusedImports	检查是否有未使用的 import
ImportOrder	检查 import 的分组和顺序
ImportControl	控制可被 import 的包，在一个较大的 project 里，可限制使用过多的第三方包

表 3—7　**Size Violations 的用法**

检查点	用　法
ExecutableStatementCount	限制可执行代码片段的长度。默认值为 30
FileLength	检查 Java 文件的长度。默认值为 2 000
LineLength	检查代码行的长度。默认值为 80
MethodLength	检查方法和构造函数的长度。默认值为 150
AnonInnerLength	检查匿名内部类的长度。默认值为 20
ParameterNumber	检查方法和构造函数的参数个数。默认值为 7

表 3—8　**Whitespace 的用法**

检查点	用　法
GenericWhitespace	检查‘<’和‘>’周围的空白
EmptyForInitializerPad	检查空的初始化位置的空白。比如 for 循环中的初始化
MethodParamPad	检查方法签名之前的空白
EmptyForIteratorPad	检查空的初始化位置的空白。比如 for 循环中的初始化
NoWhitespaceAfter	检查分隔符后的空白
NoWhitespaceBefore	检查分隔符前的空白
OperatorWrap	检查操作符的空白规则
ParenPad	检查圆括号的空白规则
TypecaseParenPad	检查强制转型的圆括号的空白规则
TabCharacter	检查是否有 Tab 字符
WhitespaceAfter	检查分隔符是否在空白之后
WhitespaceAround	检查分隔符周围是否有空白

表 3—9 **ModifierOrder 的用法**

检查点	用　法
ModifierOrder	检查修饰符的顺序是否遵照 Java 语言规范
RedundantModifier	检查接口和 annotation 中是否有重复的修饰符

表 3—10 **Block Checks 的用法**

检查点	用　法
EmptyBlock	检查空的代码块
LeftCurly	检查‘{’和左边的代码块是否在同一行
NeedBraces	检查是否需要大括号。主要是在使用 if，else 时的情况
RightCurly	检查‘}’
AvoidNestedBlocks	检查不需要的嵌套‘{}’

表 3—11 **Coding 的用法**

检查点	用　法
ArrayTrailingComma	检查数组初始化是否以逗号结束
AvoidInlineConditionals	检查 inline 的条件操作
CovariantEquals	检查类是否覆盖了 equals（java. lang. Object）
DoubleCheckedLocking	检查 DCL 的问题
EmptyStatement	检查空的代码段
EqualsAvoidNull	检查一个可能为 null 的字符串是否在 equals( ) 比较的左边
EqualsHashCode	检查类是否覆盖了 equals( ) 和 hashCode( )
FinalLocalVariable	检查未改变过的局部变量是否声明为 final
HiddenField	检查局部变量或参数是否隐藏了类中的变量
IllegalInstantiation	检查是否使用工厂方法实例化
IllegalToken	检查非法的分隔符
IllegalTokenText	检查非法的分隔符的下个字符
InnerAssignment	检查子表达式中是否有赋值操作
MagicNumber	检查是否有“magic numbers”
MissingSwitchDefault	检查 switch 语句是否有 default 项
ModifiedControlVariable	检查循环控制的变量是否在代码块中被修改

续表

检查点	用　法
RedundantThrows	检查是否有被重复抛出的异常
SimplifyBooleanExpression	检查是否有过度复杂的布尔表达式
SimplifyBooleanReturn	检查是否有过于复杂的布尔返回代码段
StringLiteralEquality	检查字符串是否有用 = = 或！= 进行操作
NestedIfDepth	检查嵌套的层次深度
NestedTryDepth	检查 try 的层次深度
NoClone	检查是否覆盖了 clone( )
NoFinalizer	检查是否有定义 finalize( )
SuperClone	检查覆盖的 clone( )是否有调用 super. clone( )
SuperFinalize	检查覆盖的 finalize( )是否有调用 super. finalize( )
IllegalCatch	检查是否 catch 了不能接受的错误
IllegalThrows	检查是否抛出了未声明的异常
PackageDeclaration	检查类中是否有声明 package
JUnitTestCase	确保 setUp( )，tearDown( )方法签名的正确性
ReturnCount	限制 return 代码段的数量
IllegalType	检查未使用过的类
DeclarationOrder	检查类和接口中的声明顺序
ParameterAssignment	检查不允许的参数赋值
ExplicitInitialization	检查类和对象成员是否初始化为默认值
DefaultComesLast	检查 default 项是否在 switch 代码段的最后
MissingCtor	检查类依赖
FallThrough	检查 switch 代码的 case 中是否缺少 break，return，throw 和 continue
MultipleStringLiterals	检查一个文件中是否有多次出现的字符串
MultipleVariableDeclarations	检查代码段和代码行中是否有多次变量声明
RequireThis	检查代码中是否有“this.”
UnnecessaryParentheses	检查是否有使用不需要的圆括号

表 3—12　　Class Design 的用法

检查点	用　法
VisibilityModifier	检查类成员的可见度
FinalClass	检查只有 private 构造函数的类是否声明为 final
InterfaceIsType	检查接口是否仅定义类型
HideUtilityClassConstructor	检查工具类是否有 public 的构造器
DesignForExension	检查类是否为扩展设计
MutableException	确保异常是不可变的
ThrowsCount	限制抛出异常的数量

表 3—13　　Duplicate Code 的用法

检查点	用　法
StrictDuplicateCode	严格检查重复代码

表 3—14　　Miscellaneous 的用法

检查点	用　法
GenericIllegalRegexp	正则表达式的模式检查
NewlineAtEndOfFile	检查文件是否以一个空行结束
TodoComment	检查 TODO：注释
Translation	检查 property 文件中是否有相同的 key
UncommentedMain	检查是否有未注释的 main 方法
UpperEll	检查 long 型约束是否有大写的“L”
ArrayTypeStyle	检查数组类型定义的样式
FinalParameters	检查方法名、构造函数、catch 块的参数是否是 final 的
Indentation	检查代码中正确的缩进
TrailingComment	确保是否要代码行注释
RequiredRegexp	确保一个指定的正则表达式的规则已经存在代码中

（2）常见的错误提示（见表 3—15）

表 3—15　　常见的错误提示

错误信息	含　义
Type is missing a javadoc commentClass	缺少类型说明
“{” should be on the previous line	“{”应该位于前一行

续表

错误信息	含　义
Methods is missing a javadoc comment	方法前面缺少 javadoc 注释
Expected @ throws tag for “Exception”	在注释中希望有@ throws 的说明
“. ” Is preceeded with whitespace	“. ”前面不能有空格
“. ” Is followed by whitespace “. ”	“. ”后面不能有空格
“ = ” is not preceeded with whitespace	“ = ”前面缺少空格
“ = ” is not followed with whitespace	“ = ”后面缺少空格
“}” should be on the same line	“}”应该与下条语句位于同一行
Unused @ param tag for “unused”	没有参数“unused”，不需注释
Variable “CA” missing javadoc	变量“CA”缺少 javadoc 注释
Line longer than 80 characters	行长度超过 80
Line contains a tab character	行含有“tab”字符
Redundant “Public” modifier	冗余的“public”modifier
Final modifier out of order with the JSL	suggestionFinal modifier 的顺序错误
Avoid using the “. * ” form of import	Import 格式避免使用“. * ”
Redundant import from the same package	从同一个包中 Import 内容
Unused import - java. util. list	Import 进来的 java. util. list 没有被使用
Duplicate import to line 13	重复 Import 同一个内容
Import from illegal package	从非法包中 Import 内容
“while” construct must use “{}”	“while”语句缺少“{}”
Variable “sTest1” must be private and have accessor method	变量“sTest1”应该是 private 的，并且有调用它的方法
Variable “ABC” must match pattern “^[a - z] [a - zA - Z0 - 9] * $”	变量“ABC”不符合命名规则“^[a - z] [a - zA - Z0 - 9] * $”
“(” is followed by whitespace	“(”后面不能有空格
“)” is proceeded by whitespace	“)”前面不能有空格

二、使用 FindBugs 软件检查代码潜在错误

1. 安装和配置 FindBugs 插件

（1）FindBugs 简介。FindBugs 是一个静态分析工具，它检查类或者 JAR 文件，将字

节码与一组缺陷模式进行对比以发现可能的问题。利用这个工具，可以在不实际运行程序的情况下对软件进行分析。它可以帮助改进代码的质量，可以作为 Eclipse 的插件使用。

（2）安装和配置。使用 FindBugs 需要 JDK1.4.0 以上版本，并且它是平台独立的，可以运行在 Linux、Windows 和 MacOS X 等平台上。

在安装 FindBugs 之前，需要首先安装 Java 软件开发包。FindBugs 可以从以下链接下载：

http://findbugs.sourceforge.net/downloads.html

其参考文档：

http://findbugs.sourceforge.net/manual/

在确保安装了 1.4 及以上版本的 Java 语言开发包（JDK）后，接下来需要下载最新版的 FindBugs。下载和安装是相当简单的。在下载了 zip 或者 tar 文件后，将它解压缩到所选的目录中。这样安装就完成了。

在硬件配置要求方面，运行 FindBugs 需要 256 MB 以上内存，这个要求会随着被测试对象的不同而变化。

2. FindBugs 插件的应用和常见错误信息分析

FindBugs 可以在 Java 程序中发现潜在的问题。通过检查 Java 字节码，从“Bug Patterns”列表中可以找到问题。“Bug Patterns”是指很有可能存在错误的代码实例。FindBugs 不断更新升级为新版本，可以去下载地址获得最新版本。

（1）使用 FindBugs 插件。上面已经讲解了如何安装和配置 FindBugs。安装完成后，对一个示例类运行它。这里将针对 Windows 用户进行讲解，并假定 Linux 或 UNIX 用户可以熟练地转化这些内容。打开命令行提示符并进入 FindBugs 的安装目录。例如，C:\apps\FindBugs-0.7.3。

在 FindBugs 主目录中，有几个值得注意的目录。文档在 doc 目录中，更重要的是 bin 目录，它包含了运行 FindBugs 的批处理文件。

像如今的大多数工具一样，可以用多种方式运行 FindBugs。例如从 GUI、从命令行，这里将重点放在作为 Eclipse 插件来运行它的情况。

（2）FindBugs 发现的常见错误

1）找出哈希值与 equals 方法不匹配。这个检测器寻找与 equals()和 hashCode()的实现相关的几个问题。这两个方法非常重要，因为几乎所有基于集合的类，如 List、Map、Set 等都调用它们。一般来说，这个检测器寻找两种不同类型的问题——当一个类重写对象的 equals()方法，但是没有重写它的 hashCode()方法以及相反的情况时。定义一个协变式（co-variant）版本的 equals()或 compareTo()方法。例如，Test 类定义其 equals()方法参数为布尔型的 equals（Test），它覆盖了对象中定义的 equals( )方法。由于 Java 代码在编译时解析重载方法的方式，在运行时几乎总是使用在对象中定义的这个版本的方法，而不是在 Test 中定义的那一个［除非显式将 equals( )方法的参数强制转换为 Test 类型］。因此，当这个类的一个实例放入到类集合中的任何一个时，使用的是 Object. equals( )版本的方法，而不是在 Test 中定义的版本。在这种情况下，Test 类应当定义一个接受类型为 Object 的参数的 equals( )方法。

2）忽略方法返回值。这个检测器查找代码中忽略了不应该忽略的方法返回值的地方。这种情况的一个常见例子是在调用 String 对象的某些方法时，例如：

```
1  String aString = "bob";
2  aString.replace('b','p');
3  if(aString.equals("pop"))
```

这个错误很常见。在第 2 行，程序编写者认为他已经用 p 替换了字符串中的所有 b。确实是这样，但是他忘记了字符串是不可变的。所有这类方法都返回一个新字符串，而从来不会改变消息的接收者。

3）null 指针对 null 的解引用（Dereference）和冗余比较。这个检测器查找两类问题。它查找代码路径将会或者可能造成 null 指针异常的情况，它还查找对 null 的冗余比较的情况。例如，如果两个比较值都为 null，那么它们就是冗余的并可能表明代码错误。FindBugs 在可以确定一个值为 null 而另一个值不为 null 时，检测类似的错误：

```
1  Person person = aMap.get("bob");
2  if(person != null){
3      person.updateAccessTime();
4  }
5  String name = person.getName();
```

在上面的例子中，如果第 1 行的 Map 不包括一个名为“bob”的人，那么在第 5 行获取 person 的名字时就会出现 null 指针异常。因为 FindBugs 不知道 map 是否包含“bob”，所以它将第 5 行标记为可能 null 指针异常。

4）初始化之前读取字段。这个检测器寻找在构造函数中被初始化之前读取的字段。这个错误通常是由使用字段名而不是构造函数参数引起的：

```
1  public class Thing {
2      private List actions;
3      public Thing(String startingActions) {
4              StringTokenizer tokenizer = new StringTokenizer(startingActions);
5          while(tokenizer. hasMoreTokens()) {
6              actions. add(tokenizer. nextToken());
7          }
8      }
9  }
```

在这个例子中，第 6 行将产生一个 null 指针异常，因为变量 actions 还没有初始化。

这些例子只是 FindBugs 所发现的问题种类的一小部分，更多信息可参阅相关资料。目前 FindBugs 提供总共将近 40 个检测器。

三、使用 JUnit 进行静态白盒测试

单元测试是保证软件质量的重要测试活动，为软件测试各个环节提高了效率。JUnit 是一个非常强大的单元测试包，可以对一个或多个类的单个和多个方法进行测试，也可以将不同的 TestCase 组合成 TestSuit，使测试任务自动化。Eclipse 同样以插件的形式集成了 JUnit，可以非常方便地编写 TestCase。

1. JUnit 插件的安装和配置

要使用 JUnit，必须首先将 JUnit 的 JAR 文件保存在项目的 Build 路径上并创建一个测试类。完成以下步骤可以将 JUnit 保存在项目的 Build 路径上。

（1）右击项目名称→属性 Properties。

（2）在属性窗口中选择 Java Build Path，并选择 Libraries 标签。

（3）选择 Add External JARs。

（4）选择 Eclipse 安装目录下的 c:\eclipse\plugins\junit-4.4.jar 文件。

（5）可以再选择添加 JavaUnit 的源文件（source JAR for JUnit），这样有利于调试。

在需要测试的类上面单击鼠标右键，选择新建 JUnit Test Case。如果是大型项目的话，要有自己独立的包单独管理。如果是小项目或是单独测试，可以直接选择默认设置。选择 setUp 和 tearDown 复选框，这样可以建立环境和清除环境。

最后需要添加一些测试用例，JUnit 框架提供了很多重载的 assert 方法（见表 3—16）。

表 3—16　　重载的 assert 方法

名称	功　能
assertTrue	断言条件为真。如果不满足，抛出相应的信息
assertFalse	断言条件为假。如果不满足，抛出相应的信息
assertEquals	断言两个对象/变量相等。如果不满足，抛出相应的信息
assertNotNull	断言对象不为 null。如果不满足，抛出相应的信息
assertNull	断言对象为 null，如果不满足，抛出相应的信息
assertSame	断言两个对象是否为同一个，如果不满足，抛出相应的信息
assertArrayEquals	断言两个数组是否相等。如果不满足，抛出相应的信息
assertThat	断言一个里面含有另外一个
Fail	强制 Fail 测试

2. 静态白盒测试

关于静态白盒测试的概念及常用用例设计方法在前面的章节中做了全面的介绍。本章将针对 JUnit 在 Eclipse 中以插件的形式进行白盒测试为主要内容进行介绍。

3. 使用 JUnit 进行静态白盒测试

（1）Eclipse 中 JUnit 的使用。测试对于保证软件开发质量起到非常重要的作用，单元测试是必要的，JUnit 是一款功能强大的单元测试框架，可以对一个或多个类的单个或多个方法进行测试，还可以将不同的 TestCase 组合成 TestSuit，使测试任务自动化。

Eclipse 同样集成了 JUnit，可以非常方便地编写 TestCase。Eclipse 自带了一个 JUnit 的插件，不用安装就可以在项目中开始测试相关的类，并且可以调试测试用例和被测试类。

（2）Eclipse 中 JUnit 的使用步骤。以下所描述的步骤适用的环境为 Eclipse SDK 3. 2. 2 及 JUnit3. 8. 1。

新建一个测试用例或选择已有的 Java 文件，单击“File”→“New”→…”菜单项或用鼠标右键单击文件，在弹出的“New”对话框中选择“JUnit Test Case”，就进入“New JUnit Test Case”对话框（见图 3—10）。

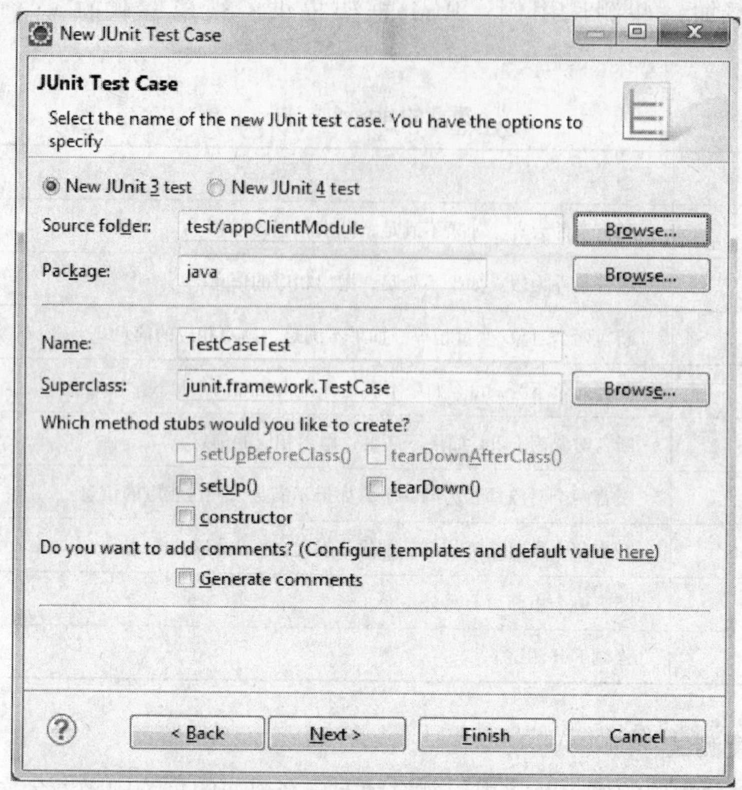

图 3—10　新建 JUnit 测试类

在“New JUnit Test Case”对话框里填写相应的栏目，主要有 Name（测试用例名），Superclass（若 JUnit 的版本是 3. 8. 1，则测试的超类一般默认为 junit. framework. TestCase；若 JUnit 版本是 JUnit 4. 4，则默认超类为 java. lang. Object），Source folder（测试用例保存的目录），Package（测试用例包名），及是否自动生成 main，setUp，tearDown 方法。在此一般填写 Name 及选择复选框 setUp 和 tearDown 即可。

单击“Next >”按钮，则进入 Test Methods，在此可以直接勾选被测试类的方法，Eclipse 将自动生成与被选方法相应的测试方法，单击“Finish”按钮后就创建好了一个测试用例，如图 3—11 所示。

测试用例编写完成后，单击“Run”按钮就可以看到运行结果了。

需要补充的是：要使用 JUnit，必须首先将 JUnit JAR 文件保存在项目的 Build 路径上并创建一个测试类。将该文件保存在项目的 Build 路径上的步骤为：

用鼠标右键单击项目→“Properties”→“Java Build Path”→“Libraries”→单击“Add Variable”按钮，查看已有的列表中有无 JUnit 文件，若没有，则单击“Configure Varia-

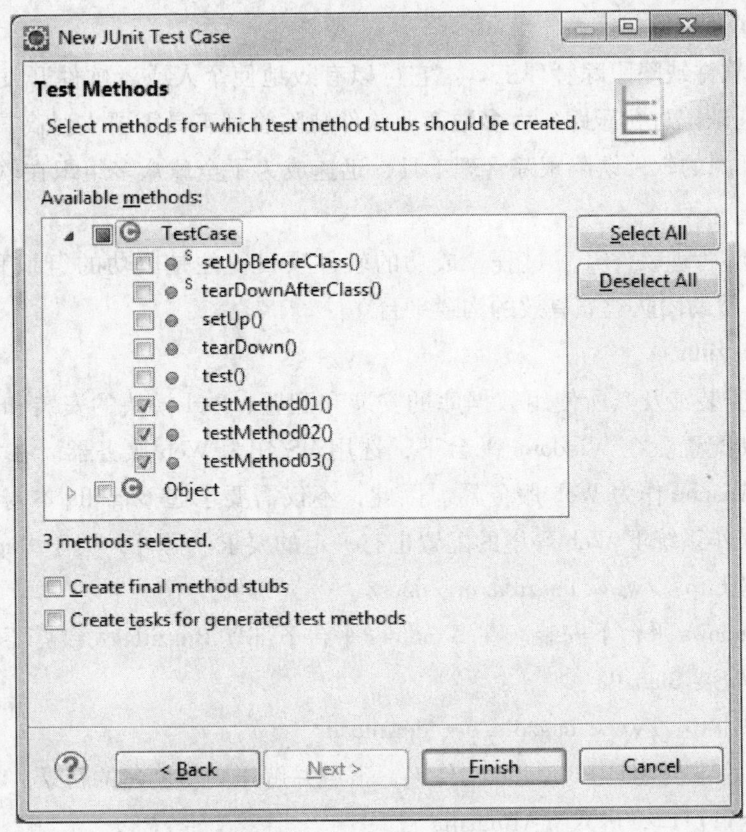

图 3—11　创建测试方法

ble"→"New" 按钮，输入 JUNIT_ LIB 作为变量名称，编辑该变量并指向解压后的 JUnit 目录中名为 JUnit. jar 的文件，然后再选择刚才添加的 JAR 文件依次单击"OK"按钮即可。

四、Bugzilla 软件使用

测试过程管理工具在软件测试活动中必不可少，在整个工程中对软件的测试数据输入、执行过程以及测试结果等进行管理，使每个环节被规范化，能够提高回归测试的效率，节省更多的时间，产生更严格和规范的测试结果和报告。

在业界流行的测试管理工具既有商业产品也有开源项目。开源管理工具包括 Bugzilla、Bugfree、TestLink 等。其中 Bugzilla 作为流行的跨平台开源软件测试过程管理工具，被业界广泛使用。其运行环境的搭建和使用方法是软件测试技术中的重要技能之一。本部分将以此展开，描述该系统的使用方法。

1. 关于 Bugzilla

Bugzilla 是软件缺陷跟踪管理工具。它可以有效地使个人或者软件开发小组对所开发产品存在的潜在缺陷进行跟踪。大多数商业软件缺陷管理工具需要支付高昂的费用。Bugzilla 作为一款开源的软件缺陷跟踪管理工具，迅速成为了全球众多组织在软件测试活动中的管理工具。

Bugzilla 能够管理软件开发过程。成功的软件项目往往是成功的组织和交流的结果，而 Bugzilla 可以帮助团队建立有效的沟通平台。

2. 安装 Bugzilla

Bugzilla 的安装涉及其所使用数据库的安装和配置、Perl 模块的安装和其使用的 Web 服务器的安装和配置。在 Windows 平台下，选用 IIS 作为 Web 服务器。在 Linux 环境中，则使用传统的 Apache 作为 Web 服务器。因此，不仅需要掌握 Bugzilla 本身的安装和配置知识，对不同操作系统下 Web 环境的配置也有一定的要求。另外，关于 Bugzilla 的新近配置信息，请参考 http://www.bugzilla.org/docs/

（1）在 Windows 平台下安装。在 Windows 平台下部署 Bugzilla 大致需要如下步骤：

1）下载并安装 Bugzilla

①登录网站 http://www.bugzilla.org/download/

②在 C:\根目录创建 C:\Bugzilla 文件夹，下载并解压到新创建的目录。

③打开命令行窗口，进入 C:\Bugzilla 目录。

④进入 Bugzilla 目录，运行 Checksetup.pl 命令，按照提示安装相关模块。

2）安装 MySQL

①下载 MySQL 的“Windows Essentials”版本。

http://dev.mysql.com/downloads/mysql/

②可以选择典型安装，将安装目录设置为：C:\mysql

3）安装 Perl

①下载 ActiveState Perl：

http://www.activestate.com/downloads

②将 ActiveState Perl 安装到 C:\Perl

4）安装 Modules

①Bugzilla 需要安装一些 perl 模块，在此过程中应当保持正常的网络连接，所需要的模块在 http://landfill.bugzilla.org/ppm/

②在命令行中使用 rep add bugzilla http://www.bugzilla.org/ppm/，安装程序会自动

连接相关模块进行安装。

5）配置 IIS

①为 Bugzilla 创建一个虚拟目录，并且在默认文档中添加 Index. cgi. 。

②打开“控制面板”→“管理工具”→Inte. Net 服务管理器，在默认 Web 站点，单击鼠标右键选择属性→主目录→配置…，在应用程序映射中单击添加如下的内容：

- Executable：C:\Perl\bin\perl. exe_T "%s" %s
- Extension：. cgi
- Limited to：GET，HEAD，POST

6）配置 Bugzilla

①在如下命令行中操作，将自动创建 localconfig 文件：

②cd bugzilla

③perl checksetup. pl

④打开 C:\Bugzilla\localconfig 找到 localconfig 文件，使用文本编辑器进行编辑，设置数据库将使用的端口号以及口令。

⑤配置完毕后再次运行 checksetup. pl，此时将创建数据库相关表并且初始化 Bugzilla。

7）在浏览器中输入 http://localhost/bugzilla 便可以打开 Bugzilla 的登录界面了。

（2）在 Linux 平台下安装。Bugzilla 在 Linux 平台下的安装与在 Windows 平台下的安装相似。需要进行如下步骤：

1）下载并解压缩 Bugzilla 安装包。

2）安装 Perl 模块。

3）配置 Bugzilla。

4）再次检查 Perl 模块。

5）编辑 HTTP 服务器的配置文件。

本教材在该部分不再对 Perl、MySQL、Apache 等相关安装和配置的详细信息做具体描述，请读者参考其他相关资料。

可以从 http://ftp. mozilla. org/pub/mozilla. org/webtools/下载 Bugzilla 安装包，下载完毕后使用如下命令解压缩：

- cd <directory>
- tar zxvf <package name>

完成上述步骤后,即可访问 http://<your_server_name>/bugzilla 页。

3. 在 Bugzilla 记录 Bug

在 Bugzilla 部署完毕后，可以定制给特定用户使用。一般来说，软件设计人员、软件开发人员和测试人员以及软件的维护人员都可能使用该系统来对软件的缺陷以及有关软件的一些建议进行跟踪和交流。作为测试人员，Bugzilla 是一款功能完善的测试管理工具。

（1）开设账户。在浏览器地址栏输入服务器端 IP 地址，连接到开始页面。使用前，如果没有预设置账号，需要设置账号。在开始页面或其他页面，用户会看到一个名为［Open a new Bugzilla Account］/［New Account］的标签。单击它，之后进行账户及个人资料的设置。

（2）提交 BUG。登录后，进入查询页面，在页面的左下角会有一个［New］标签，单击后，连接到新建 Bug 的页面，选择一个产品进入 Enter Bug 页面，选择版本、组件等。

选择软件运行的硬件平台、操作系统、优先级别和严重性等。

指派（Assigned To）的人一般是这个模块的开发人员。Bug 的状态转变为新的（NEW），并分配到该开发人员的 Bug 列表中。进行默认查询时，状态设置为新（NEW）、已分配（ASSIGNED）和重开（REOPENED）。当需要查找已经解决或验证的 Bug 时，需要正确地对状态进行设置。对于抄送（CC）的人，一般为程序模块的负责人或者测试组的负责人等。然后填写好 Bug 的内容，即可提交（commit）。对于 Bug 的概述（summary）一般应尽量短，同时应尽可能描述出所出现的问题。

当 Bug 提交后，系统会根据用户填写的内容及个人的资料配置自动发送邮件给与此 Bug 相关的人员。如果提交的 Bug 在一定的时间内没有被关注，对于它的状态字没有被修改，那么根据系统的配置，系统将发出邮件，提醒与 Bug 相关的人员，促使他们早日对 Bug 进行处理。

1）Bug 的相关字段（见表 3—17）。状态字段表明了 Bug 的一般状态，只有某些特定的状态转换是允许的，状态之间是可以转换的。

表 3—17　　Bug 的相关字段

字段	含　义
UNCONFIRMED	表明 Bug 是最近加入到数据库的，没有人证实这个 Bug 的存在。拥有“确定/取消 Bug”的用户可以转变 Bug 的状态为： a. 确认这个 Bug，改变它的状态为新的（NEW） b. 解决这个 Bug，标志为已解决（RESOLVED）
NEW	这个 Bug 已经分发给某位开发人员处理。这个状态的 Bug 可以转变为以下状态： a. 接受该 Bug，状态转变为指派（ASSIGNED） b. 指派给其他开发人员，状态维持为新的（NEW） c. 被解决，状态转变为被解决（RESOLVED）

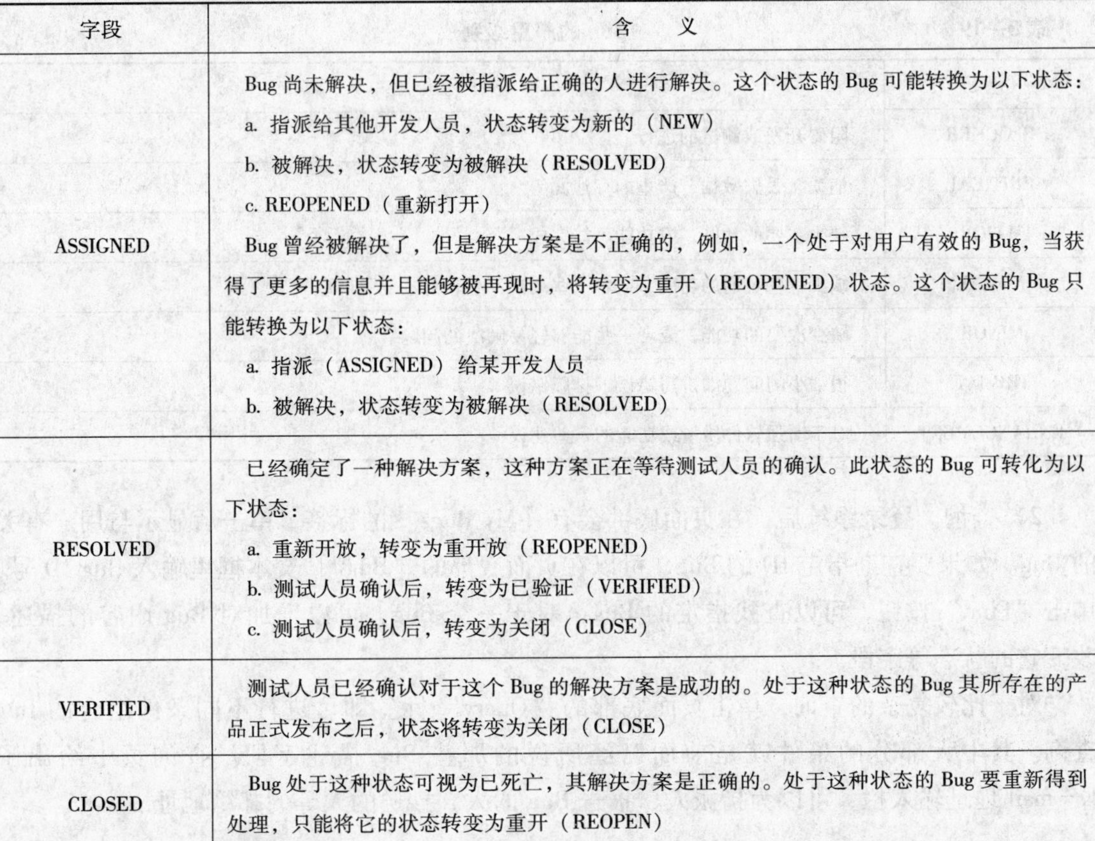

续表

字段	含　义
ASSIGNED	Bug 尚未解决，但已经被指派给正确的人进行解决。这个状态的 Bug 可能转换为以下状态： a. 指派给其他开发人员，状态转变为新的（NEW） b. 被解决，状态转变为被解决（RESOLVED） c. REOPENED（重新打开） Bug 曾经被解决了，但是解决方案是不正确的，例如，一个处于对用户有效的 Bug，当获得了更多的信息并且能够被再现时，将转变为重开（REOPENED）状态。这个状态的 Bug 只能转换为以下状态： a. 指派（ASSIGNED）给某开发人员 b. 被解决，状态转变为被解决（RESOLVED）
RESOLVED	已经确定了一种解决方案，这种方案正在等待测试人员的确认。此状态的 Bug 可转化为以下状态： a. 重新开放，转变为重开放（REOPENED） b. 测试人员确认后，转变为已验证（VERIFIED） c. 测试人员确认后，转变为关闭（CLOSE）
VERIFIED	测试人员已经确认对于这个 Bug 的解决方案是成功的。处于这种状态的 Bug 其所存在的产品正式发布之后，状态将转变为关闭（CLOSE）
CLOSED	Bug 处于这种状态可视为已死亡，其解决方案是正确的。处于这种状态的 Bug 要重新得到处理，只能将它的状态转变为重开（REOPEN）

解决方案字段表明对 Bug 是如何处理的（见表 3—18）。

表 3—18　　解决方案字段

字段	含　义
FIXED	Bug 相关的源代码做了修改，放入代码库并且经过了测试
INVALID	Bug 确认人员认为所描述的问题不是一个 Bug，因此也不会被修复
WONTFIX	所描述的问题是一个 Bug，但由于某种原因不会进行修改
LATER	所描述的问题是一个 Bug，但当前版本不会修改这个 Bug
REMIND	所描述的问题是一个 Bug，但尚未确定是否在当前版本进行修改
DUPLICATE	所描述的问题是一个已存在 Bug。必须使用一个已存在的 Bug ID 对该 Bug 进行标志
WORKSFORME	无法根据描述对 Bug 进行重现，阅读代码也无法解释所描述的问题。如果以后能够提供更多的细节，再做处理，现在暂时存档

“Severity”用于描述 Bug 的严重级别（见表 3—19）。

表 3—19　　Bug 的严重级别

字段	含　义
BLOCKER	阻碍开发或测试的进行
CRITICAL	崩溃、丢失数据、严重内存泄漏等
MAJOR	缺少主要的功能，或功能不能完成
NOMAL	缺少一些普通的功能，或者一些用户不会轻易察觉的问题
MINOR	缺少次要的功能，或者一些能够轻易解决的问题
TRIVIAL	很细小的问题如拼写错误、排版错误等
ENHANCEMENT	对于增强软件质量或功能的一些建议

2）查询。登录系统后，在页面底部会有［My Bugs］的标签，单击后显示与用户有关的 Bug。如果要查询指定 ID 的 Bug，可以在页面底部的［Bug#］文本框里输入 Bug ID 号，单击“Find”按钮，可以查找指定的 Bug，对于一个 Bug，可以增加对 Bug 内容的描述，改变它的状态等字段。

对于比较复杂的查询，单击页面底部的“Query”标签即可进行不同条件组合的 Bug 查询。其中大部分的条件就是前面已经所说的那些 Bug 描述字段。查询页中给出了 E－mail 地址输入栏，可以为指派人、报告 Bug 的人、抄送的人等的邮箱地址。

练　习　三

1. 简述测试环境的概念。
2. 试述测试环境的重要性体现在哪些方面？
3. 如何对测试环境进行恢复？
4. 安装 Java 软件开发包需要进行哪些配置？常见的故障有哪些？如何排除？
5. 在不同操作系统下动手配置 Java 脚本测试环境。
6. 熟悉 Eclipse 的作用和用法，并在常见不同系统下安装。
7. 熟悉 Eclipse 对桌面应用及 Web 应用的配置过程。

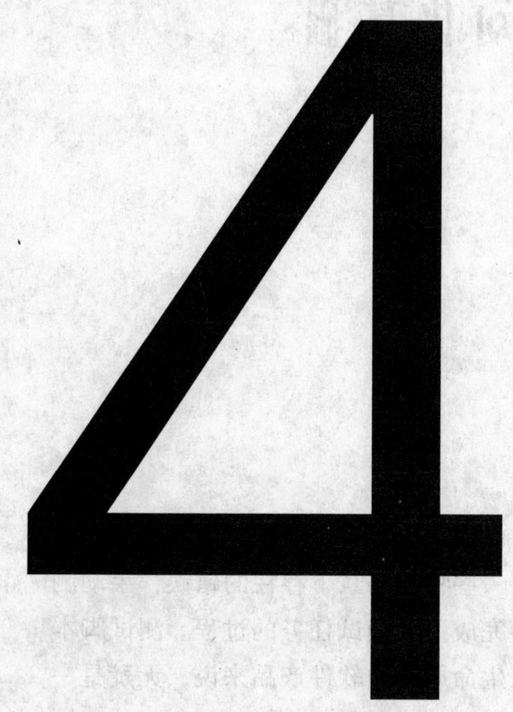

第 4 章

测试自动化技术

第 1 节　测试自动化基础　/ 126

第 2 节　用户界面测试自动化　/ 130

第 3 节　测试自动化框架基础　/ 135

第 4 节　高级测试自动化技术　/ 162

第 5 节　自动化测试工具的使用　/ 166

第 1 节　测试自动化基础

学习目标

掌握进行测试自动化的可行性评估方法

掌握进行冒烟测试的概念和方法

知识要求

一、测试自动化的可行性评估

尽管手动测试可以帮助提高软件质量，发现软件的很多潜在的错误，但与之并存的是更高的时间成本及费力枯燥的执行过程。另外，对于一些特殊场景下存在的错误，手动测试并非很有效果。自动化测试是通过编写计算机程序完成手动测试任务的过程。测试脚本完成后，可以在短时间内多次运行。这对于有着较长生命周期的软件产品来说，无疑是一种高效的方法。

软件自动化测试需要时间、设备、技术和经验储备等条件，在一个项目中，找到诸多因素的平衡点，合理制订测试计划是项目成功的必要因素。

1. 自动化测试的应用

自动化测试大致可以分为两种方式：代码驱动测试和图形用户接口测试。

代码驱动测试是指通过不同的输入参数验证返回结果的正确性。测试对象为类、功能模块、库等暴露出的公共接口。

图形用户接口测试通过模拟按键、单击鼠标等用户接口事件，并记录下这些事件产生的结果，用以验证所得到的结果与期望结果一致性的过程。

自动化测试通常应用于持续时间长且需求变更不太频繁的项目。对测试用例的选取考虑需要反复验证且相对简单的测试场景。软件自动化测试从严格意义上讲，不需要对测试过程添加任何手动干预的行为，包括测试程序的启动。然而，实际应用中几乎很难找到这样的例子。

2. 测试框架与测试工具

自动化测试框架是指一组假设、概念及为软件自动化测试提供支持的工具的集合，主要负责定义期望结果的样式，创建应用程序的驱动机制以及运行测试程序和管理测试结果。

通过上面的解释不难看出，测试工具作为一种测试辅助手段，往往被应用于测试框架。测试工具是一个庞大的体系，一般来说，常见的测试工具分为功能测试工具、压力测试工具以及白盒测试工具等。

3. 自动化测试过程

（1）确定测试场景。测试场景是用例的集合，它用来描述端到端的业务数据流。这些数据流可能构成单独的测试用例或者是一系列彼此输出数据相互独立的测试用例。

（2）基于场景设计测试用例。测试用例是对测试场景的详细描述。一般来说，测试用例应该包含进行测试所必需的全部信息。例如，测试用例编号、测试用例名称、测试执行步骤、测试数据、期望结果、执行日期、测试环境、执行人等。一个完整的测试用例可以做到和软件需求说明书及软件测试报告对应起来，便于管理和解决被发现的问题，做到有效追踪问题并解决。

自动化测试的用例可以从手动测试用例中选取或者是单独创建。在设计测试用例时，需要考虑测试的执行步骤。原因在于在执行任何步骤前，被测试程序必须处在能够执行测试的状态。当测试执行以后，确定测试是否通过是非常关键的，这包括将测试结果以各种形式保存到某个特定位置，用以进一步分析得出有价值的结论作为参考。

（3）完成测试脚本。自动化测试脚本的编写进度视具体情况而定，考虑到时间与成本的平衡，通常与软件开发过程同步进行。待软件开发完成时，将测试脚本完成后，在实际测试环境中进行调试。

测试脚本需要对运行测试过程中产生的垃圾数据进行处理，包括临时文件和对注册表、系统变量的更改等。

测试脚本要易于维护和理解，注意对象的命名规范并添加适当的注释。

从实践中得知，自动化测试的切入点基本是在项目最开始的时候已经介入，等到软件产品成型后或者项目接近尾声的时候才想到自动化测试的项目往往是失败的。

（4）提交测试报告。测试报告是反映测试过程对软件质量评估结果的形式。可以通过统计测试结果用图表形式直观地展现，或是通过脚本自动生成对测试结果分析后的数据报表。无论以何种形式产生的测试报告，一般应包含测试参与人员记录、执行测试用例数及其所用时间。另外，对测试对象的缺陷分析也是相当关键的。测试报告应该能够客观说明被测试软件质量状况、存在的问题类型及分布在哪些模块。

4. 成本与质量的平衡

越来越多的商业机构和公共组织需要对软件质量与成本进行评估。质量与成本的平衡可以被看做是一种顾及软件质量经济价值矩阵的测量方法。这种方法可以达到控制软件质量与成本达到平衡的目的。

是否进行自动化测试首先要确定投入与产出比。有些程序或功能实现自动化测试相对简单，相应的，也存在一些实现自动化测试相对比较困难的部分。例如，应用单元测试对某些应用程序编程接口进行自动化测试往往简单明了。而图形用户界面的不确定性决定了实行自动化测试的难度。

自动化测试脚本前期的开发工作需要耗费相当的成本。考虑开发后脚本的生命周期长短就显得十分必要。因此，对于开发周期短、计划应用时间不长的软件产品，自然不适合做自动化测试。只有那些软件研发投入时间成本较大，完成研发后，软件将会被长期不断进行维护更新和使用的情况，才值得进行软件自动化测试。

测试工具的选取也是自动化测试过程的重要内容。在选取合适的自动化测试工具前，要首先搞清项目本身有什么样的功能需求，以及结合项目实际的成本预算，比较各种测试工具的优劣之处，使用适合项目本身实际情况的自动化测试工具。

二、冒烟测试

计算机软件的冒烟测试起源于美国微软公司，起先提出了“Daily Build and Smoke Test”的口号，即“每日构建和冒烟测试”。冒烟测试可以被理解为一种软件测试理念，有着自成系统的理论。

1. 冒烟测试概述

（1）冒烟测试的概念。冒烟测试（Smoke Testing）是覆盖软件基本的、关键的功能，但不涉及具体细节的非全面的软件测试。冒烟测试是一种形象的说法，其概念源于硬件测试，检测当首次运行的时候设备不会因为过热而起火。

（2）冒烟测试的特点

1）冒烟测试是通过一种宽泛的、非细致入微的方式达到验证的目的。

2）冒烟测试通常以自动化方式实现，用于回归测试中。

（3）冒烟测试的必要性

1）提高测试工作的有效性。

2）规范测试活动流程。

3）有效实施回归测试。

（4）冒烟测试与 BVT（Build Verification Test）。在软件测试领域，BVT 被叫做 Build 验收测试。它是由一系列运行在软件产品每个新 Build 之上的测试单元组成。目的在于在新 Build 交付给测试小组前保证其具有可测试性。Build 验收测试也是选取软件产品主要功能进行验证，与冒烟测试的不同之处在于冒烟测试在编译环境下完成，并且由编译人员完成。冒烟测试和 Build 验收测试分属不同的测试阶段。

任何引起 Build 验收测试失败的程序都不能被测试小组进行测试。测试则继续在程序的前一版本进行。这能够有效提高测试小组的工作效率，保证测试能够在稳定的软件版本中进行。

2. 冒烟测试用例设计

（1）测试用例的选取。冒烟测试的特点和目的决定了其测试用例选取方式。在实际应用中，冒烟测试用例更加专注于软件能否正常启动并工作，不需要细致入微地验证软件每个细微环节。

在用例数量方面，冒烟测试没有明确地规定其多寡，执行冒烟测试的时间通常是比较短暂的，在用例的使用方面既要照顾到验证过程的有效性，又要保证在可掌控的时间内可以执行完所有的用例。

（2）自动化的冒烟测试。作为一种常用的测试手段，冒烟测试是为了协助完成每日构建。在每日构建活动中，冒烟测试要执行一遍几乎相同的测试用例，因此，将冒烟测试自动化是十分必要的。这样做既节省了时间成本，也规范了测试的步骤，使得每次执行测试的过程有据可依。

3. 设置、执行和清理：测试自动化三部曲

（1）手动与自动化测试。软件手动测试是为了发现软件潜在缺陷而人为参与的测试活动。自动化测试由于具有执行速度快、执行标准可信性高等特点被用来代替部分手动测试过程。简单来说，自动化测试是通过编码的形式完成手动测试任务的过程。

（2）自动化测试的准备。在自动化测试前需要对被测试程序、测试环境等进行设置。这样的设置往往是重复性较高的工作。因此，会用脚本或者命令行选项实现无人值守的安装。这样，在休息的时间自动化测试已经被设置好并准备就绪，可以极大地提高测试工作的效率。当然，并非所有情况都适合于此种方法。对于软件安装本身来说，自动化的安装可能会疏忽某些用户自定义设置选项，因此，需要专门对安装程序进行单独测试，来保证不漏掉相应的测试路径。

在支持多系统的软件项目中，自动化测试的前期准备则显得复杂得多，因为不同系统需要不同的自动化设置脚本来完成。

（3）自动化测试的执行。自动化测试经过前期的准备工作后就可以执行了。这也是自动化测试的关键步骤。执行的方式多种多样。例如，编写一段脚本或程序使之运行。而整个过程看起来仅仅是按一下按钮那么简单。

（4）自动化测试场景恢复。自动化测试在运行过程中会产生临时文件或修改某些数据。脚本运行以后，应该尽可能将测试环境恢复到脚本运行前的状态，保证后续运行的脚本不会受到前面的干扰。例如，释放到前面用例运行所占有的资源，重新初始化局部变量等。这样可以使得测试结果反映真实的情况，而不是因为前面运行的测试影响到后面的脚本而失败。对于连续运行的自动化测试用例来说，这点显得尤其重要。

在实际应用中，可能会遇到造成内存泄漏或者内存破坏的测试用例。这需要每次运行自动化测试用例后进行环境的清理，同时，这样做会造成掩盖内存方面的问题。要做到既要发现潜在的问题，又要运行类似的测试用例，可以采取的折中办法是在不同的环境下分别运行附带环境清理和对环境不进行清理的两套测试用例。

4. 案例研究

委托单位　上海××信息系统有限公司

测试类型　冒烟测试

项目概述及背景

“电子商务流程管理系统”是一套货物订购系统，可以完成货物网上的预订、缴费、货物运送状态的追踪和记录。其中在货物预订前可以将货物放入购物车，从购物车取消或者再次往购物车添加欲购买商品。当货物被预订后，状态发生改变，直到缴费后更新为“已缴费”状态。缴费失败则返回到未缴费状态。

测试目标

1. 检验系统是否满足技术服务合同规定的电子商务流程管理系统功能需求。
2. 保证系统能够按计划进行测试，提高测试组工作效率。

测试效果

将冒烟测试用例自动化，配合每日构建顺利进行。

测试技术

1. 使用自动化脚本将测试用例自动化。
2. 将基本功能用例集成，验证新版本程序的可测试性。

第 2 节　用户界面测试自动化

学习目标

掌握进行用户界面测试自动化的概念、技术和方法

知识要求

一、用户界面测试基础

在软件工程领域，图形用户界面测试是验证软件产品图形用户界面与其需求是否吻合的过程。这通常会使用很多测试用例来完成。

为了设计出合理的测试用例，测试用例的设计者要覆盖被测试系统的所有功能点，包括要测试到所有的图形用户接口本身。完成这样的任务存在双重的困难。

作为图形用户接口，界面在不同显示器下显示方式的多样性使得同一界面有着不同的测试用例。另外，在同样的显示页面中，对某个控件进行操作，可能会涉及层层深入的场景。例如，用户首先需要单击某个按钮后弹出对话框，在弹出的对话框中选择下拉列表的某一项。这样看来，如果将两种情况进行组合，那将会有相当数量的测试用例需要完成。

二、用户界面自动化测试技术

用户界面自动化测试是自动化测试的一部分。通过获取界面的元素信息与期望结果进行比较，来验证用户界面展现是否正确。对于用户界面的元素识别方式，Windows 程序是使用系统 API 返回窗口控件句柄，对应的工具有 UI Spy，对于网页中元素的识别，可以采用浏览器自带的 IE Developer Bar 或者是其他开源工具。

1. 用户界面对象的获取和控制

（1）Web 页面。使用与 IE 浏览器一同捆绑的 Developer Bar 可以获得 Web 页面元素的 id 值。Web 页面元素属性如图 4—1 所示。

（2）桌面应用程序。桌面应用程序界面元素的抓取通常使用界面控件抓取工具，例如，QTP 提供的“Object Spy”以及其他开源工具。

```
⊟<div id="ghead">
  ⊟<div id="gog">
    ⊞<div id="gbar">
    ⊞<div id="guser" width="100%">
     <div class="gbh" style="left: 0px;"/>
     <div class="gbh" style="right: 0px;"/>
```

图 4—1　Web 页面元素属性

2. 用户界面动作链和逻辑覆盖

动作链是指为了完成一个特定的操作或达到一个特定的状态而执行的一系列动作。而逻辑覆盖则是覆盖可能的状态。例如，支付结果有成功，有不成功，有需要支付更多金额，有各种可能的逻辑。

如前所述，图形用户界面的控件在不同环境下有着不同的表现。用户通过操作界面控件来完成某一功能。许多自动化测试工具和方案的目标是以一致且可重复的方式操作图形用户界面。该目标的范围包括从对特定的控件进行单元测试，到录制并播放一些测试脚本，以便对一组控件循环执行一系列常规操作。

自动化应用程序存在的问题是难以将测试与动态目标同步。这种动态目标的示例包括显示当前运行应用程序列表的列表框控件（Windows 任务管理器中就包含这种列表框控件）。由于该列表框中的项是不受测试应用程序的控制而动态更新的，因此总是无法在列表框中重复选择到前后一致的特定项。尝试在不受测试应用程序控制的 UI 中重复简单的焦点更改时，也会产生类似的问题。

3. Web 用户界面的测试自动化

（1）Web 界面元素与文档对象模型。文档对象模型（Document Object Model，DOM），最初是 W3C 为了解决不同浏览器环境之间的差别而制定的模型标准，主要是针对 IE 和 Netscape Navigator。W3C 解释为："文档对象模型（DOM）是一个能够让程序和脚本动态访问与更新文档内容、结构和样式的语言平台，提供了标准的 HTML 和 XML 对象集，并有一个标准的接口来访问并操作它们。"它使得程序员可以很快捷地访问 HTML 或 XML 页面上的标准组件，如元素、样式表、脚本等并做相应的处理。在 DOM 标准推出之前，创建前端 Web 应用程序都必须使用 Java Applet 或 ActiveX 等复杂的组件，现在基于 DOM 规范，在支持 DOM 的浏览器环境中，Web 开发人员可以很快捷、安全地创建多样化、功能强大的 Web 应用程序。这里只讨论 HTML DOM。文档对象模型定义了 JavaScript 可以进行操作的浏览器，描述了文档对象的逻辑结构及各功能部件的标准接口。主要包括如下方面：

1）核心 JavaScript 语言参考（数据类型、运算符、基本语句、函数等）。

2）与数据类型相关的核心对象（String、Array、Math、Date 等数据类型）。

3）浏览器对象（window、location、history、navigator 等）。

4）文档对象（document、images、form 等）。

JavaScript 使用两种主要的对象模型：浏览器对象模型（BOM）和文档对象模型（DOM），前者提供了访问浏览器各个功能部件，如浏览器窗口本身、浏览历史等的操作方法；后者则提供了访问浏览器窗口内容，如文档、图片等各种 HTML 元素以及这些元素包含的文本的操作方法。在早期的浏览器版本中，浏览器对象模型和文档对象模型之间没有很大的区别。

观察下面的简单 HTML 代码：

```
<! DOCTYPE HTML PUBLIC "-//W3C//DTD HTML 1.0 Strict//EN"
"http://www.w3.org/TR/xhtml1/DTD/xhtml1-strict.dtd">
```

```
<html>
<head>
<meta http-equiv=content-type content="text/html;charset=gb2312">
<title> First Page! </title>
</head>
<body>
</body>
</html>
```

下面对上面的源代码进行分析：

<！DOCTYPE>声明位于文档中的最前面位置，处于<html>标签之前。此标签可告知浏览器文档使用哪种 HTML 或 XHTML 规范。这个标签可以声明三种 DTD 类型，分别表示严格版本、过渡版本以及基于框架的 HTML 文档。

以上面的<！DOCTYPE>标签为例，在声明中声明了文档的根元素是 html，它在公共标识符被定义为“-//W3C//DTD HTML1.0 Strict//EN”的 DTD 中进行定义。浏览器将明白如何寻找匹配此公共标识符的 DTD。如果找不到，浏览器将使用公共标识符后面的 URL 作为寻找 DTD 的位置。

在 DOM 模型中，浏览器载入这个 HTML 文档时，它以树的形式对这个文档进行描述，其中各 HTML 的每个标记都作为一个对象进行相关操作。可以看出，html 为根元素对象，可代表整个文档，head 和 body 是两个分支，位于同一层次，为兄弟关系，存在同一父元素对象，但又有各自的子元素对象。

（2）对 Web 界面自动化脚本的录制。Web 界面如前所述，是基于 DOM 模型的元素对象集。对 Web 界面进行自动化测试，需要一款可以获取界面元素属性的自动化测试工具。

QTP（Quick Testing Professional）是一款专业的图形用户界面自动化测试工具。可以针对 Web 应用程序及桌面应用程序进行相当规模和相对足够深入的软件界面自动化测试。这里选用 QTP 作为 Web 界面自动化测试工具。在下一章，会针对 QTP 本身进行更加详尽的介绍。

1）录制参数设置

①Tools_ web event recording configuration

②Tools_ options_ active screen

这两个参数的设置直接影响到 QTP 录制的精度。有的时候由于录制级别设置的问题，有的界面或某个界面元素可能无法被保存下来，那么用户就无法在其上使用任何检查点，采用边录制边添加检查点的方法就可以避免这个问题。

2）录制时常用的各种操作

①录制时增加 action 并修改其属性。

②录制时增加检查点。

切换到 QTP 窗口，Insert_ CheckPoint > 选择用户要添加的检查点类型。窗口自动切换到录制界面，选择用户要添加的检查点内容。窗口自动切换到检查点设置页面，设置完成后便可继续进行其他动作。

③录制的过程中删除多余步骤。

在录制的过程中，如果用户有误操作或者多余的操作，可手动切换到 QTP 窗口，对多余操作进行删除或注销。

3）可定制的用户界面测试自动化。可定制的用户界面测试自动化是指当界面发生改动时，测试框架和测试用例不需要做大规模的调整而自动适应改动所带来的影响。

自动化框架设计的初期是考虑自动化测试可定制性的关键阶段。例如，当界面发生变化时，控制界面的对象文件则需要被替换掉，因此，对于读取实际数据的方法，应封装在读取被替换文件这一层。这样，当界面更改时，就不需要改变现有的代码，也能继续正常运行。

三、案例研究

图形用户界面的自动化测试应用极为广泛，特别是在 Web 界面测试方面，应用时间最久，发展最为成熟。随着移动计算的兴起，手持设备的软件数量激增，良好的用户体验，对于在方寸之间进行交互的移动设备来说至关重要。

用户身份验证是 Web 程序典型的功能模块。在绝大多数系统中，登录模块是最先也是最频繁与用户产生交互的功能点。身份验证的正确性及可靠性是测试的焦点。带有身份验证的 Web 用户界面有其代表性，因为在其他系统中经常会用到该部分的测试代码。下面以此为例，测试“MyTestSys”系统。

在 QTP 中，对身份验证部分的测试代码可以封装成单独的函数以供调用：

```
Function LoginSystem(Name,Password);
    var w1:OleVariant;
    var w2:OleVariant;
begin
    w1: = System. process('MyTestSys'). Window('#32770','Login');
    w1. Click(49,10);
    w1. Window('Edit','',1). Keys(Name);
```

```
    w2:=w1.Window('Edit','',2);
    w2.Keys(Password);
    w1.Window('Button','OK').ClickButton;
end
```

手持设备的用户界面自动化测试所涉及的设备种类繁多，因此，不是很容易满足在所需要的设备上进行测试的要求。但是模拟器既可以不耗费高额成本，又可以满足测试需求。各种模拟器软件可到相关站点进行下载。

第3节　测试自动化框架基础

学习目标

掌握测试自动化框架的概念

能够利用测试自动化框架生成测试自动化脚本

知识要求

一、什么是测试自动化框架

框架在软件设计中可能会使用户感到无所适从，因为关于它的定义众说纷纭，即使只看一门，理解起来似乎也是一头雾水。究竟什么是框架呢？简单来说，可以理解为程序设计思路和模式。自动化测试程序的框架也不例外。

1. 自动化测试框架的概念

对于测试自动化框架概念的解释没有统一的标准，在不同的应用场合也有更适合的细化定义。所讨论的测试自动化框架是具有普遍适用性的。一般来说，测试自动化框架（Test Automation Framework）是指一组在自动化测试中应用的假设、概念和工具及类库的集合。

2. 测试自动化框架的分类

（1）模块化框架。模块化测试框架是指将需要测试的区域按一定的逻辑进行划分，分别录制和编写脚本，然后再由另外一个脚本来组织这些脚本的运行。一般会把脚本分为几层，根据被测试程序的复杂程度决定层次划分数量。

（2）函数库结构框架。该结构框架类似于编程方法中的结构化编程思想，把测试脚本封装成函数，通过函数之间互相调用来组织测试用例。

（3）关键字驱动框架。关键字驱动框架是一种使用较为普遍的框架类型，QTP 实现了一个简单易用的关键字框架。构建关键字驱动测试框架时，首先定义关键字表格，关键字表格一般存储在测试数据库、Excel 表格或者特定格式的文件中。关键字表格被定义完成后，进行驱动代码的编写，读取表格中的内容，分析测试对象、对象间的关系和测试数据后，编写测试逻辑。

（4）数据驱动框架。数据驱动框架与关键字驱动框架类似，测试数据都存储在数据库或 Excel 文件夹中，但是数据驱动框架的测试用例、测试步骤和测试逻辑是在测试脚本中编写的，而不像关键字驱动框架一样放在表格中。

二、JUnit 测试自动化框架

JUnit 是一个开放源代码的 Java 测试框架，用于编写和运行可重复的测试。JUnit 最初是由 Erich Gamma[①] 和 Kent Beck（XP 和 refactor 的创始人）编写，需要说明的是 JUnit 一般是用来进行单元测试的，因此，需要了解被测试代码的内部结构（即所谓的白盒测试）。另外，JUnit 是在极限编程（XP）和重构（refactor）中被极力推荐使用的工具，因为在实现自动单元测试的情况下可以大大提高开发的效率。

1. 背景知识介绍

（1）安装 JUnit。JUnit 安装过程很简单，首先到以下地址下载最新的压缩安装包：http://download.sourceforge.net/junit/，下载完成以后解压缩到用户设定的目录下，假设是 JUNIT_HOME，然后将 JUNIT_HOME 下的 junit.jar 包加到用户系统的 CLASSPATH 环境变量中，在 IDE 环境中，对于将要用到的 JUnit 的项目，需要增加到 lib 中，其在不同的 IDE 有不同的设置方法，这里不再赘述。

（2）如何使用 JUnit 编写测试

1）创建一个 TestCase 的子类：

```
public class SimpleTest extends TestCase {
    public SimpleTest(String name) {
    super(name);
}
```

① GoF 之一，《Design Patterns：Elements of Reusable Object－Oriented Software》即《设计模式》一书，由 Erich Gamma、Richard Helm、Ralph Johnson 和 John Vlissides 合著【Addison－Wesley，1995】。这几位作者常被称为“四人组（Gang of Four）”，而这本书也就被称为“四人组（或 GoF）”书。

2）写一个测试方法断言期望的结果：

```
public void testEmptyCollection( ){
    Collection collection = new ArrayLists( );
    assertTrue( collection. isEmpty( ) );
}
```

注意：JUnit 推荐的做法是以 test 作为待测试的方法的开头，这样这些方法可以被自动找到并执行。

3）写一个 suite( ) 方法，它会使用反射动态地创建一个包含所有的 testX × × × 方法的测试套件：

```
public static Test suite( ){
    return new TestSuite( SimpleTest. class);
}
```

4）编写一个 main( )方法，以文本运行器的方式方便地运行测试：

```
public static void main( String args[ ] ){
    junit. textui. TestRunner. run( suite( ) );
}
```

5）以文本方式运行测试：

java junitfaq. SimpleTest

通过的测试结果是：.......... Time：0 OK(10 tests)

Time 上的小点表示测试个数，如果测试通过则显示 OK。否则在小点的后边标上 F，表示该测试失败。

每次的测试结果都应该是 OK 的，这样才能说明测试是成功的，如果不成功就要马上根据提示信息进行修正。

如果 JUnit 报告测试没有成功，它会区分失败（failures）和错误（errors）。失败是代码中的 assert( )方法失败引起的，而错误则是代码异常引起的，例如：ArrayIndexOutOfBoundsException 这样的异常。

2. 理解 TestCase class

TestCase 类是 JUnit 自带的，并且处于核心地位的类库中。在 JUnit. TestFramework 中可以找到它。该类表示一组测试用例。也就是说既包含了不同的测试场景，也含有各个场景对应的动作和方法。

在 JUnit 框架结构中，TestCase 类包含了一个叫做 Assert 的工具类。这个工具类提供了很多方法，这些方法的共同之处在于可以对被测试对象做出断言，所以，使用 JUnit 进行测试，不需要接触其他类库就可独立编写测试脚本。

JUnit 所提供的断言方法多种多样，包括各种断言方式及其对应的反向断言。

3. 各类函数的测试方法

（1）带有返回值的函数。验证函数的正确性，通过定义期望结果与函数返回值进行比较是这类函数测试的基本原理。下例创建了一个叫做“addend”的对象，然后调用了 add()方法，通过比较 inCents()返回值来验证是否与期望值相同。

带有返回值函数的测试

```
public class MoneyTest extends TestCase{
    public void testAdd(){
    Money addend = new Money(30,0);
    Money augend = new Money(20,0);
    Money sum = addend. add(augend);
    assertEquals(5000,sum. inCents());
    }
}
```

（2）没有返回值的函数。对于带有返回值的函数，可以对返回值进行验证，然而对于返回值为 void 类型的函数又该如何进行测试呢？因为无法直接将返回值与期望结果进行比较，因此看起来似乎无从下手。对于没有返回值的函数，对其进行考察后会发现，函数执行后，必然存在一些可被检测到的“后果”，如果该函数没有对任何对象产生影响，那么也就没有其测试的必要性了。

对于没有返回值的函数，可以采取构造一个容器的方法，然后将对象逐个放入该容器，尽管没有返回值，但仍然可以某个方法直接来验证对象是否被正确添加到了容器里面。

对无返回值函数的测试

```
public class AddToArrayListTest extends TestCase{
    public void testListAdd(){
    List list = new ArrayList();
    assertFalse(list. contains("hello"));
    list. add("hello");
    assertTrue(list. contains("hello"));
    }
}
```

（3）测试构造函数。测试构造函数也就是对构造函数本身所构建的对象进行测试。可以使用 JUnit 的 AssertEquals( )方法对其进行验证。

如果用户的类具有可以读的属性值的话，可以将它们与用户传递给构造函数的参数进行比较。在这里，可读的属性值可以是一个直接的变量域，也可以通过 get 方法获取。值得注意的是，对于测试而言，最常见的测试类的方法是完全通过它们的 public 接口。如果用户以此作为准则的话，有些情况下用户就必须给类添加 public 接口（一般是直接使用一个 get 方法）以取得需要的数据，用来验证特定的行为。由于添加了 get 方法而破坏了数据的封装，这似乎是得不偿失的，因此要视具体情况进行取舍。

最简单的构造函数测试就是暴露其构建的内部对象状态，以验证被传递给构造函数的参数是否被设置成了正确的属性值。

一个简单的构造函数测试

```
public void testInitializationParameters( ) {
    assertEquals(726,new Integer(726). intValue( ));
}
```

这里使用了 intValue( )方法获取了 Integer 对象内部的属性值，以验证传递给构造函数的参数是否被正确地储存到了对象中。虽然这里没有名为“get”的方法，但是实际上 intValue( )就相当于 get 方法。

如果所测试的类无法看到可读的属性值，那么用户就必须自己创建一些可以被观察到的副作用，用来验证构造函数的正确性。例如，可以写一个方法来验证所创建的对象是否工作正常，并且这种方法不会破坏数据的隐藏性。

自创建可观测值对构造函数的测试

```
public void testInitializationParameters( )
{
    BankDepositCommand command = new BankDepositCommand (“123”,
Money. dollars(125,50),today( ));
    assertTrue(command. isValue);
}
```

最后，介绍一种更加快捷的方法对构造函数进行验证，这个方法会对任何对象初始化时被赋予的默认值进行验证，这样就省去了对象赋值的步骤。一个类在被构造时没有对其进行任何赋值操作，那么其对象默认为类型的默认值，如果是一个 int 类型的成员，那么其值为零。

一种快捷的构造函数测试方法

```
public void testDefaultInitializationParameters( ) {
    assertEquals(0L,new Money( ). inCents( ) );
}
```

构造函数的测试在一般测试实践中应用较少，然而，现实情况恰恰因为没有写这样的类似测试程序而导致出现各种程序的异常。所以对此类测试可根据实际情况进行取舍。

4. 带有异常检查的测试

计算机程序在某些场景下会抛出异常，这是程序设计的需要。对于所抛出异常进行验证，也是十分必要的。这种测试在其他应用场景并不多见。在 JUnit 测试框架下执行测试代码的过程中，如果没有抛出异常，也就是所有的断言执行到底全部通过，意味着被测试程序正常运行。反过来，如果该抛出异常的地方没有抛出异常，那么，可以认为被测试程序是存在潜在错误的。

验证程序异常的正常发生

```
public void testConstructorDiesWithNull( ) throws Exception {
    try{
        Fraction oneOverZero = new Fraction(1,0);
        Fail(" Created fraction 1/0! That's undefined!");
    }
    catch(IllegalArgumentException expected) {
        assertEquals("denominator",expected. getMessage( ) );
    }
}
```

对上面的程序找到了可能抛出异常的代码段，将它放入一个 try 语句块内。并且调用了应该抛出异常的方法以后，在 try 语句内写了一个 Fail( )方法来说明：“如果运行到了这里，那么说明期望的异常没有被抛出”。随后添加了 catch 语句以捕获期望的异常。在 catch 语句内，如果需要的话，验证捕获的异常与用户期望的相同。

三、Test Suite 的创建和管理

在 JUnit 测试框架中，Test Suite 是最小的测试单元。因为 JUnit 并不支持单个测试，而是执行 Test Suite。最简单的 Test Suite 包含一个 Test Case 类中所有的测试。这非常简单，因为 JUnit 可以为用户自动创建。为单个的 Test Case 类创建一个 Test Suite 是不难做到的

事情。JUnit 的真正魅力在于，它可以创建任意组合的 Test Suite。不仅如此，JUnit 还可以控制 Test Suite 中某些测试的顺序。

1. 将测试用例依据用途分类

测试用例是软件测试过程各环节的依据。测试种类繁多，针对不同类型的测试，测试用例的设计方式完全不同。如功能测试用例着重将测试对象的功能路径覆盖。测试用例依据不同的用途可以分为功能测试用例、性能测试用例、图形用户接口测试用例、安全性测试用例和兼容性测试用例等。

对于 JUnit 测试框架，Test Suite 可以按照不同的用途将测试用例进行分类，这样既方便了测试用例的管理，也使得测试脚本可读性得到提高。

2. 创建和管理 Test Suite

早期 JUnit 提供了如何为当前的 Test Case 类中的一些测试创建 Test Suite：

```
public static Test suite() {
    TestSuite suite = new TestSuite();
    suite.addTest(new MoneyTest("testEquals"));
    suite.addTest(new MoneyTest("testSimpleAdd"));
    return suite;
}
```

这个例子创建的 Test Suite 由两个测试组成：testEquals()和 testSimpleAdd()。可以理解为“手动添加 Test Suite”，因为每添加一个测试方法，程序员都必须手动更新 Test Suite 的测试列表。这样的状况自 JUnit 2.0 以后有所改变，新的框架提供了为 Test Case 类的测试方法自动创建 Test Suite 的功能。

3. 数据驱动的 Test Suite

数据驱动的测试是指创建一个 Test Suite，之后使用不同的数据多次执行这个测试。使用 JUnit 做这件事需要创建一个参数化的 Test Case。这是一个 Test Case 类，它定义了一个测试方法，还有一个自定义的 Suite 方法，这个 Suite 方法为每个测试提供数据。这个 Suite 方法创建了一系列的测试，每个测试都执行同一个测试方法，但使用不同的测试对象。测试对象包括测试的输入和期望的结果。最终的结果是 Suite 中测试对象的测试方法都是相同的，但测试方法的对象各不相同。于是 JUnit 就可以执行这个能产生结果的 Test Suite，分别使用不同的测试对象执行每个测试。

四、JUnit 实例讲解

在前面的章节介绍了测试用例的设计方法、测试的执行过程等内容。这里以一个待测试函数为例，讲解如何通过需求说明来设计测试用例，编写测试代码，最终提交测试结果。

接下来所介绍的实例是某系统中身份证号码验证模块的功能函数。这里使用 JUnit 对函数 chkIdCardNumber 进行单元测试。该函数对在图形用户接口输入的身份证号合法性做出判断。

1. 函数功能分析

根据程序需求分析，该函数包含表 4—1 中所列功能点。

表 4—1　　函数 chkIdCardNumber 的功能点

函数名	chkIdCardNumber
概要	对输入身份证号进行长度判断，身份证有 18 位和 15 位新旧版本两种，长度符合的情况下取前 6 位进行出生地的有效验证（因没有所有地级市等的简码，故该处只做数字的检查，前 6 位必须都为数字），验证通过取身份证号 7 ~ 14 位（身份证号为 15 位的时候，取 7 ~ 12 位）对其进行出生日期的有效验证。 身份证号 18 位：日期的有效验证→19991212 年（年份不能以 0 开头或大于 1900，只能是数字）月（1 ~ 12）日（1 ~ 31）的验证 身份证号 15 位：日期的有效验证→991212 年（省略前面的 19，只能是数字）月（1 ~ 12）日（1 ~ 31）的验证，如果当前验证通过再取身份证号的最后一位对检验码进行验证（身份证号为 15 位的时候，没有检验码，该验证省略） 检验码的验证：检验码的范围（0 ~ 9）或 X 中的任意一个，验证通过返回 true，验证不通过返回 false

参数

参数名	类型	输入（In）/输出（Out）	内容说明
strIdCardNumber	String	In	身份证号
（返回值）	Boolean	Out	验证结果

处理流程

2. 业务流程图

程序的运行是命令集的执行过程。首先，可以根据函数定义书画出表示该函数的数据处理过程的业务流程图，如图 4—2 所示。

3. 测试用例设计分析

根据函数定义书中的概要描述并结合流程图进行逐句分析，并设计测试用例。根据分析，去除相关冗余测试用例后，可得到汇总测试用例。

（1）设计测试用例

1）根据函数定义书的第一段描述及流程图的第一项及第二项判定，可以了解到该函数是一个身份证号码判定程序，可以判断 15 位及 18 位两种身份证号码的状态，那么可以根据这个提示结合等价类划分及边界值分析法设计出六组测试用例：

第一个判定语句：字符串长度 = 15

310228800923004　　15 位身份证

31022880092300　　小于 15 位身份证

3102288009230041　　大于 15 位身份证

第二个判定语句：字符串长度 = 18

310228198009230045　　18 位身份证

31022819800923004　　小于 18 位身份证

3102281980092300451　　大于 18 位身份证

2）根据函数定义书的第一段描述的后半段及第三个判定语句，在完成字符串长度判断后，进行出生地验证，字符串的前 6 位必须是数字，根据这个提示、结果等价类划分及边界值分析法设计出四组测试用例：

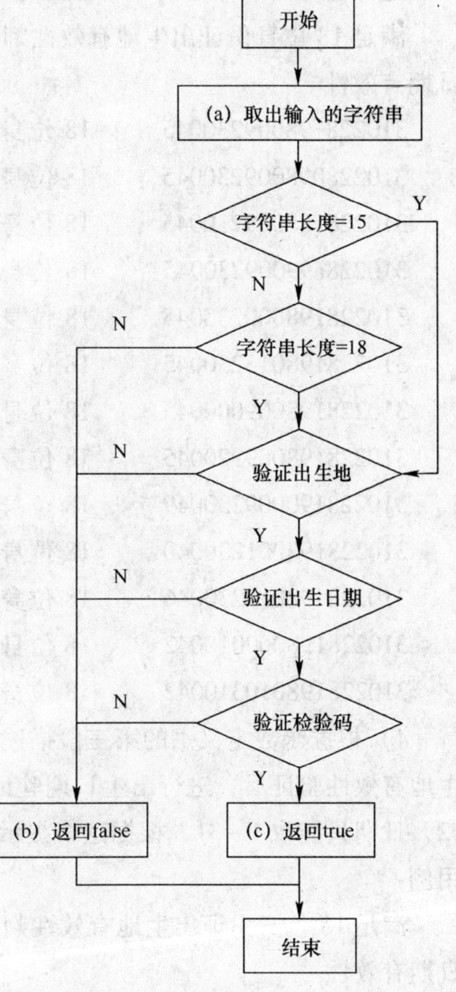

图 4—2　函数业务流程图

满足第一个判定语句以及第三个判定语句：15 位身份证号码验证出生地有效性

310228800923004　　15 位身份证且前 6 位为纯数字　　与测试用例 1. 1. 1 冗余

b10228800923004　　15 位身份证且前 6 位为非纯数字

满足第二个判定语句以及第三个判定语句：18 位身份证号码验证出生地有效性

310228198009230045　　18 位身份证且前 6 位为纯数字　　与测试用例 1. 2. 1 冗余

b10228198009230045　　18 位身份证且前 6 位为非纯数字

3）根据函数定义书的第二段描述及第四个判定语句，在完成字符串长度判断以及出生地有效性验证后，进行出生日期验证，18 位身份证年份不能为 0 且开头必须大于 1900，且只能是纯数字，月份只能取 1 ~ 12，日期只能取 1 ~ 31，根据这个提示，结果等价类划分及边界值分析法设计出十三组测试用例：

满足 18 位身份证出生地有效性判断以及第四个判定语句：18 位身份证号码验证出生日期有效性

310228198009230045	18 位身份证且出生日期有效	与测试用例 1.2.1 冗余
310228098009230045	18 位身份证且年份以 0 开头	
310228188009230045	18 位身份证且年份小于 1900	
310228c99009230045	18 位身份证且年份为非数字	
310228198000230045	18 位身份证且月份 <1	
310228198013230045	18 位身份证且月份 >12	
310228198009000045	18 位身份证且日期 <1	
310228198009320045	18 位身份证且日期 >31	
310228190009230049	18 位身份证且年份等于 1900	
310228198001230040	18 位身份证且月份等于 1	
310228198012230046	18 位身份证且月份等于 12	
310228198009010042	18 位身份证且日期等于 1	
310228198010310042	18 位身份证且日期等于 31	

4）根据函数定义书的第三段描述及第四个判定语句，在完成字符串长度判断以及出生地有效性验证后，进行出生日期验证，15 位身份证年份只能是纯数字，月份只能取 1 ~ 12，日期只能取 1 ~ 31，根据这个提示，结果等价类划分及边界值分析法设计出十组测试用例：

满足 15 位身份证出生地有效性判断以及第四个判定语句：15 位身份证号码验证出生日期有效性

310228800923004	15 位身份证且出生日期有效	与测试用例 1.1.1 冗余
310228c90923004	15 位身份证且年份为非数字	
310228800023004	15 位身份证且月份 <1	
310228801323004	15 位身份证且月份 >12	
310228800900004	15 位身份证且日期 <1	
310228800932004	15 位身份证且日期 >31	
310229800123004	15 位身份证且月份等于 1	
310229801223004	15 位身份证且月份等于 12	
310229800901004	15 位身份证且日期等于 1	
310229801031004	15 位身份证且日期等于 31	

5）根据函数定义书的第四段描述及第五个判定语句，在完成字符串长度判断以及出生地有效性验证和出生日期有效性验证后，进行校验码验证，仅有18位身份证有检验码，检验码的范围是0～9或X中的任意一个，根据这个提示，结果等价类划分及边界值分析法设计出三组测试用例：

满足18位身份证出生地有效性及出生日期有效性判断以及第五个判定语句：验证校验码

310228198009230045　　18位身份证且校验码为0～9　　与测试用例1.2.1冗余

31010119850111151X　　18位身份证且校验码为X

31022819800923004B　　18位身份证且校验码既非0～9的数字又非X

6）根据操作要求的第三点，需要考虑到测试用例的例外情况，根据要求可设计以下十组测试用例：

概要设计未提及的常见可能例外情况：

310228汉98009230049　　18位身份证中含有汉字

３１０２２８１９８００９２３００４５　　18位身份证数字为全角

3 10228198009230045　　18位身份证地区码中含有空格

31022819 8009230045　　18位身份证生日码中含有空格

310228汉00923004　　15位身份证中含有汉字

３１０２２８８００９２３００４　　15位身份证数字为全角

3 10228800923004　　15位身份证地区码中含有空格

31022880 0923004　　15位身份证生日码中含有空格

null　　空字符串

“null”　　字符串null

（2）测试用例列表。结合已列出测试用例，去掉冗余部分，得出测试用例表（见表4—2）。

表4—2　　**测试用例表**

编号	用例	说明	预期结果
1	310228800923004	15位身份证	TRUE
2	31022880092300	小于15位身份证	FALSE
3	3102288009230041	大于15位身份证	FALSE
4	310228198009230045	18位身份证	TRUE
5	31022819800923004	小于18位身份证	FALSE
6	3102281980092300451	大于18位身份证	FALSE

续表

编号	用例	说明	预期结果
7	b10228800923004	15 位身份证且前 6 位为非纯数字	FALSE
8	b10228198009230045	18 位身份证且前 6 位为非纯数字	FALSE
9	310228098009230045	18 位身份证且年份以 0 开头	FALSE
10	310228188009230045	18 位身份证且年份小于 1900	FALSE
11	310228c99009230045	18 位身份证且年份为非数字	FALSE
12	310228198000230045	18 位身份证且月份 <1	FALSE
13	310228198013230045	18 位身份证且月份 >12	FALSE
14	310228198009000045	18 位身份证且日期 <1	FALSE
15	310228198009320045	18 位身份证且日期 >31	FALSE
16	310228190009230049	18 位身份证且年份等于 1900	TRUE
17	310228198001230040	18 位身份证且月份等于 1	TRUE
18	310228198012230046	18 位身份证且月份等于 12	TRUE
19	310228198009010042	18 位身份证且日期等于 1	TRUE
20	310228198010310042	18 位身份证且日期等于 31	TRUE
21	310228c90923004	15 位身份证且年份为非数字	FALSE
22	310228800023004	15 位身份证且月份 <1	FALSE
23	310228801323004	15 位身份证且月份 >12	FALSE
24	310228800900004	15 位身份证且日期 <1	FALSE
25	310228800932004	15 位身份证且日期 >31	FALSE
26	310229800123004	15 位身份证且月份等于 1	TRUE
27	310229801223004	15 位身份证且月份等于 12	TRUE
28	310229800901004	15 位身份证且日期等于 1	TRUE
29	310229801031004	15 位身份证且日期等于 31	TRUE
30	31010119850111151X	18 位身份证且校验码为 X	TRUE
31	31022819800923004B	18 位身份证且校验码即非 0 ~9 的数字又非 X	FALSE
32	310228 汉 98009230045	18 位身份证中含有汉字	FALSE
33	３１０２２８１９８００９２３００４５	18 位身份证数字为全角	TRUE
34	3 10228198009230045	18 位身份证地区码中含有空格	FALSE
35	31022819 8009230045	18 位身份证生日码中含有空格	FALSE
36	310228 汉 00923004	15 位身份证中含有汉字	FALSE
37	３１０２２８８００９２３００４	15 位身份证数字为全角	TRUE
38	3 10228800923004	15 位身份证地区码中含有空格	FALSE
39	31022880 0923004	15 位身份证生日码中含有空格	FALSE
40	“null”	字符串 “null”	FALSE
41	null	空字符串	FALSE

4. 启动测试环境

（1）首先打开 Eclipse，在记录 WORKSPACE 备用路径（D:\eclipse）中单击菜单“File”→“New”→“Project…”→“Java Project”→“Next >”，在弹出的“New Java Project”对话框中，将项目命名为 test，并单击“Next >”按钮，如图 4—3 所示。

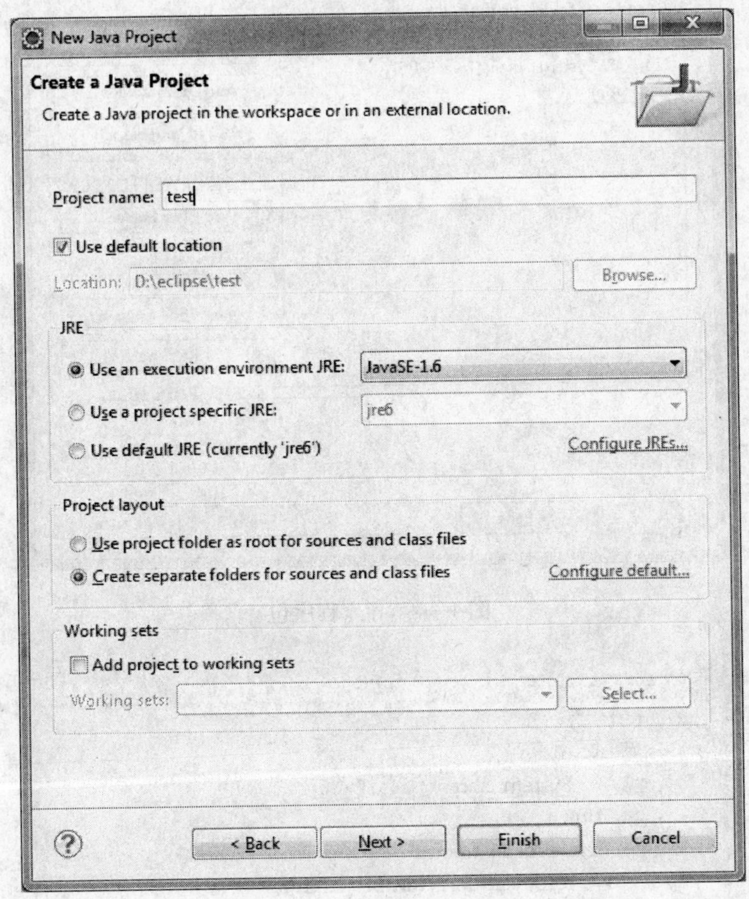

图 4—3　新建 Java 项目

（2）切换至“Libraries”选项卡，单击“Add External JARs…”按钮并选择指定 jar 包（下载地址：http://www.bizsmooth.org/download/testJavaIdCardNumber_2.2.1.jar），单击“Add Library”按钮，添加 JUnit4，确认后单击“Finish”按钮，如图 4—4 所示。

（3）查看文件结构，可以看到 chkIdCardNumber 方法，如图 4—5 所示。

（4）右击包（com.javatest.function），选择“New”→“JUnit Test Case”，在“Name”中输入测试名称，这里使用被测函数名 + Test 的命名规则，即 DataFunctionTest，单击“Finish”按钮，如图 4—6 所示。

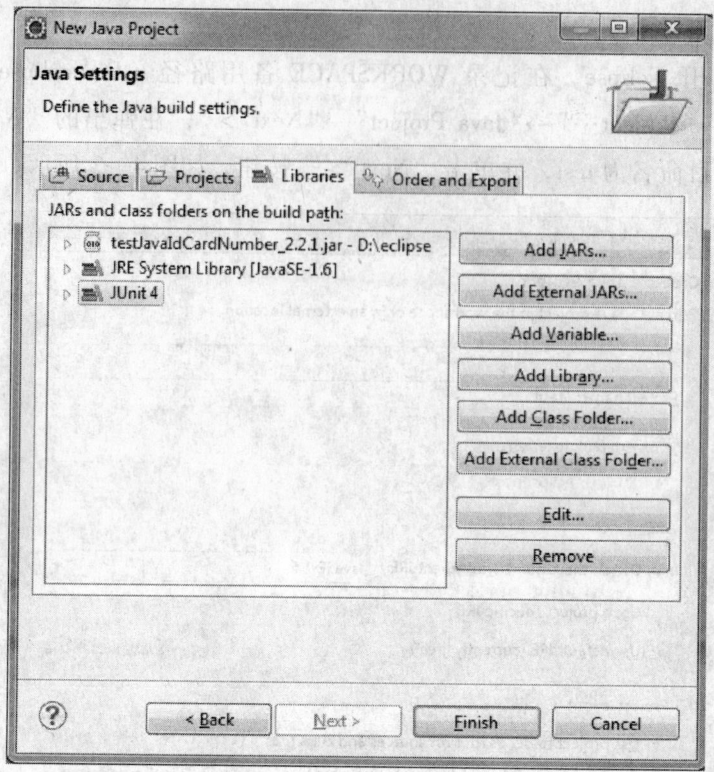

图 4—4　导入程序包

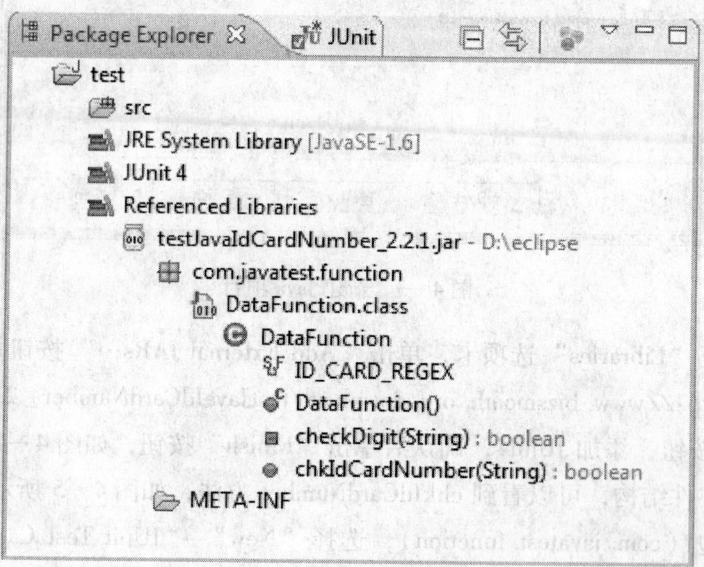

图 4—5　查看项目文件结构

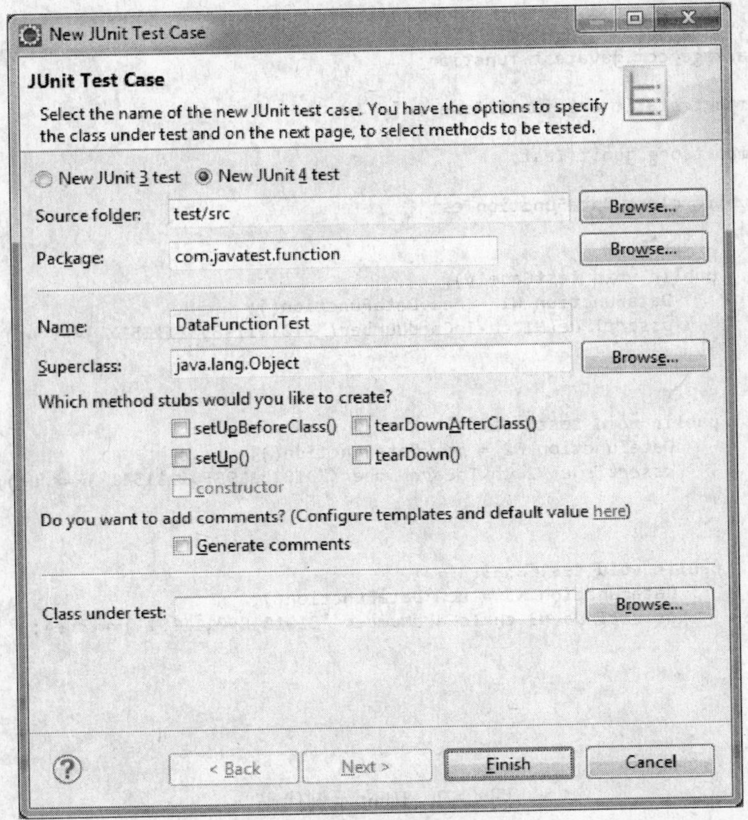

图 4—6　新建测试用例类

在图 4—7 中可以看到生成的测试代码，其中包含了两个包。创建了三个@ Test 方法作为示例。调用被测方法，并传递参数，参数即为所设计的测试用例。在引号中输入用例，在判等符号（==）后输入预期结果。

至此，可以在 DataFunctionTest. java 中编写测试脚本了（注：可以通过 Windows→Preferences→General→Editors→Text Editors→Show line numbers 设置显示行号）。

5. 编写测试代码

根据前面设计的测试用例，为每个测试用例建立一个 JUnit @ Test 方法：

```
package com. javatest. function;
import static org. junit. Assert. * ;
import org. junit. * ;

public class DataFunctionTest {
```

```java
DataFunctionTest.java

package com.javatest.function;

import static org.junit.Assert.*;

import org.junit.Test;

public class DataFunctionTest {

    @Test
    public void testCase1(){
        DataFunction N1 = new DataFunction();
        assertTrue(N1.chkIdCardNumber("31010119850111151X")==true);
    }

    @Test
    public void testCase2(){
        DataFunction N2 = new DataFunction();
        assertTrue(N2.chkIdCardNumber("310101198501111511")==true);
    }

    @Test
    public void testCase3(){
        DataFunction N3 = new DataFunction();
        assertTrue(N3.chkIdCardNumber("310101850111151")==true);
    }
}
```

图 4—7 JUnit 示例代码

```java
@ Test
public void testCase1( ) {
    DataFunction N1 = new DataFunction( ) ;
    assertTrue( N1. chkIdCardNumber( "310228800923004" ) ) ;
}

    @ Test
    public void testCase2( ) {
        DataFunction N1 = new DataFunction( ) ;
        assertTrue( ! N1. chkIdCardNumber( "31022880092300" ) ) ;
    }

@ Test
```

```
public void testCase3() {
    DataFunction N1 = new DataFunction();
    assertTrue(! N1.chkIdCardNumber("3102288009230041"));
}

@Test
public void testCase4() {
    DataFunction N1 = new DataFunction();
    assertTrue(N1.chkIdCardNumber("310228198009230045"));
}

@Test
public void testCase5() {
    DataFunction N1 = new DataFunction();
    assertTrue(! N1.chkIdCardNumber("31022819800923004"));
}

@Test
public void testCase6() {
    DataFunction N1 = new DataFunction();
    assertTrue(! N1.chkIdCardNumber("3102281980092300451"));
}

@Test
public void testCase7() {
    DataFunction N1 = new DataFunction();
    assertTrue(! N1.chkIdCardNumber("b10228800923004"));
}

@Test
public void testCase8() {
    DataFunction N1 = new DataFunction();
```

```
        assertTrue(! N1.chkIdCardNumber("b10228198009230045"));
    }

    @Test
    public void testCase9() {
        DataFunction N1 = new DataFunction();
        assertTrue(! N1.chkIdCardNumber("310228098009230045"));
    }

    @Test
    public void testCase10() {
        DataFunction N1 = new DataFunction();
        assertTrue(! N1.chkIdCardNumber("310228188009230045"));
    }

    @Test
    public void testCase11() {
        DataFunction N1 = new DataFunction();
        assertTrue(! N1.chkIdCardNumber("310228c99009230045"));
    }

    @Test
    public void testCase12() {
        DataFunction N1 = new DataFunction();
        assertTrue(! N1.chkIdCardNumber("310228198000230045"));
    }

    @Test
    public void testCase13() {
        DataFunction N1 = new DataFunction();
        assertTrue(! N1.chkIdCardNumber("310228198013230045"));
    }
```

```
@ Test
public void testCase14( ) {
  DataFunction N1 = new DataFunction( ) ;
  assertTrue( ! N1. chkIdCardNumber( "310228198009000045" ) ) ;
}

@ Test
public void testCase15( ) {
  DataFunction N1 = new DataFunction( ) ;
  assertTrue( ! N1. chkIdCardNumber( "310228198009320045" ) ) ;
}

@ Test
public void testCase16( ) {
  DataFunction N1 = new DataFunction( ) ;
  assertTrue( N1. chkIdCardNumber( "310228190009230049" ) ) ;
}

@ Test
public void testCase17( ) {
  DataFunction N1 = new DataFunction( ) ;
  assertTrue( N1. chkIdCardNumber( "310228198001230040" ) ) ;
}

@ Test
public void testCase18( ) {
  DataFunction N1 = new DataFunction( ) ;
  assertTrue( N1. chkIdCardNumber( "310228198012230046" ) ) ;
}

@ Test
```

```
public void testCase19( ) {
    DataFunction N1 = new DataFunction( );
    assertTrue( N1. chkIdCardNumber( "310228198009010042" ) );
}

@ Test
public void testCase20( ) {
    DataFunction N1 = new DataFunction( );
    assertTrue( N1. chkIdCardNumber( "310228198010310042" ) );
}

@ Test
public void testCase21( ) {
    DataFunction N1 = new DataFunction( );
    assertTrue( ! N1. chkIdCardNumber( "310228c90923004" ) );
}

@ Test
public void testCase22( ) {
    DataFunction N1 = new DataFunction( );
    assertTrue( ! N1. chkIdCardNumber( "310228800023004" ) );
}

@ Test
public void testCase23( ) {
    DataFunction N1 = new DataFunction( );
    assertTrue( ! N1. chkIdCardNumber( "310228801323004" ) );
}

@ Test
public void testCase24( ) {
```

```
    DataFunction N1 = new DataFunction();
    assertTrue(! N1.chkIdCardNumber("310228800900004"));
}

@Test
public void testCase25(){
    DataFunction N1 = new DataFunction();
    assertTrue(! N1.chkIdCardNumber("310228800932004"));
}

@Test
public void testCase26(){
    DataFunction N1 = new DataFunction();
    assertTrue(N1.chkIdCardNumber("310229800123004"));
}

@Test
public void testCase27(){
    DataFunction N1 = new DataFunction();
    assertTrue(N1.chkIdCardNumber("310229801223004"));
}

@Test
public void testCase28(){
    DataFunction N1 = new DataFunction();
    assertTrue(N1.chkIdCardNumber("310229800901004"));
}

@Test
public void testCase29(){
    DataFunction N1 = new DataFunction();
    assertTrue(N1.chkIdCardNumber("310229801031004"));
```

```
}

@ Test
public void testCase30( ) {
    DataFunction N1 = new DataFunction( ) ;
    assertTrue( N1. chkIdCardNumber( "31010119850111151X" ) ) ;
}

@ Test
public void testCase31( ) {
    DataFunction N1 = new DataFunction( ) ;
    assertTrue( ! N1. chkIdCardNumber( "31022819800923004B" ) ) ;
}

@ Test
public void testCase32( ) {
    DataFunction N1 = new DataFunction( ) ;
    assertTrue( ! N1. chkIdCardNumber( "310228 汉 98009230045" ) ) ;
}

@ Test
public void testCase33( ) {
    DataFunction N1 = new DataFunction( ) ;
    assertTrue( N1. chkIdCardNumber( "3 1 0 2 2 8 1 9 8 0 0 9 2 3 0 0 4 5" ) ) ;
}

@ Test
public void testCase34( ) {
    DataFunction N1 = new DataFunction( ) ;
    assertTrue( ! N1. chkIdCardNumber( "3    10228198009230045" ) ) ;
}
```

```
@Test
public void testCase35(){
    DataFunction N1 = new DataFunction();
    assertTrue(! N1.chkIdCardNumber("31022819   8009230045"));
}

@Test
public void testCase36(){
    DataFunction N1 = new DataFunction();
    assertTrue(! N1.chkIdCardNumber("310228汉00923004"));
}

@Test
public void testCase37(){
    DataFunction N1 = new DataFunction();
    assertTrue(N1.chkIdCardNumber("3 1 0 2 2 8 8 0 0 9 2 3 0 0 4"));
}

@Test
public void testCase38(){
    DataFunction N1 = new DataFunction();
    assertTrue(! N1.chkIdCardNumber("3   10228800923004"));
}

@Test
public void testCase39(){
    DataFunction N1 = new DataFunction();
    assertTrue(! N1.chkIdCardNumber("3   10228800923004"));
}

@Test
public void testCase40(){
```

```
        DataFunction N1 = new DataFunction( );
        assertTrue( ! N1. chkIdCardNumber( "null" ) );
    }

    @ Test
    public void testCase41( ) {
        DataFunction N1 = new DataFunction( );
        assertTrue( ! N1. chkIdCardNumber( null) );
    }
```

6. 执行测试

运行并查看测试结果（见图 4—8），可以看到很多 Bug（红色指示条）。将测试代码文件保存到刚记录的 WORKSPACE 路径（D:\eclipse），在运行中打开。打开项目文件夹，打开 SRC 源文件（D:\eclipse\test\src\com\javatest\function），这样找到新建的 Java 文件。

7. 记录 Bug

执行测试后，可将所发现的 Bug 记录到 Bugzilla 系统。在 Bugzilla 记录测试过程中发

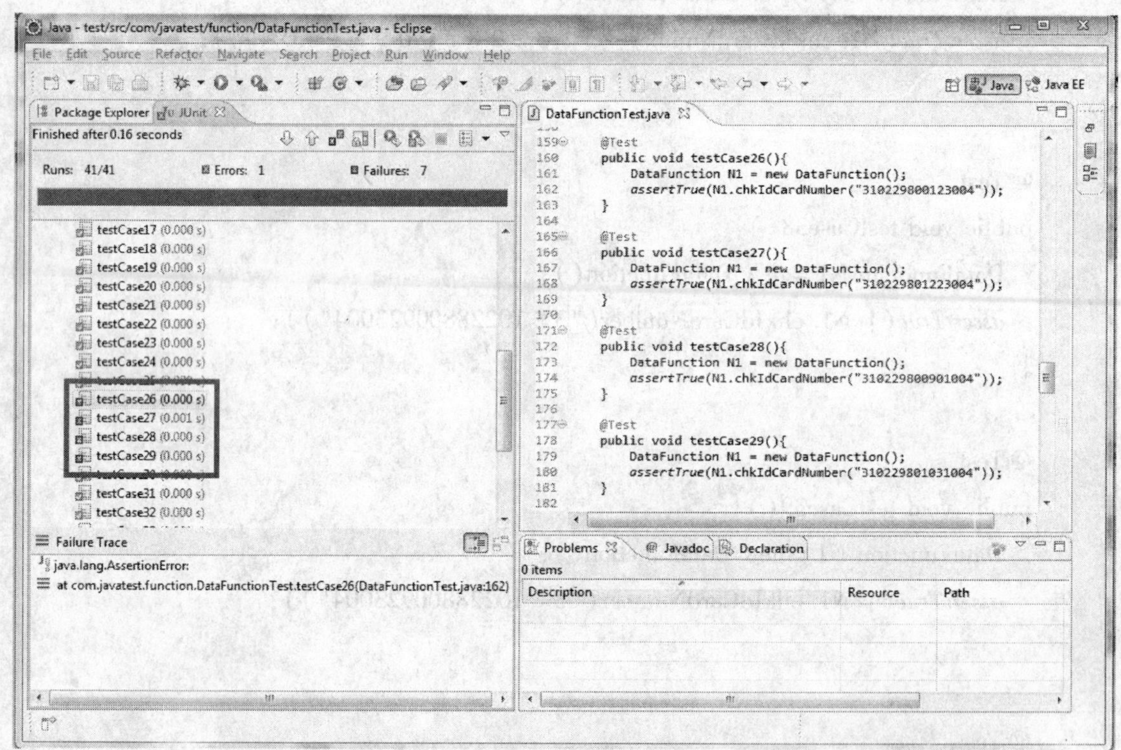

图 4—8 执行测试的结果

现缺陷时，需要正确填写相应字段。关于每个字段的描述，请参见本教材中 Bugzilla 软件使用部分。

可以将发现的 Bug 相关信息暂时记录到 Excel 表格中。将未能通过测试的结果画面截图，保存在特定的文件夹里，以备作为 Bug 附件（注意：Bug 名称和相应截图要遵循既定的命名规则，这里使用“2. 1. 1_x. ＊”作为命名规则）。

Bug2. 1. 1_01：系统无法识别 15 位的身份证号码，如 310228800923004，相关的 CASE ID：testCase1，testCase26，testCase27，testCase28，testCase29，如图 4—9 所示。

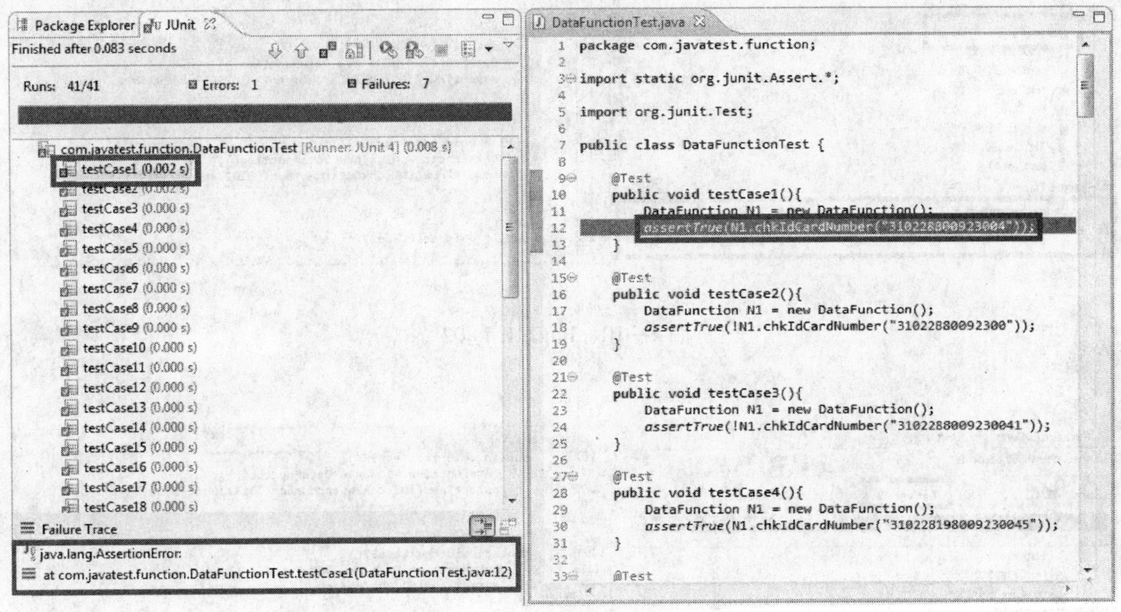

图 4—9　Bug2. 1. 1_01

Bug2. 1. 1_02：系统无法识别全角方式下输入的正确身份证号码，例如，３１０２２８１９８００９２３００４５，相关 CASE ID：testCase33，testCase37，如图 4—10 所示。

Bug2. 1. 1_03：当对系统输入字符串“null”时，会造成系统崩溃，相关 CASE ID：testCase40，如图 4—11 所示。

8. 测试技巧与难点分析

在本实例中，通过阅读待测试函数定义书，导出其对应的业务流程图。之后，结合函数定义书和业务流程图按步骤分析并列出测试用例，去掉冗余部分，最终生成测试用例表。函数定义书和业务流程图是保证测试用例分析完全的可寻之规。能做到不冗余，不重复。

在使用 Eclipse 编写测试脚本的过程中，需要遵守测试类及方法的命名规则，保存未通过测试的截图，这样可以对发现的问题进行直观完整地描述。在编码过程中，需要严格

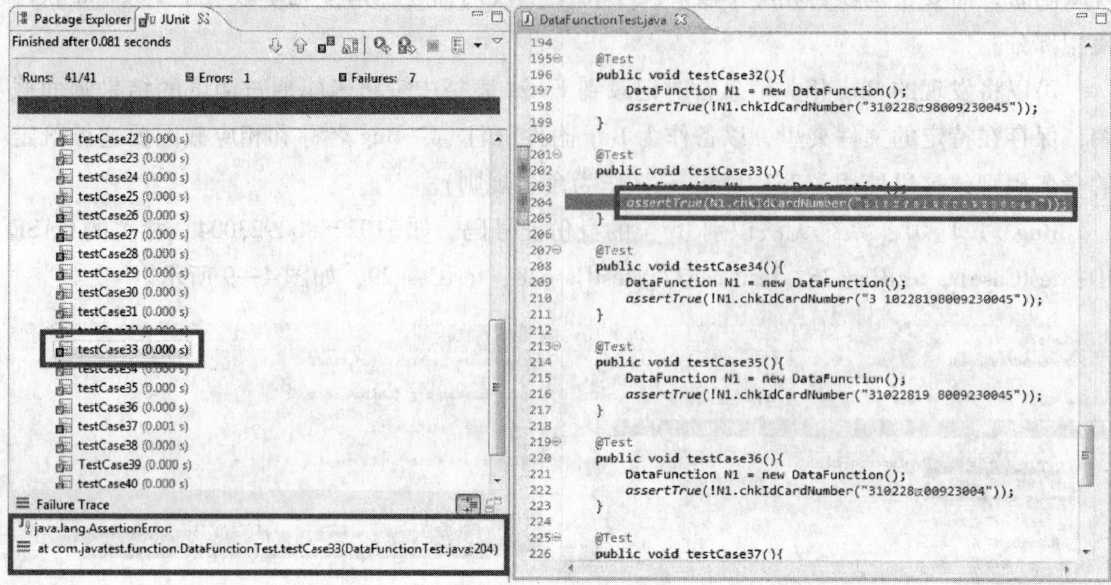

图 4—10　Bug2. 1. 1_02

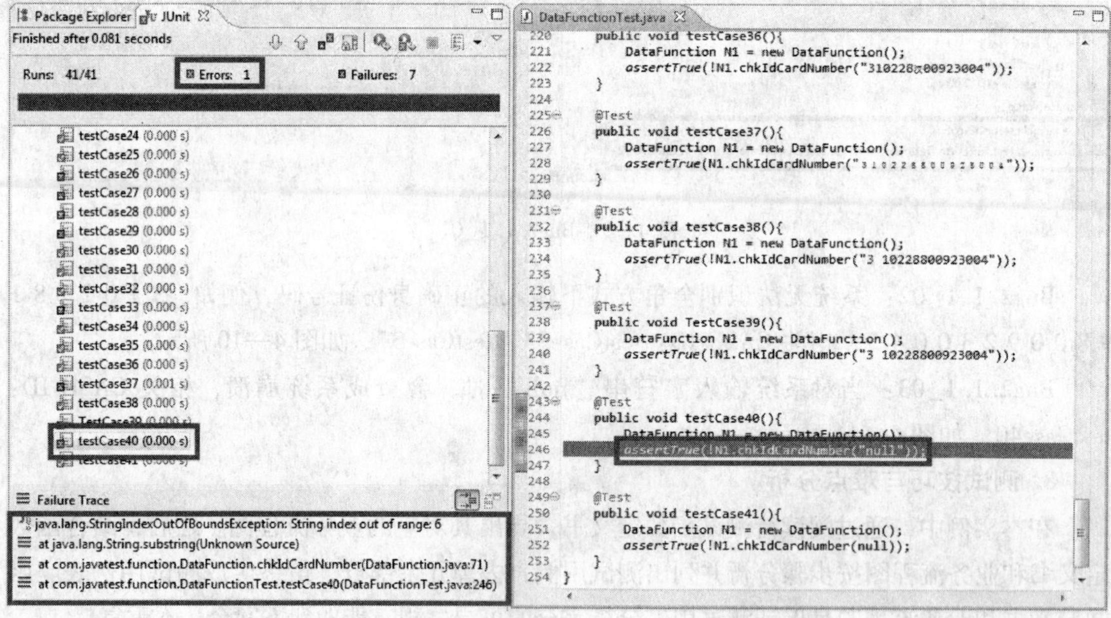

图 4—11　Bug2. 1. 1_03

按照每条测试用例进行编写而做到无遗漏。

使用已存在账号登录 Bugzilla 系统后，也需要按照规则对 Bug 命名。正确记录 Bug 当前的状态以及相关的描述和附件等信息。

五、案例研究

JUnit 作为 Java 语言测试框架，有着强大的功能和众多的使用者，在实践中逐渐形成了良好的测试方案和标准供人参考。本节引以两例，可使读者的能力在动手操作的过程中得到提高。

1. ATM 逻辑测试

ATM 取款机在实际生活中较为常见。对于这样一款日常使用的设备，如何对其进行测试呢？下面一起看看 ATM 取款机的测试场景：

（1）ATM 提醒输入用户名和密码，使用小键盘继续操作，显示“******”。

（2）如果密码正确，可以进入主界面。

（3）查询当前账户余额。

（4）显示余额后，单击“返回”按钮，回到个人账户主界面。

（5）进入取钱界面，快捷操作有“100”“200”“500”和“自定义取款”。

（6）进入账户自定义取款界面。

（7）……

按照不同的场景设计测试用例，使用 JUnit 进行测试。

```
public static TestSuite suite() {
    TestSuite suite = new TestSuite();
    suite.addTest(new MoneyTest("testPassword"));
    suite.addTest(new MoneyTest("testMainPage"));
    suite.addTest(new MoneyTest("testBalance"));
    suite.addTest(new MoneyTest("testBack"));
    suite.addTest(new MoneyTest("testDraw"));
    suite.addTest(new MoneyTest("testUserDefined"));
    //…
    return suite;
}
```

2. 软件升级模块的逻辑测试

在任何软件产品中，软件升级模块的逻辑是相似的。在软件升级前需要检测到更新的版本，并下载到本地进行安装。之后会关闭本地版本启动升级模块。首先将新版本下载到本地，之后进行安装。安装结束后要通过注册表项和文件版本号等信息来查看升级是否成功。

参照上述软件升级模块工作流程，使用 JUnit 完成对该模块的测试。

第 4 节　高级测试自动化技术

学习目标

掌握必要的高级测试自动化技术

知识要求

一、无人值守的测试自动化技术

伴随着脚本数量不断增加，需要运行的场景也越来越多，运行所有脚本所耗费的时间也就更长，越来越需要无人值守地运行自动化脚本，并能在报告中体现运行情况。在 QTP 中，自动化脚本框架业务驱动的实质为：MainAction 用 CallAction 的方法调用子 Action，而子 Action 中的错误不能在 MainAction 中用 On Error 的方法捕捉，当子 Action 出现对象无法识别等异常时，MainAction 不能做出容错处理，程序自动停止，需要人工干预。

这是一个无法回避的问题，如果使用 QTP 的场景恢复功能，就能够识别到子 Action 的对象无法识别等异常，并重启 MainAction，只需要告诉 MainAction 从哪里开始继续执行下去就可以了，之前已经运行的场景 Action 不需要再运行。这时又会出现另一个问题，应该从哪个场景的子 Action 继续执行。首先，如果从同一个场景的子 Action 往下运行，有可能前一个错误的 Action 是下一个 Action 的必要条件，那么继续运行没有意义，而设置的场景却是相对独立的，且出错场景再次运行出错的概率会很大，因此可以考虑让 MainAction 从出错场景的下一个场景开始运行，有了这个思路，程序的实现就相对容易了。只需要在本地文件中记录当前正在运行的场景号，一旦出错，QTP 场景恢复重启 MainAction 后，读取该文件的场景号，然后从被读取场景的下一个场景继续运行，直到结束。

值得注意的是，当然每个场景开始运行需要打印开始标志，结束时需要打印结束标志，以得到该场景是否成功完成运行的信息。

目前这个方案实施的效果不错，但 QTP 的场景恢复无法识别脚本的语法错误，一旦有语法错误仍然无法做到无人值守，因此子 Action 的编码就需要有一定的质量保证。

二、大规模测试自动化技术

自动化测试在小规模的模式下运行和管理相对简单。但是对于大型系统的大数据量的自动化测试来说，需要对大量数据进行管理，包括测试的过程中对测试结果的收集和统计。在所有环节中，需要系统具有良好的稳定性和可靠性。

1. 基于群集的测试自动化

（1）群集的概念。群集（Cluster）是一组相互独立的计算机，利用高速通信网络组成一个单一的计算机系统，并以单一系统的模式加以管理。其出发点是提供高可靠性、可扩充性和抗灾难性的服务。一个群集包含多台拥有共享数据存储空间的服务器，各服务器通过内部局域网相互通信。当一台服务器发生故障时，它所运行的应用程序将由其他服务器自动接管。在大多数模式下，群集中所有的计算机拥有一个共同的名称，群集内的任一系统网络运行的服务都可被所有的网络客户所使用。

服务器群集的每一个节点都有自己本地的资源，并且符合如下特点：可以联机和脱机，在服务器群集中进行管理和一次只能由一个节点拥有。

（2）群集的分类

1）负载均衡群集。在实际的负载均衡群集里，所有的服务器（称为节点）都像一台机器那样工作，一组计算机称为仲裁，给外面用户形成单一服务器印象的计算机或软件服务称为“仲裁管理器”，仲裁管理器将处理需求传送到一个或多个服务器上。这种工作的分担方式造成非常强大的一台虚拟计算机。如果其中的一个节点离开群集，仲裁管理器就将工作负载转到其他服务器上。一般来说，SQL 的数据库是不支持负载均衡的功能的。因为在同一时间，SQL 的数据库文件只能由一个 SQL 读写，目的是保证数据的一致性。

2）故障转移群集。故障转移群集是由两个或更多的共享资源独立的计算机组成，如果其中一台服务器发生故障，那么群集中的其他服务器会接管资源并处理负载。故障转移群集中的资源是在各计算机之间共享的。故障转移群集是针对在内存中长期运行或需要大量频繁数据更新的应用程序而设计。这些应用程序称为“状态”应用程序，并且它们包括数据库应用程序和消息传递应用程序。故障转移群集的典型应用包括文件服务器、打印服务器、数据库服务器和消息传递服务器。

（3）使用群集的必要性。前面已经提到，使用群集可以提高系统的安全性。此外，群集还可以将故障人为转移到第二个节点，升级第一个节点，再将系统转回来，然后再对第二个节点进行升级。这是对全天候服务器系统保持正常工作不错的解决方案，最大限度地缩短了用户服务器和应用程序宕机的时间。

群集通过增加现有系统的节点，提高了系统的延展性，使系统因故障中断的可能性降到最低。在这种架构中，多服务器的运行是针对相同的应用程序或数据库的，同时可以通过群集来优化性能。

（4）群集与自动化测试。群集的特点及其用途上面已经做了介绍，这就不难理解在要求长时间持续运行的自动化测试环境中使用群集的原因。当然，群集的使用本身需要付出高额的成本，群集技术解决方案由于均以专利技术为基础且缺乏工业标准，使应用环境在开发、管理和移植到新的平台都要付出额外的成本。

2. 测试自动化的结果收集和统计汇总

测试数据的后期加工相对于整个测试过程似乎不是非常明显，而对于专业的商业智能系统则是主要的工作内容。测试数据前期的采集、管理，以至于后期的分析汇总出具有商业价值的统计结果，这一环节是十分关键的。

测试数据的收集通常会覆盖整个测试路径所产生的结果。这样的收集方式有助于保留完整的测试记录，对于不能每次重现的问题也可以保存下相应的历史记录。对于后期的统计也起到了保留统计样本的作用。

测试结果所提供的数据通常被关注以下几个方面。

（1）测试覆盖率

1）语句覆盖率：检测在软件测试时代码语句执行覆盖率。

2）分支覆盖率：用于分析被测软件在进行软件测试时分支的执行情况。

3）子程序调用覆盖率：判断某一程序是否调用了所有应该调用的子程序，或判断所有的子程序是否被调用过。此指标在系统集成测试时很有用。

4）数据值覆盖率：检测程序中变量在测试时是否包含了所有可能值。

5）面向对象覆盖率：多态类的覆盖、模式化的覆盖、继承的覆盖。类的状态决定它的行为，需要确认每一个对象独立状态的代码覆盖率，或测试每一个类或子系统独立线程的覆盖率。例如，通信协议类有很多状态：初始化状态、正在连接状态、已连接状态和出错状态等。

（2）产品总体质量状况。测试结果可以在 Excel 或者其他数据统计分析软件中进行汇总，以图形图像的方式直观地表示出软件的质量状况。例如某一功能模块存在问题的数量，一段时间某类问题数量的走势，通过分析和归纳，可以找到导致问题产生的原因。

3. 亿万次的采样覆盖测试自动化

测试数据的海量采样可以使测试覆盖的范围更加密集，这样可以提高测试结果的准确性。在某些测试信息量大的系统中，对测试数据的采集非常关键，如在“地理信息系统”的测试中，涉及海量的数据输入和输出。而这些参数的形式和种类又是随机变化的。这类系统的测试数据的采集可以轻易达到亿万次的程度。采集的次数越频繁，相应的测试结果准确率也就越高。这也是类似测试所需要的必要条件。

三、案例研究

X 光片骨密度计算机网络分析系统用于对 X 光片进行骨密度的分析和测量，能够使医院和医生以标准的数码格式存储和共享 X 光照片。除了让医院能够以数字化格式存储 X 光片外，计算机网络系统还将向医生提供能够有助于诊断的先进分析工具和功能。这将有助于降低误诊率，克服图片格式不统一或 X 光片丢失造成的诊断困难等一系列问题。

诊断工作的开展皆以系统中提供的各类信息为依据进行，因此，要求该系统具备较高的精度，从而防止因系统自身出现的故障而给正常的医疗工作开展带来风险。这就要求软件系统本身除了具有应有的功能外，软件应用平台也应具备良好的防范风险的能力。下面就以由两台服务器实现的故障转移群集在医疗软件中的应用为例来说明其在测试中的应用。

1. 安装前的准备

（1）一台域控制器，群集中所有节点必须是同一域内的成员。

（2）两台硬件配置相同的服务器，要求双网卡，其中一块作为公用网络使用，另外一块作为两台服务器之间的通信使用，以下简称节点 A 和节点 B。

（3）磁盘阵列一台，用于系统的数据存储，由于系统的应用较多，因此建议在划分存储空间的时候应充分考虑到数据量的增加，为每个应用合理分配使用空间。另外，需要划出不小于 50 MB 的空间作为群集的仲裁资源。

（4）光通道交换机一台，用于服务器和磁盘阵列之间的数据交互。

（5）光纤阵列卡两块，用于连接服务器和光通道交换机。

（6）规划好两个群集名，一个用做操作系统，一个用做数据库；6 个唯一的静态 IP 地址，两个用于专用网络的网卡，两个用于公用网络的网卡，一个用于群集虚拟地址，一个用于 SQL Server 虚拟地址。安装好后这些 IP 地址不能随意更改，否则会导致群集失败。

（7）高配置服务器一台，用于测试数据的管理，可以采用一款测试管理工具。

（8）客户端主机若干，用于模拟大量用户并发访问。

2. 应遵循的准则

（1）测试数据要符合真实医疗工作环境的要求。

（2）系统的压力测试要高于实际估计访问人数，保证访问高峰时服务器不出现宕机。

在该软件的测试工作中，X 光片的数据采样分析则是重点功能模块。该模块是软件的关键功能。为了提高该模块数据处理的精确性，在测试过程中采取大规模数据反复采样进行自动化测试。磁盘阵列用于大规模数据的存储。数据包括测试样本数据及其分析结果。

客户端主机分为两个组，即域内组和域外组。主机可以安装多用户并发访问软件，该软件可以选择商业付费软件，也可以自行开发完成。分别从域内和域外模拟用户的并发访问。

可以选用批处理文件作为命令的发出者，在计划任务中执行相应命令，用以实现无人值守的自动化测试。

无论从数据处理量还是从所涉及参与测试的硬件规模和数据采样时长来看，大规模自动化测试毫无疑问地处于大数量级。

第 5 节　自动化测试工具的使用

QTP 可在不同平台下运行，是应用最为广泛的自动化测试工具之一，其采用了关键字驱动的测试方法，使得测试脚本的创建和维护更加方便。这里讲述在 Windows 系统中使用 QTP10 的方法。QTP 可在 Windows 2000、Windows XP 以及 Windows Server 2003、Windows Vista、Windows Server 2008、Windows 7、Windows 8 等系统上安装。

1. QTP 软件的安装和配置

（1）安装。QTP 的安装过程并不复杂，按照安装向导的提示做出正确的选择后继续进行即可，安装过程需要输入客户信息，选择安装哪些插件，例如，Java 插件、. Net 插件、Delphi 插件等。在默认情况下，会安装 ActiveX、VB 和 Web 插件。因此，可以根据在测试中考虑应用程序所使用的语言及其控件类型来选择安装相应类型的插件。

对于初学者，可以从其官方网站下载试用版本进行安装。

（2）QTP 的设置。QTP 安装成功后，QTP 启动前的设置窗口会自动弹出，用来向 IE 浏览器添加插件，以支持 QTP 在浏览器中录制和回放脚本。

配置完成后，在许可证配置界面选择并输入许可证即可完成配置。关于 QTP 的更多相关内容，可以参考帮助文档。

2. 脚本录制及其应用

（1）样例程序。QTP 在安装过程中会把样例程序也安装到机器上，样例程序包括一个 Windows 应用程序和一个 Web 应用程序。Windows 应用程序名称为“Flight”，该程序是模拟机票预订系统（见图 4—12）。

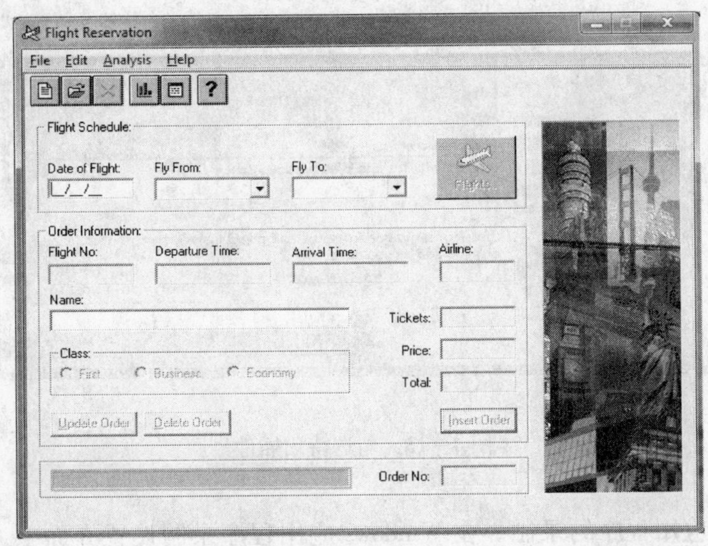

图 4—12　机票预订系统

Web 程序名称为“Mercury Tours Web Site”，是一个基于浏览器/服务器模式的机票预订系统。访问地址为：http://newtours. mercuryinteractive. com/。

（2）录制脚本。在 QTP 启动之初，将弹出插件管理界面。QTP 默认支持 ActiveX、VB 和 Web 插件。加载插件后，就可以进入 QTP 的主界面了。

1）Web 应用程序的录制。如果对 Web 程序的操作进行录制，在录制脚本前需要保证正确加载了对应插件。在 QuickTest Professional 已经启动的情况下，检查“Help”→“About QuickTest Professional”，在弹出的对话框中可以查看目前加载了哪些 add - ins。如果没有加载“Web”，那么必须关闭并重新启动 QuickTest Professional，然后在“Add - in Manager”窗口中选择“Web”。

如果在启动 QuickTest Professional 的时候没有出现插件管理界面，则单击程序主界面的“Tools”→“Options”后会弹出设置对话框，勾选“Display Add－in Manager on startup”复选框后保存，在随后重新启动 QuickTest Professional 的时候，会出现插件管理界面（见图 4—13）。

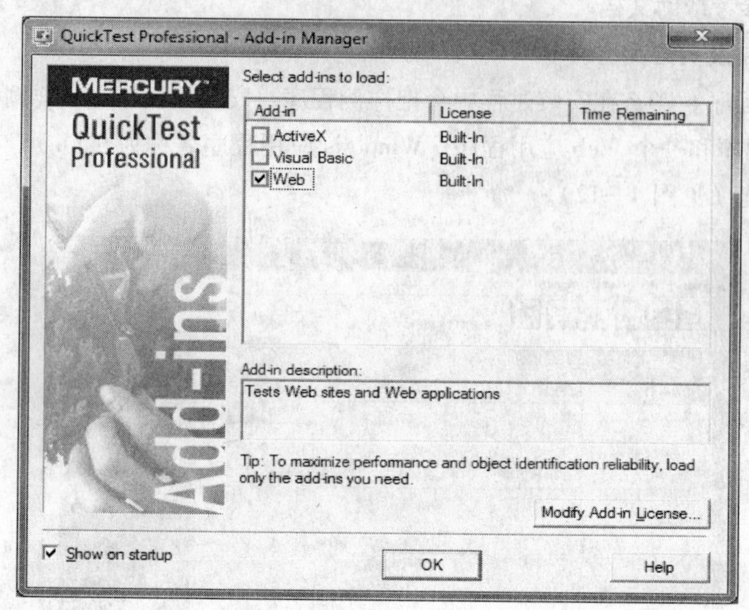

图 4—13　勾选待用插件

2）Windows 应用程序的录制。在 Windows 应用程序录制设置界面中，有两种方式可供选择。其中一种是“Record and run test on any open Windows－based application”。这种录制方式会录制系统中所有运行的应用程序的界面操作。另外一种是“Record and run only on”，如果选择了该项，则可进一步指定录制对象，避免录制过程产生与被测试软件无关联的脚本（见图 4—14）。

使用 QTP 自带的示例程序“Flight”来熟悉 Windows 应用程序操作的录制过程。在设置对话框中选择“Application specified below”复选框，然后单击“＋”按钮，指定要录制的应用程序所在路径（见图 4—15）。

设置完成后单击“OK”按钮保存并关闭对话框。到目前为止，完成了录制脚本前的设置工作，就可以对指定应用程序的操作进行录制了。

在 QTP 的主界面菜单中，选择“Automation”→“Record…”后，被指定应用程序会开始启动（见图 4—16）。

由于设置了仅录制与“Flight”程序相关的界面操作，程序启动后，QTP 会记录下程

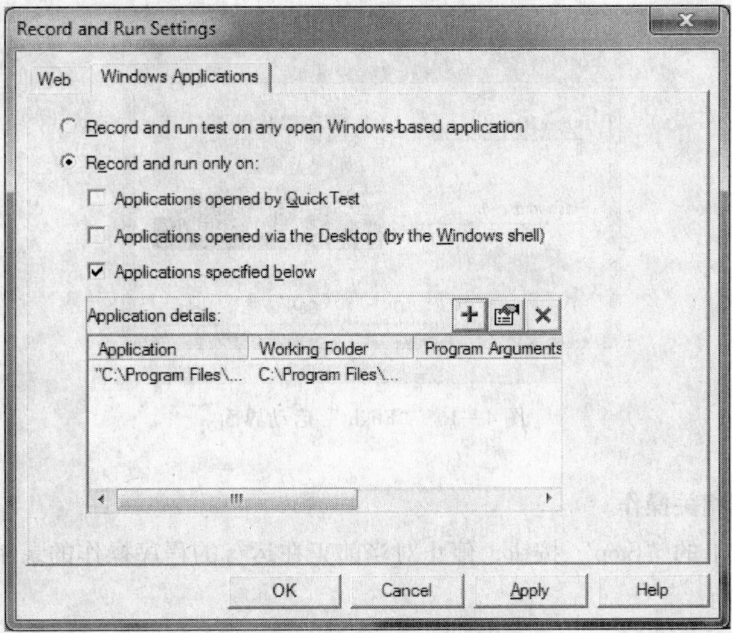

图 4—14　选择待测试对象

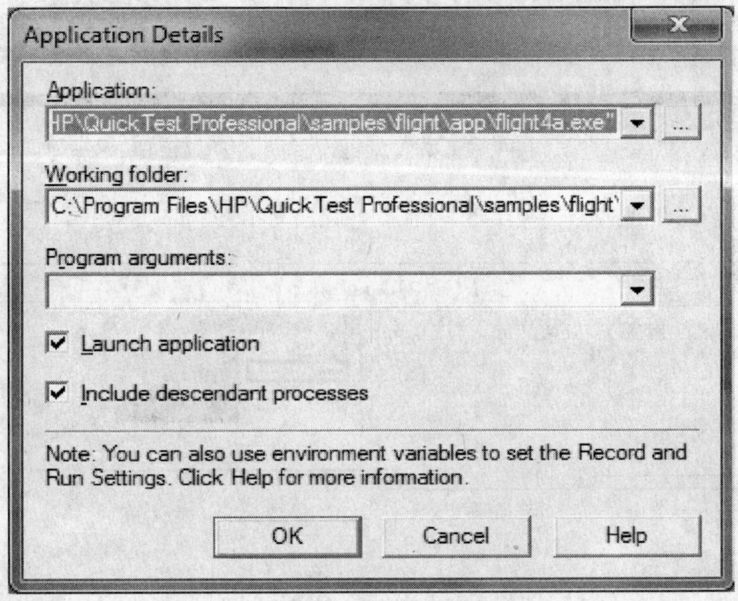

图 4—15　设置待测试进程

图 4—16 “Flight”启动界面

序界面的一系列相关操作。

单击工具栏上的“Stop”按钮，停止对当前正在运行的程序操作的录制，会出现如图 4—17 所示的界面。

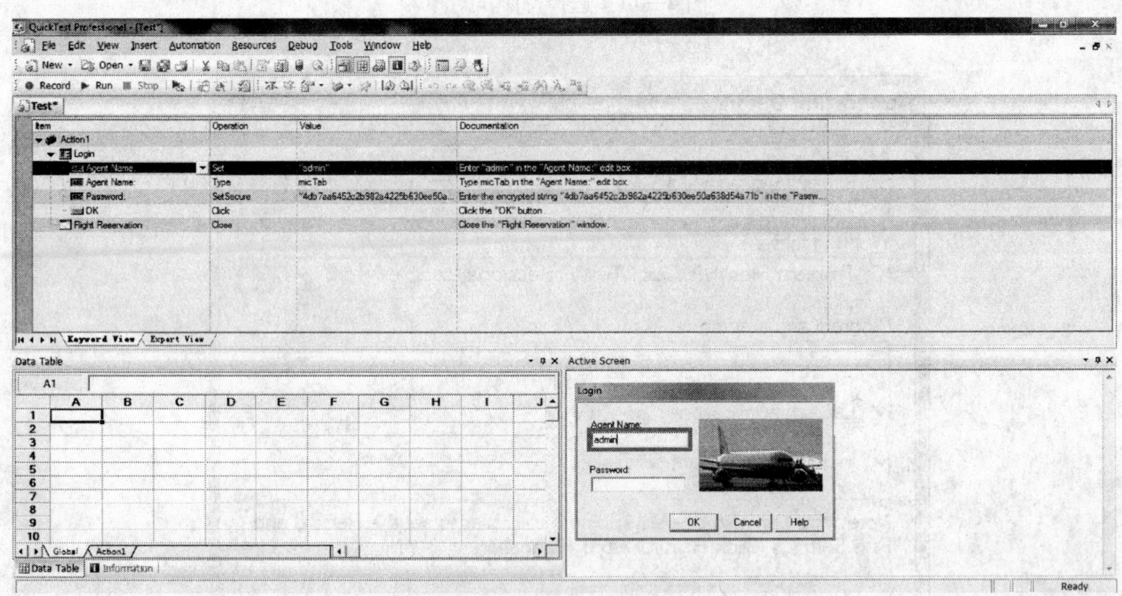

图 4—17 QTP“关键字视图”界面

单击图 4—17 中的“Expert View”标签，可以从“关键字”视图切换到“专家视图”，看到界面操作对应的脚本（见图 4—18）。

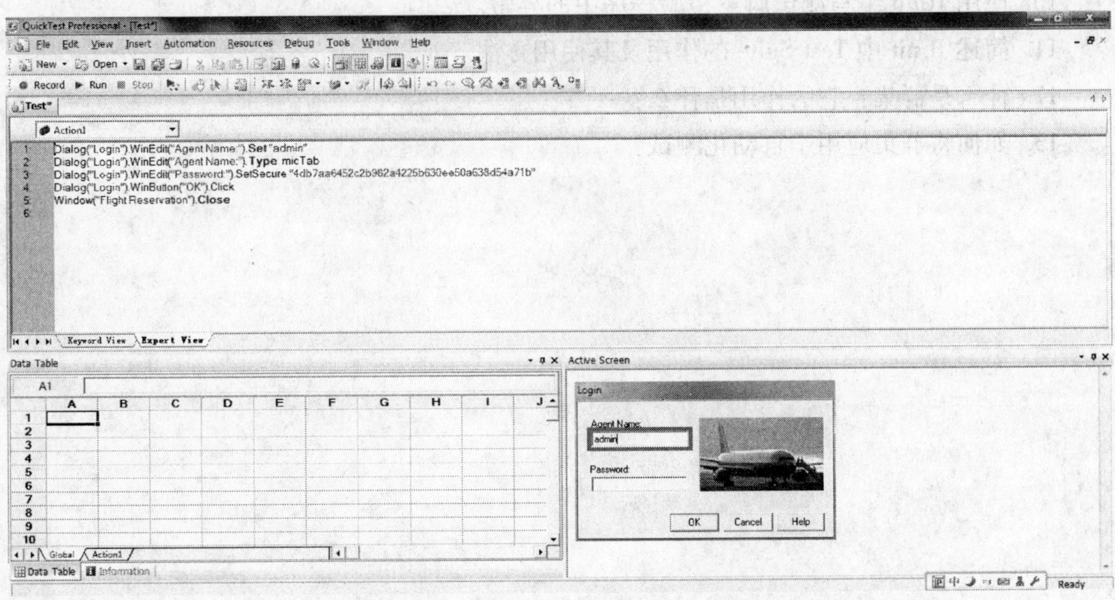

图 4—18　QTP“专家视图”界面

这是简单测试脚本的录制过程，接下来需要做的事情是对脚本进行分析，做出进一步的修改和调整。录制结果的分析和修改可在关键字视图（Keyword View）和专家视图（Expert View）中任选其一进行操作。

练　习　四

1. 进行测试自动化应具备哪些必要条件？
2. 简述测试自动化的过程。
3. 简述冒烟测试的概念及其执行过程。
4. 在自动化测试中如何识别图形用户界面控件及元素？
5. 如何使测试框架具有更好的复用性？
6. 论述 Web 用户界面元素的结构特点。
7. 测试自动化框架的概念是什么？

8. 如何使用 JUnit 测试自动化框架对构造函数进行测试?

9. JUnit 测试自动化框架中的 TestCase 类是如何工作的?

10. 使用 JUnit 编写测试脚本检验程序中的异常。

11. 简述 JUnit 中 Test Suite 的作用及其使用方法。

12. 什么是群集? 它的作用是什么?

13. 如何将群集应用于自动化测试?

附录1

测试人员经常使用的操作系统

一、Windows 环境

1985 年，微软公司发布了基于图形用户界面（Graphic User Interface，GUI）的操作系统——Windows。此后功能不断完善，陆续推出了 Windows 3.0、Windows 3.1、Windows 3.2、Windows 95、Windows 98、Windows Me、Windows NT、Windows 2000、Windows XP、Windows Server 2003 、Vista、Windows 7 等一系列的操作系统产品。微软于北京当地时间 2012 年 2 月 29 日 22 时推出了 Windows 8 开发者预览版（Windows 8 Developer Preview）。

最初的 Windows 3.x 系统只是 DOS 的一种 16 位应用程序，但在 Windows 3.1 中出现了剪贴板、文件拖动等功能，这些 Windows 的图形界面使用户的操作变得简单。当 32 位的 Windows 95 发布的时候，Windows 3.x 中的某些功能被保留了下来。

1. Microsoft Windows 2000

微软公司于2000 年12 月19 日发行 Windows 2000（起初称为 WinNT 5.0），它是32 位图形用户界面的非开源操作系统。Windows 2000 有四个版本：Professional、Server、Advanced Server 和 Datacenter Server。另外，微软提供了 Windows 2000 Advanced Server 限定版，用于运行在英特尔 Itanium 64 位处理器上。

（1）Windows 2000 Server。Windows 2000 Server 是在 Windows NT Server 4.0 版的基础上开发出来的，它最初被命名为 Windows NT Server 5.0。Windows 2000 Server 是为服务器开发的多用途操作系统。对中小型企业级用户而言，它是一个性能良好、工作稳定且易于管理的平台。Windows 2000 Server 较之 Windows NT Server 最重要的改进在于采用了名为“Active Directory”的目录服务技术，它有效地简化了用户对网络资源的管理。Windows 2000 Server 的最低系统要求为：

1）133 MHz Pentium CPU。

2）128 MB RAM。

3）2 GB 硬盘且至少有 1 GB 可用空间。

4）Windows 2000 Server 支持 2 路对称多处理器（SMP）系统，即支持 4 个 CPU。

（2）Windows 2000 Advanced Server。Windows 2000 Advanced Server 版本原名为 Windows NT Server 5.0 Enterprise Edition（Windows NT 服务器企业版），除具有 Windows 2000 Server 的所有功能和特性外，还提供了网络负载平衡、组件负载平衡和群集功能，优化了大型数据集的排序功能，提供了更强的 SMP 扩展能力（支持 4 路对称多处理器系统，即支持 8 个 CPU）和更高的稳定性。这些功能和特性使 Windows 2000 Advanced Server 比 Windows 2000 Server 具有更高的扩展性、互操作性和可管理性，可用做拥有多种操作系统和提供 Internet 服务的大型企业网络服务器。

（3）Windows 2000 Datacenter Server。Windows 2000 Datacenter Server 版本是功能更强大的服务器操作系统，它除了包含 Windows 2000 Advanced Server 的全部特性和功能外，还专门为大型的数据仓库、经济分析、科学和工程模拟、联机交易等应用进行了优化，支持多达 16 路的对称多处理器系统（即支持 32 个 CPU）及 64GB 的物理内存。

所有版本的 Windows 2000 都有如下共同的一些新特征：NTFS5，新的 NTFS 文件系统；EFS，允许对磁盘上的所有文件进行加密；WDM，增强对硬件的支持。Windows 2000 特性见表 1。

表 1　　Windows 2000 特性

版本	Professional	Server	Advanced Server	Datacenter Server
支持 CPU 个数	2	4	8	32
最多支持内存	4 GB	4 GB	8 GB	64 GB

2. Windows XP

Windows XP 发行于 2001 年 10 月 25 日，原来的名称是 Whistler。微软最初发行了两个 Windows XP 版本，家庭版（Home）和专业版（Professional）。家庭版的消费对象是家庭用户，专业版则在家庭版的基础上添加了新的为面向商业而设计的网络认证、双处理器等特性。字母 XP 表示英文单词的“体验”（experience）。

Windows XP 是基于 Windows 2000 代码的产品，同时拥有一个新的用户图形界面（叫做月神 Luna），它包括了一些细微的修改，其中一些看起来是从 Linux 的桌面环境（desktop environment）诸如 KDE 中获得的灵感。带有用户图形的登录界面就是一个例子。此外，Windows XP 还引入了一个“基于人物”的用户界面，使得工具条可以访问任务的具体细节。它包括了简化了的 Windows 2000 的用户安全特性，并整合了防火墙，用来解决长期以来一直存在的安全问题。

安装 Windows XP 的系统要求如下：推荐计算机使用时钟频率为 300 MHz 或更高时钟频率的处理器；至少需要 233 MHz（单个或双处理器系统）；推荐使用 Intel Pentium/Celeron 系列、AMD K6/Athlon/Duron 系列或兼容的处理器，推荐使用 128 MB RAM 或更高（最低支持 64 MB，可能会影响性能和某些功能），1.5 GB 可用硬盘空间，Super VGA（800 × 600）或分辨率更高的视频适配器和监视器，CD - ROM 或 DVD 驱动器，键盘和 Microsoft 鼠标或兼容的指针设备。

3. Microsoft Windows Vista

Windows Vista 包含了上百种新功能，其中较特别的是新版的图形用户界面和称为“Windows Aero”的全新视觉风格、加强后的搜寻功能（Windows indexing service）、新的多媒体创作工具（例如 Windows DVD Maker），以及重新设计的网络、音频、输出（列印）和显示子系统。Vista 也使用点对点技术（peer－to－peer），提升了计算机系统在家庭网络中的通信能力，使在不同计算机或装置之间分享档案与数位媒体内容变得更简单。针对开发者方面，Vista 使用 .NET Framework 3.0 版本。

微软也在 Vista 的安全性方面进行改良。Windows XP 最受到人们批评的一点是系统经常出现安全漏洞，并且容易受到恶意软件、病毒或缓冲区溢出（buffer overflow）等问题的影响。为了解决这些问题，微软总裁比尔·盖茨在 2002 上半年宣布在全公司实行“可信赖的计算机行动”（Trustworthy Computing initiative），这个活动目的是让全公司各方面的软件开发部门一起合作，共同解决安全性的问题。微软宣称由于希望优先增进 Windows XP 和 Windows Server 2003 的安全性，因此延误了 Vista 的开发。

微软公开的 Windows Vista 的最终配置条件分为“Vista Capable”与“Vista Premium Ready”两个档次，前者面向仅需运行 Vista 最基本核心功能的普通用户，而后者则面向需要使用媒体扩展功能的高级用户。

Windows Vista Capable PC 最低配置要求为：

（1）CPU 主频 800 MHz 以上。

（2）512 MB 内存。

（3）兼容 DirectX 9.0 的图形加速卡。

Windows Vista Premium Ready PC 最低配置要求为：

（1）1 GHz 以上的 32 位 X86 CPU 或者是 64 位 X64 CPU。

（2）1 GB 以上内存。

（3）支持 Windows Aero 的图像加速卡。

（4）128 MB 以上显存。

（5）40 GB 以上硬盘，15 GB 以上剩余空间。

（6）DVD 只读光驱。

（7）具备声卡及因特网连接。

4. Microsoft Windows 7

Windows 7 操作系统于 2009 年 10 月 23 日在中国正式发布，产品开发代号为 Blackcomb 和 Vienna，后改为“7”。在 2011 年 2 月 23 日，微软发布了 Windows 7 SP1 升级补丁，包含了先前通过 Windows Update 提供的更新和针对客户及合作伙伴的反馈做出的增量更新。

Windows 7 提供了更具体验乐趣的用户接口，可快速最大化，窗口半屏显示，具有超级任务栏的跳转列表以及系统故障快速修复等。并且，该操作系统大幅度缩减了 Windows 的启动时间。

Windows 7 最低配置要求为：

（1）1 GHz 32 位或 64 位处理器。

（2）1 GB 内存（基于 32 位）或 2 GB 内存（基于 64 位）。

（3）16 GB 可用硬盘空间（基于 32 位）或 20 GB 可用硬盘空间（基于 64 位）。

（4）带有 WDDM 1.0 或更高版本的驱动程序的 DirectX 9 图形设备。

对于带有多个处理器（CPU）的计算机，Windows 7 专业版、企业版和旗舰版允许使用两个物理处理器，可以在这些计算机上提供最佳性能。而 Windows 7 简易版、家庭普通版和家庭高级版只识别一个物理处理器。Windows 7 专门为与多核处理器配合使用而设计，因此，所有 32 位版本的 Windows 7 最多可支持 32 个处理器核，而 64 位版本的 Windows 7 操作系统则可支持多达 256 个处理器核。

5. Microsoft Windows 8

美国东部时间 2011 年 9 月 9 日消息，下一代 Windows 操作系统被命名为“Windows Slate”，人们早已耳熟能详的“Windows 8”是下一代 Windows 操作系统的内部开发代号。

较之以往微软公司推出的视窗操作系统，Windows 8 具有很多新特性，支持来自 Intel、AMD 和 ARM 的芯片架构。这样 Windows 8 可以应用于平板计算机和 PC（Personal Computer）之上，兼容了更多平台。2011 年 9 月，Windows 8 开发者预览版（Windows 8 Developer Preview）发布。

微软公司在巴塞罗那当地时间 2012 年 2 月 29 日 15 时（北京时间 22 时），巴塞罗那移动大会上已经推出 Windows 8 消费者预览版（Windows 8 Consumer Preview），共 5 种语言包：英语、中文（简体）、法语、德语、日语，每种语言包各有 32 位和 64 位操作系统。

（1）Windows 8 系统的特点

1）采用 Metro UI 的主界面：只需单击，即可开启应用。一键即可在 Metro 界面和桌面之间进行切换。

2）兼容 Windows 7 应用程序。

3）启动更快、硬件配置要求更低。

4）支持智能手机和平板计算机。

5）支持触控、键盘和鼠标三种输入方式。

6）Windows 8 支持 ARM 和 X86 架构。

7）内置 Windows 应用商店。

8）捆绑 Internet Explorer 10 浏览器。

9）具有分屏多任务处理界面。

10）结合云服务和社交网络。

（2）最低配置要求

1）1 GB 或以上 32 位（X86）或者 64 位（X64）处理器。

2）1 GB RAM（32 位）或 2 GB RAM（64 位）。

3）16 GB 硬盘（32 位）或 20 GB 硬盘（64 位）。

4）DirectX 9 显卡带有 WDDM1.0 或以上的驱动。

二、Mac OS X 环境

由于苹果产品的流行，苹果操作系统如今已经成为使用非常普遍并且深受广大用户欢迎的图形界面操作系统。众多 Windows 平台下的常用软件如今已经出现 Mac 平台兼容的版本。在软件测试领域，Mac 系统也已经成为测试人员常用的软件测试平台。

Mac OS X 是基于 UNIX 基础架构、设计简单直观、安全易用、高度兼容的操作系统。从启动 Mac 后所看到的桌面，到用户日常使用的应用程序，都设计得简约精致。无论是浏览网页、查看邮件还是和外地朋友视频聊天，Mac OS X 不仅具有基础坚实、久经考验的 UNIX 系统提供的稳定性，还提供了超强性能、超炫图形并支持互联网标准。

Mac OS X 是苹果麦金塔计算机（Macintosh）的操作系统软件 Mac OS 的最新版本。Mac OS X 于 2001 年首次在市场上推出。它包含两个主要的部分：Darwin，是以 BSD 原始码和 Mach 微核心为基础，类似 UNIX 的开放原始码环境，由苹果计算机采用与独立开发者协同做进一步的开发；及一个由苹果计算机开发，命名为 Aqua 的有版权的图形用户接口。

Mac OS X Server 也同时于 2001 年发售，从架构上来说与工作站（客户端）版本相同，只有在包含的工作群组管理和管理软件工具上有所差异，提供对于关键网络服务的简化存取，像是邮件传输服务器、Samba 软件、LDAP 目录服务器以及域名服务器（DNS）。同时它也有不同的授权形态。

X 这个字母是一个罗马数字且正式的发音为“十”（ten），接续了先前的麦金塔操作系统像是 Mac OS 8 和 Mac OS 9 的编号。有时候把它读作 X 字母且发音为“ex”。对于这个直接解读的原因是对于 Unix－like 操作系统的传统命名会以字母“x”作为结尾（例如 AIX，IRIX，Linux，Minix，Ultrix，Xenix）。另外一个原因是苹果计算机的倾向，提及特别的版本是以（例如）“Mac OS X 版本 10.4”印刷出来。

Mac OS X 版本以大型猫科动物命名。比它的推出更重要的，在苹果计算机内部 10.0 版本的代号是猎豹（Cheetah），以及 10.1 版本代号为美洲狮（Puma）。在苹果的产品市场 10.2 版本命名为美洲虎（Jaguar），以及 10.3 相似地命名为黑豹（Panther），10.4 命名为老虎（Tiger），10.5 命名为豹子（Leopard），10.6 命名为雪豹（Snow Leopard）。

2002 年 7 月 25 日，苹果公司推出了 OSX Mountain Lion 操作系统。

苹果计算机的网站和文章中提及特殊的 Mac OS X 版本会以 4 种不同的方式呈现：

（1）Mac OS X v10.4，版本号码。

（2）Mac OS X Tiger，版本的代号名称。

（3）Mac OS X v10.4 "Tiger"，版本号码和名称，苹果有时会省略引号。

（4）"Tiger"，简单的版本名称。

当前"狮子"系统的硬件配置要求为：

（1）Intel Core2 Duo，Core i3，Core i7 或者 Xeon 处理器

（2）2 GB 以上内存

（3）7 GB 以上硬盘可用空间

另外，更新安装前要求当前系统为最新更新。

三、Linux 环境

1. RedHat

初始版本：1995 年 5 月 13 日，支持的语言：多语种（包括中文）。

Red Hat 是全球最大的开源技术厂家，其产品 Red Hat Linux 也是全世界应用最广泛的 Linux。Red Hat 公司总部位于美国北卡罗来纳州。在全球拥有 22 个分部。

2004 年 4 月 30 日，Red Hat 公司正式停止对 Red Hat 9.0 版本的支持，标志着 Red Hat Linux 的正式完结。原本的桌面版 Red Hat Linux 发行包则与来自民间的 Fedora 计划合并，成为 Fedora Core 发行版本。Red Hat 公司不再开发桌面版的 Linux 发行包，而将全部力量集中在服务器版的开发上，也就是 Red Hat Enterprise Linux 版。2005 年 10 月 RHEL4 发布。

2. Ubuntu

初始版本：2004 年 10 月 20 日，支持的语言：多语种（包括中文）。

Ubuntu 是一个以桌面应用为主的 Linux 操作系统，其名称来自非洲南部祖鲁语或豪萨语的"Ubuntu"一词（译为吾帮托或乌班图），意思是"人性""我的存在是因为大家的存在"，是非洲传统的一种价值观，类似华人社会的"仁爱"思想。Ubuntu 基于 Debian 发行版和 GNOME 桌面环境，与 Debian 的不同在于它每 6 个月会发布一个新版本。Ubuntu 的目标在于为一般用户提供一个最新的、同时又相当稳定的主要由自由软件构建而成的操作系统。Ubuntu 具有庞大的社区力量，用户可以方便地从社区获得帮助。

Ubuntu 及其派生版本至今似乎没有正式的中文译名，至少从 Ubuntu 正体中文站，Ubuntu 和简体中文网的官方网站上来看是这样。一些中文用户使用班图、乌班图、乌斑

兔、乌帮图、笨兔等作为非官方译名。

3. Debian

初始版本：1993 年 8 月 16 日，支持的语言：多语种（包括中文）。

Debian 于 1993 年 8 月 16 日由一名美国普渡大学学生 Ian Murdock 首次发表。Ian Murdock 最初把他的系统称为“Debian Linux Release”。在定义文件 Debian Manifesto 中，Ian Murdock 宣布将以开源的方式，本着 Linux 及 GNU 的精神发行一套 GNU/Linux 发行版。

Debian 计划最初发展缓慢，在 1994 年和 1995 年分别发布了 0. 9x 版本；1. x 版本则在 1996 年发布。1996 年，Bruce Perens 接替了 Ian Murdock 成为了 Debian 计划的领导者。同年，一个开发者 Ean Schuessler 提议 Debian 应在其计划与用户之间创建一份社会契约。经过讨论，Bruce Perens 发表了 Debian 社会契约（Debian Social Contract）及 Debian 自由软件指引（Debian Free Software Guidelines），定义了开发 Debian 的基本承诺。

1998 年在基于 GNU C 运行期库的 Debian 2. 0 发布之前，Bruce Perens 离开了 Debian 的开发工作。Debian 开始选出新的领导者，并发布了另外两个 2. x 版本，包含了更多接口和软件包。APT 和第一个非 Linux 接口——Debian GNU/Hurd 的开发也在展开。第一个基于 Debian 的 Linux 发行版 Corel Linux 和 Stormix 的 Storm Linux 在 1999 年开始开发。尽管未能成功开发，这两个发行版成为了基于 Debian 的 Linux 发行版的先驱。

在 2000 年后半年，Debian 对数据库和发布的管理做出了重大的改变，它重组了收集软件的过程，并创造了测试版本作为较稳定的对下一个发布的演示。同年，Debian 的开发者开始举办名为 Debconf 的年会，为其开发者和技术用家提供讲座和工作坊。

4. Fedora

初始版本：2003 年 11 月 6 日，支持的语言：多语种（包括中文）。

最早 Fedora Linux 社区的目标是为 Red Hat Linux 制作并发布第三方的软件包，然而当 Red Hat Linux 停止发行后，Fedora 社区便集成到 Red Hat 赞助的 Fedora Project，目标是开发出由社区支持的操作系统（Fedora Project 除了由志愿者组织外，也有许多 Red Hat 的员工参与开发）。Red Hat Enterprise Linux 则取代 Red Hat Linux 成为官方支持的系统版本。

Fedora Core（自第七版直接更名为 Fedora）是众多 Linux 发行套件之一。它是一套从 Red Hat Linux 发展出来的免费 Linux 系统。Fedora 是 Linux 发行版中更新最快的之一，通常每 6 个月发布一个正式的新版本。

Fedora 和 Redhat 这两个 Linux 的发行版联系很密切。Redhat 自 9. 0 以后，不再发布桌面版，而是把这个项目与开源社区合作，于是就有了 Fedora 这个 Linux 发行版。Fedora 可以说是 Redhat 桌面版本的延续，只不过是与开源社区合作。

5. open SUSE

初始版本：2006 年 12 月 7 日，支持的语言：多语种（包括中文）。

open SUSE 是以 Linux 核心为基础，提供符合一般日常使用的操作系统，也是 Novell 发起的开源社区计划。旨在推进 Linux 的广泛使用。open SUSE. org 提供了自由简单的方法来获得世界上最好用的 Linux 发行版——SUSE Linux。open SUSE 项目为 Linux 开发者和爱好者提供了开始使用 Linux 所需要的一切。open SUSE 项目的目标是使 SUSE Linux 成为所有人都能够得到的最易于使用的 Linux 发行版。同时努力使其成为使用最广泛的开放源代码平台。为开放源代码合作者提供一个环境来把 SUSE Linux 建设成世界上最好的 Linux 发行版，不论是新用户或者是有经验的 Linux 用户，大大简化并开放开发和打包流程，使得 open SUSE 成为 Linux 黑客和应用软件开发者的首选平台。

四、Windows 系统下测试环境的搭建

1. 安装操作系统

在工作实践当中，经常需要准备各种各样的测试环境，Windows 和 Linux 是测试环境中最为常见的操作系统。

（1）Windows Server 2003。Windows Server 2003 是于 2003 年 3 月 28 日发布的新一代网络服务器操作系统，它大量继承了 Windows XP 的友好操作性和 Windows 2000 Sever 的网络特性，是一个同时适合个人用户和服务器使用的操作系统。与以前的同类操作系统相比，它更加安全、性能更加稳定，而操作和使用却更加轻松，因此，它不仅能够安装到服务器上设置成为主域控制服务器、文件服务器等各种服务器，也能安装在局域网的客户机上，作为客户端系统使用，当然也可以安装到个人计算机中，成为更加稳定、更加安全、更容易使用的个人操作系统。无论是服务器、客户机还是家庭用户，安装 Windows 2003 都是非常轻松的。

Windows Server 2003 包括 Standard Edition（标准版）、Enterprise Edition（企业版）、Datacenter Edition（数据中心版）、Web Edition（网络版）四个版本，每个版本均有 32 位和 64 位两种编码。

Windows 2003 对硬件的最低要求不高，和 Windows 2000 Server 相仿，Enterprise Edition 版本对 CPU 频率要求 133 MHz 以上，内存最小需求为 128 MB。

1）Windows Server 2003 Web Edition（Web 版）。用于构建和存放 Web 应用程序、网页和 XML Web Services。它主要使用 IIS 6.0 Web 服务器并提供快速开发和部署使用 ASP. NET 技术的 XML Web services 及应用程序。支持双处理器，最低支持 256 MB 的内存，最高支持 2 GB 的内存。

2）Windows Server 2003 Standard Edition（标准版）。是一个可靠的网络操作系统，可迅速方便地提供企业解决方案。这种灵活的服务器是小型企业和部门应用的理想选择。支持文件和打印机共享，提供安全的 Internet 连接，允许集中的应用程序部署。支持 4 个处理器；最低支持 256 MB 的内存，最高支持 4 GB 的内存。

3）Windows Server 2003 Enterprise Edition（企业版）。是为满足各种规模的企业的一般用途而设计的，是一种全功能的服务器操作系统，支持多达 8 个处理器，并且可以群集服务器，以便处理更大的负荷。提供企业级功能，如 8 节点群集、支持高达 32 GB 内存等。可用于基于 Intel ltanium 系列的计算机，能够支持 8 个处理器和 64 GB 内存的 64 位计算平台。

4）Windows Server 2003 Datacenter Edition（数据中心版）。是针对要求最高级别的可伸缩性、可用性和可靠性的大型企业或国家机构等设计的，是 Microsoft 开发的功能强大的服务器操作系统。分为 32 位版与 64 位版：

32 位版支持 32 个处理器，支持 8 点集群；最低要求 128 M 内存，最高支持 512 GB 的内存。

64 位版支持 Itanium 和 Itanium2 两种处理器，支持 64 个处理器与支持 8 点集群；最低支持 1 GB 的内存，最高支持 512 GB 的内存。表 2 列出了各版本的特点。

表 2　Windows Server 2003 的各种版本

版本	硬件最大支持	服务特点
Windows Server 2003 Web Edition	2 GB 内存 2 路处理器	针对 Web 服务进行优化，仅能够在 AD 域中做成员服务器，不能做 DC 域控制器
Windows Server 2003 Standard Edition	4 GB 内存 4 路处理器	针对中小型企业，具备除元目录服务（MMS）支持、终端服务会话目录、集群服务以外的所有服务功能
Windows Server 2003 Enterprise Edition	64 GB 内存 8 路处理器	针对高端服务的需求，具备所有服务功能
Windows Server 2003 Datacenter Edition	512 GB 内存 32 路处理器	符合最高性能的要求，具有极其可靠的稳定性与扩展性，具备除 Internet 连接防火墙、Internet 连接共享以外的所有服务功能

Windows Server 2003 提供各种工具，允许用户部署、管理和使用网络结构以获得最高效率。Windows Server 2003 通过以下方式实现这一目的：提供灵活易用的工具，有助于使用户的设计和部署与单位和网络的要求相匹配；通过加强策略、使任务自动化以及简化升级来帮助用户主动管理网络；通过让用户自行处理更多的任务来降低支持开销。

Windows Server 2003 的发布，对活动目录、组策略操作和管理、磁盘管理等面向服务器的功能做了较大改进，对 . net 技术的完善支持进一步扩展了服务器的应用范围。

Windows 操作系统是日常使用较为广泛的计算机图形用户界面系统，安装起来较为简便。关于 Windows 系统安装中遇到的问题，可以参考相关资料解决。

（2）Solaris。Solaris 是 Sun 公司开发和发布的企业级操作环境，是一种多任务、多处理器的操作系统，其分布式计算环境适用于 Sun SPARC、Intel X86 以及 AMD Opteron 服务器等。它起源于 BSD UNIX，但逐渐转移到了 System V 标准。在服务器市场上，Sun 的硬件平台具有高可用性和高可靠性，Solaris 是当今市场上处于支配地位的 UNIX 类操作系统。目前比较流行的运行于 X86 架构的计算机上的 Solaris 有 Solaris 8 X86. Solaris 9 X86 和 Solaris 10 X86 三个版本，它们都可以从 Sun 的官方网站下载，也可以从国内外其他一些站点免费下载。对于难以接触到 Sun SPARC 架构计算机的用户，可以通过使用 Solaris X86 体验世界知名大厂的商业 UNIX 的风采。当然 Solaris X86 也可以用于实际生产应用的服务器。

Solaris 以其强大的性能和可扩展性而著称，它具有以下性能：

1）支持在单个系统上同时处理上百万个程序。

2）单个系统上多达 128 个 CPU，群环境下多达 848 个 CPU。

3）支持高达 576 GB 的内存。

4）支持四十亿次以上的网络连接。

5）支持多达 252 TB 的文件系统，通过 Sun StorEdge 性能组软件实现。

6）IPv6，可使用 128 位 IP 地址空间。

7）64 位 Java 虚拟机器。

Solaris 10 支持的开发工具有：Sun Studio 10、Sun Java Studio Creator、gcc（C/C + + 编译器）、binutils、gdb、gmake、vim、coreutils 等。

除了 Solaris 10 发行版本的 Companion CD 外，从 www. sunfreeware. com 站点上也可以下载上述工具的二进制包。Sunfreeware 站点上提供了 Solaris 7/8/9/10 各主要版本的免费工具的下载。

以上提到的所有开发工具的安装包，均须用 gzip 解压后，用 pkgadd - d 命令来进行安装。

系统安装成功后，可以使用设置的账户登录进行所需条件的设置。

在实际工作中，由于测试工作任务紧急，需要快速搭建测试环境，还可以采用虚拟机来模拟真实的 Solaris 操作系统。这种方法的特点是简单易学，可以很快上手，完成操作系统的准备。

2. 配置管理操作系统

（1）配置 Windows Server 2003

1）配置 IP。单击“启动”→“控制面板”→“网络”，打开网络配置，在其中双击要配置的网络连接“本地连接”，弹出的页面如图 1 所示。选择“Internet 协议（TCP/IP），弹出的页面如图 2 所示。

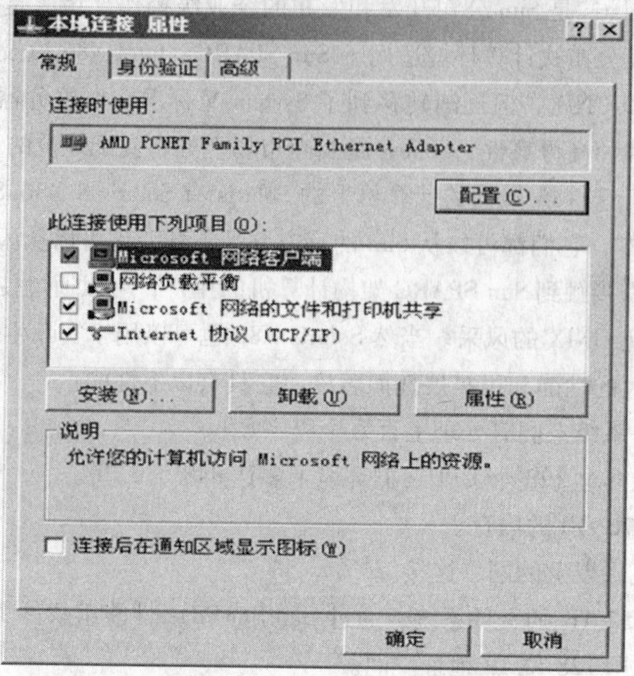

图 1 “本地连接”属性页

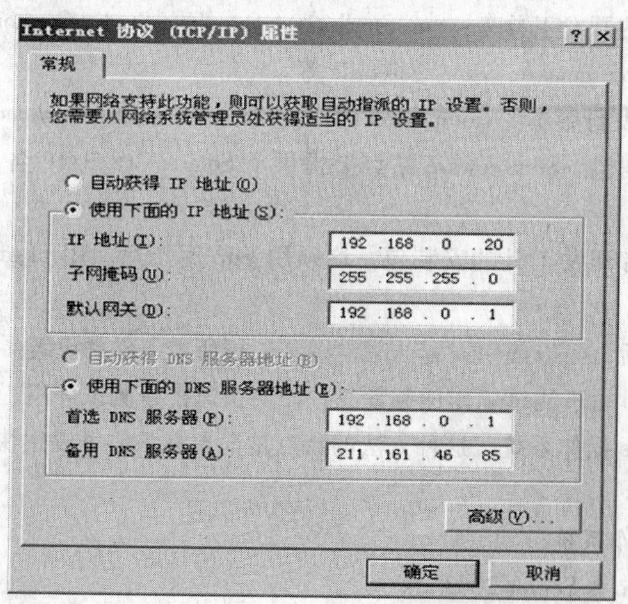

图 2 设置连接的 IP 地址

单击“高级”按钮，显示如图 3 所示的对话框。

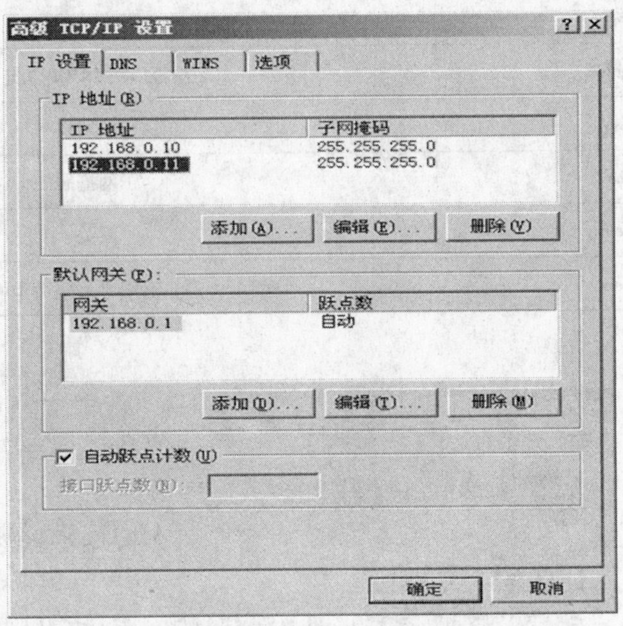

图 3　高级 TCP/IP 设置

从图 3 中可以为某个连接设置多个固定 IP。固定 IP 有其自身的一些弱点：管理员必须对每台机器都进行设置，增加了工作量；手工输入 IP 可能会录入错误信息；容易输入重复的 IP 地址，导致地址冲突；若对网络修改 IP 地址段，所有机器需要重新配置；计算机在多个网段频繁移动时需要每次都重新配置。因此，使用 DHCP 动态获得 IP 是一个比较方便的选择，如图 4 所示。

此外，备用配置（见图 5）在动态 IP 无法获取的时候起作用。

2）常见 Windows 网络命令。IPConfig 命令：查看当前计算机的 IP 配置信息。IPConfig/all 的详细信息见表 3。

表 3　　**IPConfig 命令的详细信息**

名　称	解　释
Host Name	主机名，就是计算机名
thernet adapter 本地连接	网卡类型和名称
Connection - specific DNS Suffix	连接指定的 DNS 后缀
Description	网卡的型号
Physical Address	网卡的物理地址或者叫 MAC 地址

续表

名　称	解　释
DHCP Enabled	是否启用 DHCP 功能
IP Address	IP 地址
Subnet Mask	子网掩码
Default Gateway	网关
DNS Servers	DNS 服务器，有时会有多个 DNS 服务器。

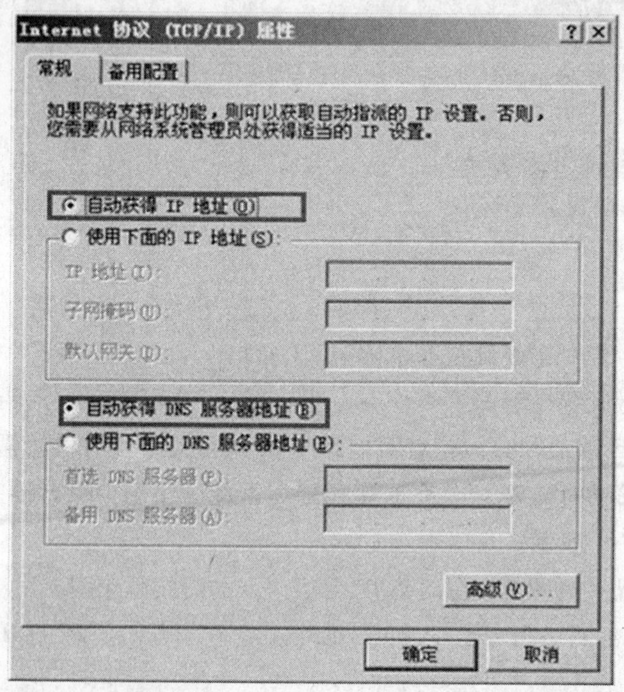

图 4　自动获得 IP（使用 DHCP）

Ping 命令：测试网络的连通情况。基本上可以有三种情况：网络正常、超时（多半不通）、网络不可到达，如图 6 所示。

Whoami 命令：显示用户组的相关信息，Whoami /user；Whoami /groups，如图 7 所示。

3）管理用户和组。从“启动”→“我的电脑”上单击右键菜单上的“管理”菜单项，或者单击“启动”→“控制面板”→“管理工具”→“计算机管理”，弹出的页面如图 8 所示。

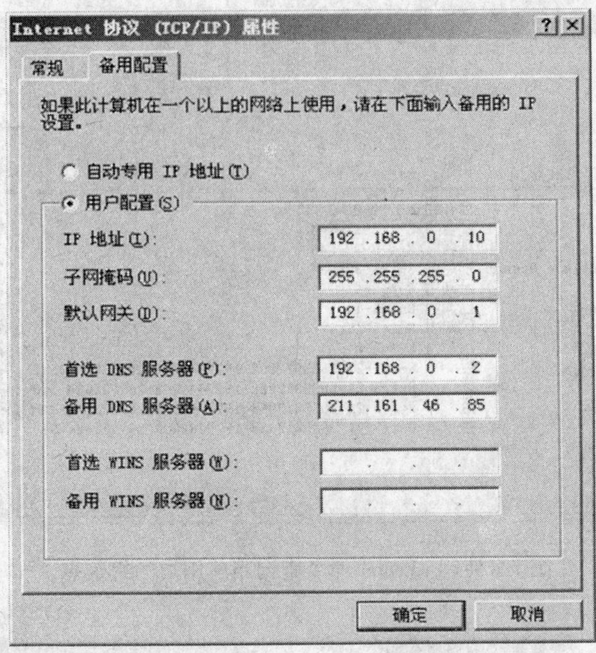

图 5　备用 IP 配置

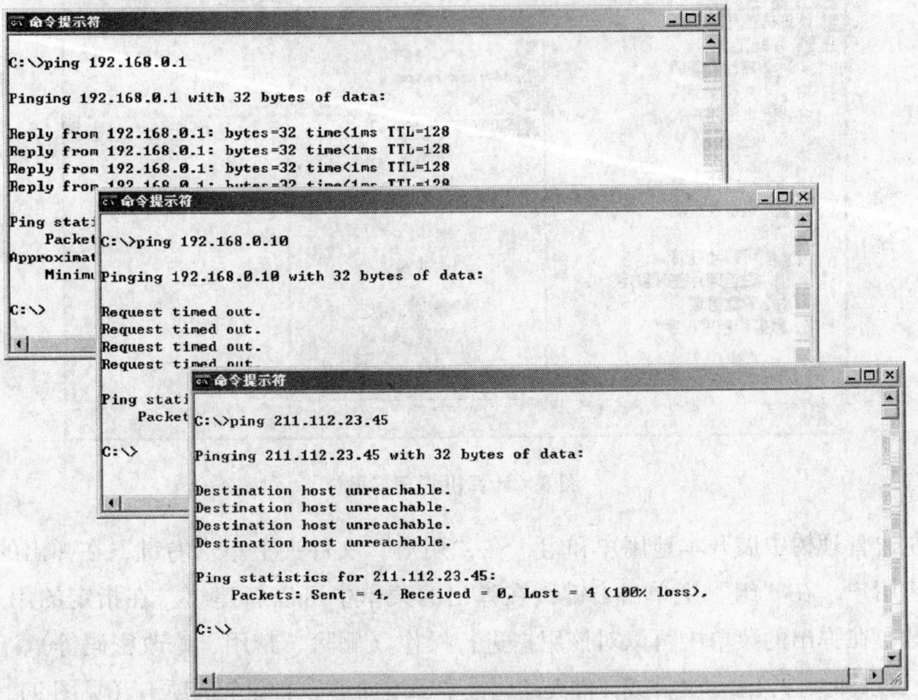

图 6　Ping 命令的三种情况

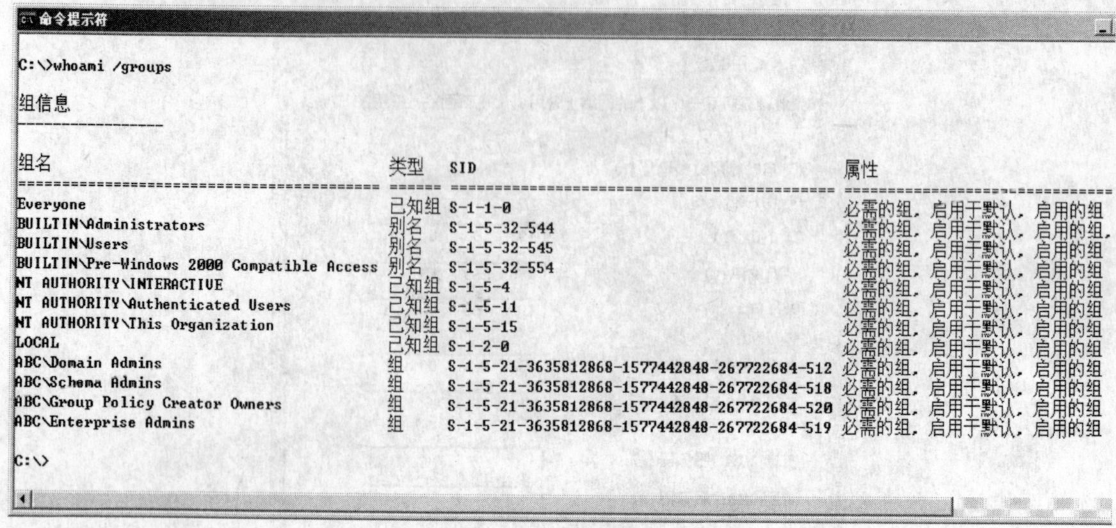

图7　使用 whoami 命令查询当前用户的组信息

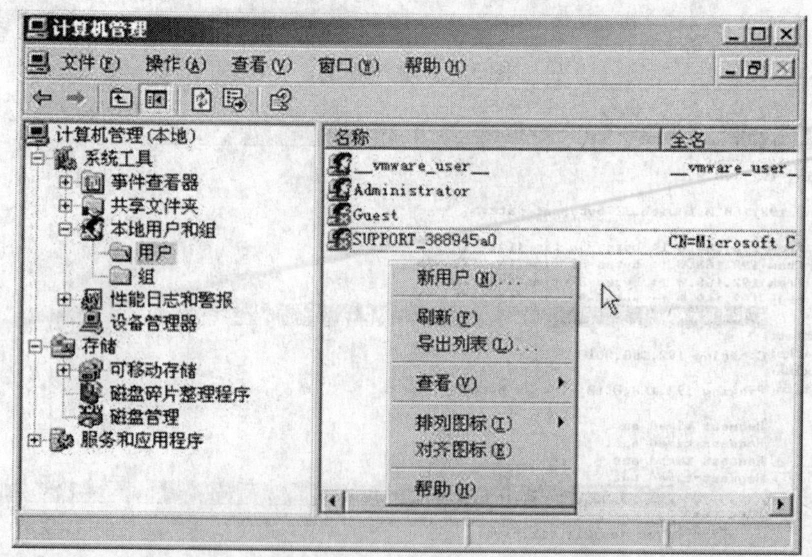

图8　计算机管理界面

在左边管理树中展开本地用户和组，在“用户”文件夹上单击右键，在弹出的菜单中可以新建用户，在“组”上单击右键，在弹出的菜单中可以新建组。在指定的用户/组上单击右键，在弹出的菜单中可以对该用户进行操作（删除、禁用、修改密码等）。

4）目录和文件权限。文件或文件夹的属性中都增加了一个安全选项卡（见图9），在选项卡中有一个访问控制列表和访问控制项（见图10），只有被授予权限的用户或组才能访问。

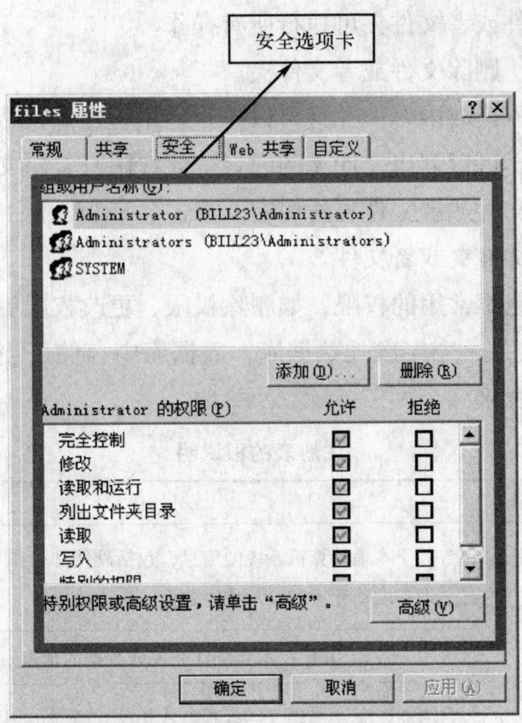

图 9　安全选项卡

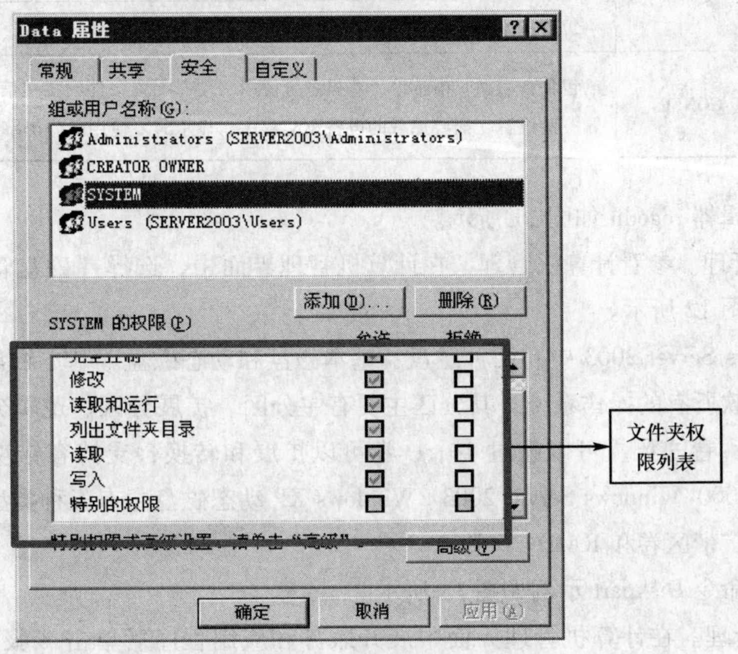

图 10　权限列表

①完全控制。对文件或者文件夹可执行所有操作。

②修改。可以修改、删除文件或者文件夹。

③读取和运行。可以读取内容，并且可以执行应用程序。

④列出文件夹目录。可以列出文件夹的内容。此权限只针对文件夹存在。

⑤读取。可以读取文件或者文件夹的内容。

⑥写入。可以创建文件夹或者文件。

⑦特别的权限。其他不常用的权限，如删除权限、更改权限等。

5）注册表。注册表是一个层次式数据库，数据库中存储了当前操作系统中的配置信息，注册表的根说明见表4。

表4　　注册表的根说明

键	用　途
HKEY_LOCAL_MACHINE	包含关于本地计算机系统的信息，包括硬件和操作系统数据，如总线类型、系统内存、设备驱动程序和启动控制数据
HKEY_CLASSES_ROOT	包含用于各种 OLE 技术和文件类关联数据的信息
HKEY_CURRENT_USER	包含当前以交互方式（与远程方式相反）登录的用户的用户配置文件，包括环境变量、桌面设置、网络连接、打印机和程序首选项
HKEY_USERS	包含关于动态加载的用户配置文件和默认的配置文件的信息
HKEY_CURRENT_CONFIG	包含在启动时由本地计算机系统使用的硬件配置文件的相关信息。该信息用于配置一些设置，如要加载的设备驱动程序、显示时要使用的分辨率

注册表编辑器 regedit 如图 11 所示。

6）磁盘管理。参看计算机管理，在计算机管理界面中，选择“磁盘管理”进入磁盘管理界面，如图 12 所示。

在 Windows Server 2003 中有两种磁盘：基本磁盘和动态磁盘。基本磁盘是传统的磁盘类型，兼容微软所有的操作系统，其分区主要有主分区、扩展分区、逻辑分区。动态磁盘具有以下特点：卷的数量可以超过 4 个；卷可以扩展和转换；支持容错功能；具有兼容性，Windows 2000/Windows Server 2003 /Windows XP 动态磁盘卷有五种类型：简单卷、跨区卷、镜像卷、带区卷和 RAID－5 卷。

磁盘管理命令 Diskpart 示例如图 13 所示。

7）服务管理。在计算机管理界面中展开服务和应用程序后单击“服务”，出现如图 14 所示的界面。

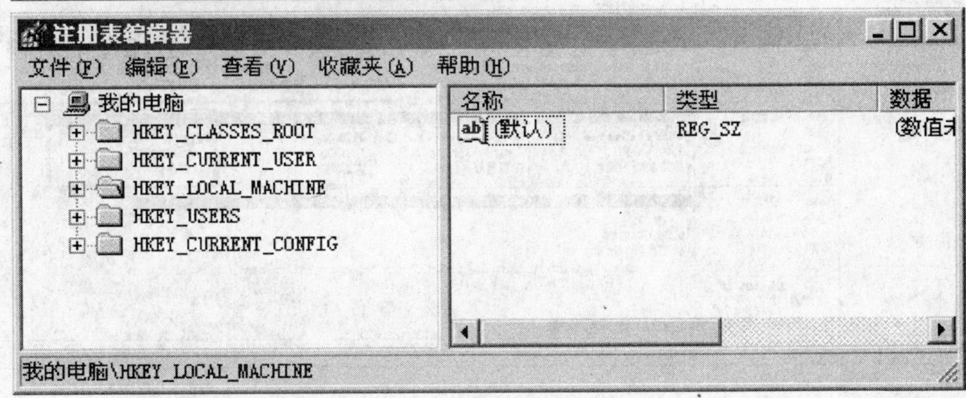

图 11　注册表编辑器

在该界面下，可以对系统服务进行管理：启动、停止、暂停服务，将服务设置为手动、自动，修改服务启动的账户等。

（2）Solaris 网络设定。要注意的是，修改机器名及 IP 应该在控制台下运行，表 5 列出与这些操作相关的文件。

表 5　**Solaris 配置文件**

内容	临时更改 IP 地址（重启后不保留）	永久性更改 IP 地址（重启后保留）
主机名	hostname < new name > 不要在 CDE 中使用!	/etc/nodename /etc/hostname. < Interface > /etc/inet/hosts
IP 地址	ifconfing < Interface > plumb ifconfig < Interface > < IP > up	/etc/inet/hosts /etc/inet/ipnodes（Solaris10）
网络掩码	ifconfig < Interface > < netmask > up	/etc/netmasks
网关	route add default < IP Gateway >	/etc/defaultrouter
DHCP 客户机	ifconfig < Interface > plumb ifconfig < Interface > dhcp start	touch/etc/hostname. < Interface > touch/etc/dhcp. < Interface >

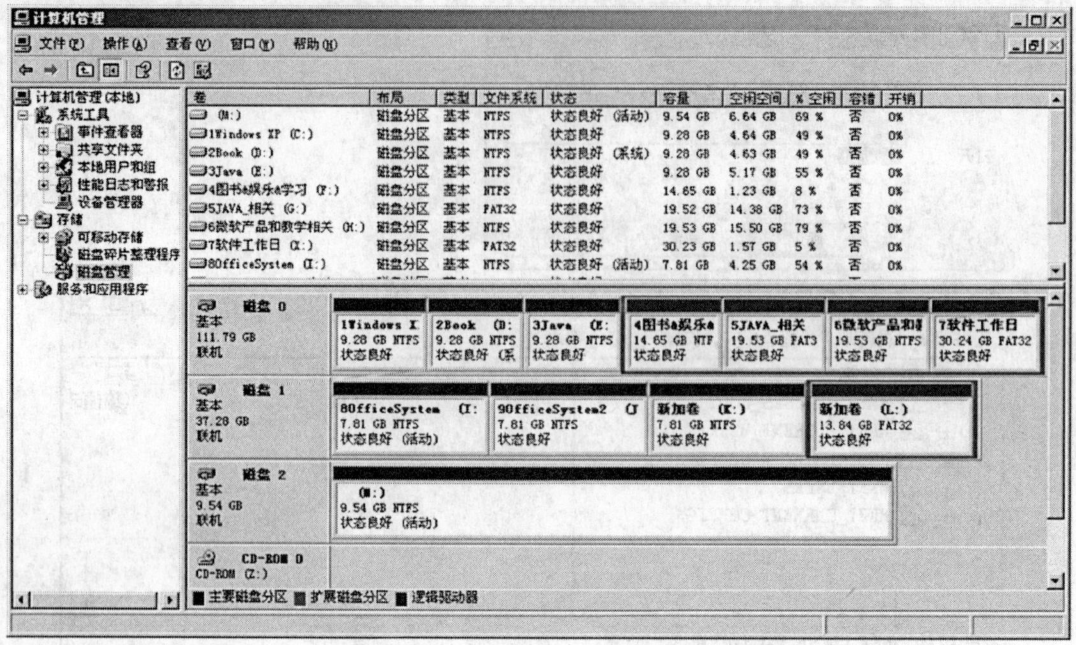

图 12　磁盘管理界面

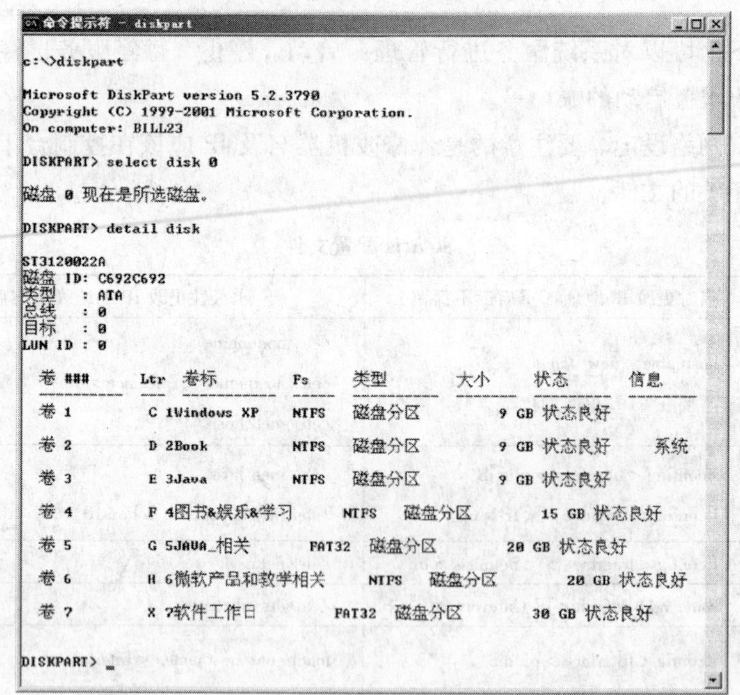

图 13　Diskpart 命令示例

图 14　服务管理界面

【例】

黑色粗体（Courier New 字体）为输入的命令，粗斜体为系统显示信息，斜体为注释信息。

 # cd /etc

//读取文件 nodename

 # cat nodename

solaris10 - sparc - M

//读取文件 hostname. hme0，这里 hme0 为网卡，对应表5 中的 <interface>

 # cat hostname. hme0

solaris10 - sparc - M

```
#

//读取文件inet目录下的hosts文件，读取文件后每行最前面的#是文件内容中的注释
# cat inet/hosts
#
# Internet host table
#
127.0.0.1        localhost
172.16.207.50    solaris10-sparc-M        loghost
#

//读取文件inet目录下的ipnodes文件，读取文件后每行最前面的#是文件内容中的注释
# cat inet/ipnodes
#
# Internet host table
#
::1      localhost
127.0.0.1        localhost
172.16.207.50    solaris10-sparc-M        loghost

//读取文件netmasks文件，读取文件后每行最前面的#是文件内容中的注释
# cat netmasks
#
# The netmasks file associates Internet Protocol (IP) address
# masks with IP network numbers.
#
#        network-number   netmask
#
# The term network-number refers to a number obtained from the Internet Network
# Information Center.
#
```

 # Both the network - number and the netmasks are specified in

 # "decimal dot" notation, e. g:

#

 # 128. 32. 0. 0 255. 255. 255. 0

#

172. 16. 0. 0   255. 255. 0. 0

#

//读取文件netmasks 文件

#cat /etc/defaultrouter

172. 16. 100. 254

至此，已经完成了对测试环境的安装和配置，有了这样的基础，才可能进行下一步的测试工作。

五、Linux 和类 UNIX 系统下测试环境的搭建和配置

1. Linux 系统上 JDK 的安装

（1）下载和安装。下载 Linux 系统下的 Java 语言开发包后放到/home 目录中。也可以根据实际需要放到其他地方。

进入安装目录：

#cd /home

#cp jdk - 1_5_0_02 - linux - i586. rpm /usr/local

#cd /usr/local

给用户添加可执行权限：

#chmod + x jdk - 1_5_0_02 - linux - i586. rpm. bin //给文件添加可执行权限

#. /jdk - 1_5_0_02 - linux - i586. rpm. bin//执行文件

此时会生成文件 jdk - 1_5_0_02 - linux - i586. rpm，同样给所有用户添加可执行的权限：

#chmod + x jdk - 1_5_0_02 - linux - i586. rpm

安装程序：

#rpm - ivh jdk - 1_5_0_02 - linux - i586. rpm

出现安装协议等，按 Enter 键接受即可。

（2）设置环境变量

打开 profile 配置文件：

#vi /etc/profile

写入内容：

```
#set java environment
JAVA_HOME =/usr/java/jdk_1_5_0_02
CLASSPATH =. : $JAVA_HOME/lib. tools. jar
PATH = $JAVA_HOME/bin: $PATH
export JAVA_HOME CLASSPATH PATH
```

将写入的内容保存以后退出。

2. JDK 安装后的测试

在 Linux 系统下安装 Java 软件开发包的过程相对复杂，安装完成后可能存在某些问题。因此，安装后同样需要进行验证可用性。

重新登录系统，查看系统变量值：

```
# echo  $JAVA_HOME
/usr/java//jdk1. 5. 0/

# echo  $CLASSPATH
/usr/java//jdk1. 5. 0/lib/dt. jar:/usr/java//jdk1. 5. 0/lib/tools. jar

# echo  $PATH
/usr/java//jdk1. 5. 0/bin/:/usr/kerberos/sbin:/usr/kerberos/bin:/usr/local/sbin:/usr/local/bin:/sbin:/bin:/usr/sbin:/usr/bin:/usr/X11R6/bin:/root/bin

# java -version
JAVA version "1. 5. 0"
JAVA(TM)2 Runtime Environment,Standard Edition(build 1. 5. 0)
JAVA HotSpot(TM)Client VM(build 1. 5. 0,mixed mode)
```

环境变量检查完毕后，查看 Java 语言开发包是否可以正常工作，可以使用 Windows 系统下的测试程序进行编译和执行：

```
#javac HelloWorld. java
#java HelloWorld
Hello World!
```

如果得到以上信息，表示 Java 语言开发包工作正常。

如果要使某个用户具有运行 Java 命令的权限，只要修改其 bash 初始化文件即可。

比如要给用户 test 运行 Java 命令的权限，

```
# vi /home/test/. bashrc
set JAVA_HOME = /usr/java/jdk1. 5. 0
export JAVA_HOME
set PATH = $PATH: $JAVA_HOME/bin
export PATH
set CLASSPATH =. : $JAVA_HOME/lib/dt. jar: $JAVA_HOME/lib/tools. jar
export CLASSPATH
```

完成以上步骤后，Java 语言开发包已经在 Linux 系统上验证通过，表明可以正常工作。

如果 Linux 下已安装了 Java 语言开发包，则系统会选择自带的开发包，若想让系统使用自己安装的开发包，则需要在 shell 里录入如下命令：

```
# /usr/sbin/alternatives --install /usr/bin/java java /usr/java/jdk1. 5. 0/bin/java 2
# /usr/sbin/alternatives --config java
```

3. Eclipse 在 Linux 系统上的安装

在安装 Eclipse 前，首先要安装 Java 软件开发包并配置环境变量，具体过程在相关部分已经做了介绍。下面学习 Eclipse 在 Linux 系统下的安装和配置。

（1）下载所需软件。下载 Eclipse，网址为 http://www. eclipse. org，选择 Linux 平台下的最新版（eclipse - SDK - 3. 4 - linux - gtk. tar. gz）。

（2）安装 Eclipse。用以下命令将下载的文件解压即可。

#tar - zxvf eclipse - SDK - 3. 4 - linux - gtk. tar. gz（可以加上绝对路径）

也可以选择右键菜单里面的解压文档到当前位置。

为让每个用户都可以执行 Eclipse，可以编写 Eclipse. sh 脚本：

```
#! /bin/bash
#
# 执行 eclipse3. 4. 1
#
/usr/romeo/eclipse/eclipse - vm /usr/java/j2sdk1. 4. 2_04/bin/java - data ~/workspace &
```

- vm 参数用以指定使用哪一个 Java 虚拟机来执行 Eclipse。

- data 参数用以指定 Eclipse 的数据目录。在此指定其存在用户根目录（~）下的 workspace 目录中。将 Eclipse. sh 复制到/usr/local/bin 中，并为它加上权限 755，现在执行

Eclipse. sh 即可启动 Eclipse。

（3）在桌面上建立快捷方式。在桌面上单击鼠标右键，在弹出的菜单中选择“新增启动”命令，之后分别在“名称”中输入 Eclipse3. 4，“命令”中填入/usr/eclipse/eclipse，然后选择一个自己喜欢的图标。再单击“确定”按钮，桌面上就有 Eclipse 的快捷方式了，以后可以直接双击这个图标启动 Eclipse。

Eclipse 安装好后，因为已经内建了 Java 开发环境（JDT），所以就可以直接开发 Java 脚本了。为接下来的测试工作做了良好的准备。

六、多国语言测试的语言环境

一款软件如果只能适用于某种语言平台，该软件则无法在互联网上广泛传播并应用于全球化的语言环境。在软件开发初期，需要验证软件数据能否正常显示、数据能否正确传送和交换以及数据能否正确存储和索引。

多国语言测试具体来说需要考虑以下几个方面：

1. 具有国际化支持架构：ICU—International Components for Unicode
NLS Layer：Native Language Support Layer
2. 在存储和展现方面支持 Unicode 编码。
3. 具有本地化能力。
4. 具有国际化文化的适应性。
5. 具有目标语言文化的适应性。

附录 2

测试人员经常使用的虚拟平台

一、VMware

软件测试往往需要在不同的操作系统上进行，通常，个人管理使用的物理机数目不能太多，而且每次因为要搭建不同的测试环境而重装系统，工作量就会增加，导致有效工作时间减少。利用虚拟机，就可以解决这个问题。

虚拟机软件可以在一台计算机上模拟若干台计算机，每台计算机可以运行单独操作系统而互不干扰，实现一台计算机“同时”运行几个操作系统，还可以将多个操作系统连成一个网络。现在较为常用的虚拟机软件有：VMware 和 Virtual PC。其中前者由 VMware 公司开发，后者则属于微软公司。

VMWare 可运行在 Windows（WinNT 以上）和 Linux 操作系统上。

Virtual PC 可运行在 Windows（Windows 98 以上）和 MacOS 上。

在 X86 架构的虚拟化软件产品中，VMware 占有重要的地位，VMware 虚拟化软件产品主要针对 4 类用户而设计：

• 对于入门的初级用户：可选用免费的 VMware Player、VMware Server。

• 企业级桌面用户：适用 VMware ACE、VMware Virtual Desktop Infrastructure。

• 专业的软件开发和测试人员：VMware Workstation、VMware Lab Manager。

• 优化和管理数据中心的用户：VMware Infrastructure、VMware ESX Server、VMware VirtualCenter。

VMWare Workstation 8.0 具有以下主要特性：

• 可在网络中任意位置远程连接并访问运行在 VMware Workstation、WMware vSphere 和 VMware vCenter 中的虚拟机。这不仅能够充分利用本地计算机，还能充分利用内部云。

• 可以将 VMware Workstation 作为服务器运行，为团队、部门或组织中任何其他人托管应用程序。

• 几分钟即可创建并启动一个全新的测试环境。利用快照的强大功能保存虚拟机状态，随时可以返回。通过克隆，可以从标准的基准安装和配置制作多个虚拟机备份。

• 用户界面拥有简单化的菜单、实时缩略图和具有增强搜索功能的新虚拟机库。用户可以便捷地搜索和访问驻留在桌面、服务器或运行 Workstation 的另一台计算机中的大型虚拟机库。

VMware 的安装过程非常简单，和其他软件的安装过程大致相同。完成安装后需要重新启动系统。

VMware 的完整使用过程分为三个部分：建立一个新的虚拟机、使用安装好的虚拟机、配置虚拟机的网络。

一旦虚拟机建立完成，如图 15 所示，单击“Commands”里的“Start this virtual machine”就可以运行，但虚拟机里还没有任何操作系统，需要进行系统安装。“Edit virtual machine settings”（配置编辑器）是对这个虚拟机进行配置，包括虚拟机的硬件配置（内存、硬盘、光驱等）和综合选项。“Clone this virtual machine”则是将用户指定的虚拟机克隆。

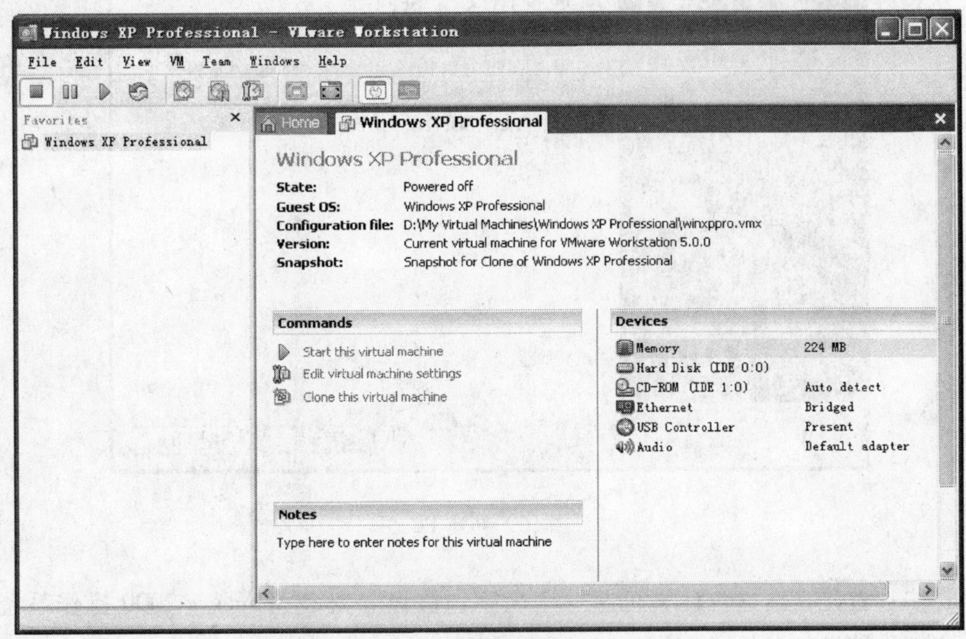

图 15　打开的虚拟机

更多有关 VMware 的使用和配置方法，请参见 http://www.vmware.com/cn 获得相关信息。

二、Virtual PC

能够让用户在一台计算机上同时运行多个操作系统，不用重新启动系统，只要单击鼠标便可以打开新的操作系统或是在操作系统之间进行切换。安装该软件后，不用对硬盘进行重新分区或是识别，就能够非常顺利地运行用户已经安装的多个操作系统，而且还能够使用拖放功能在几个虚拟计算机之间共享文件和应用程序。

其安装过程没有特殊要求，通过单击“下一步”按钮就能顺利地安装好。

下面简单介绍 Virtual PC 的使用方法。

1. 新建 PC

第一步：启动 Virtual PC 后，会弹出 PC 安装向导（见图 16），指引用户配置一台新的虚拟计算机。

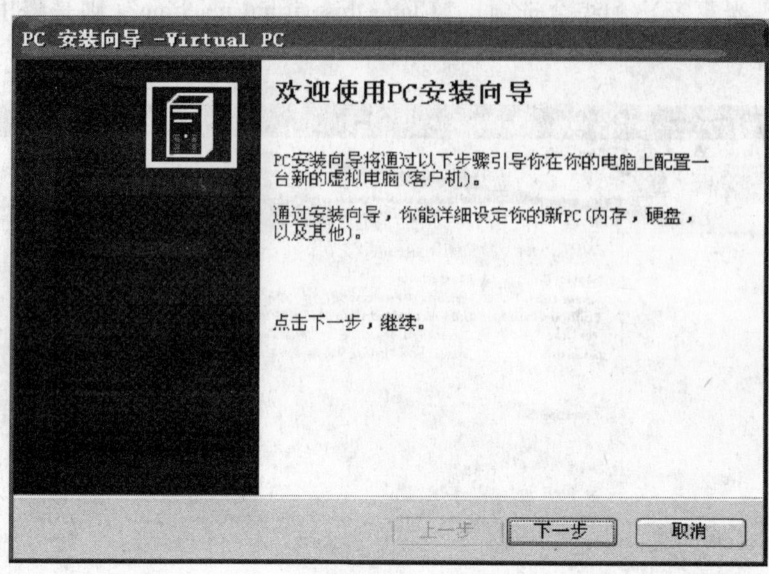

图 16　新建 PC

第二步：首先，给这台计算机起一个名字，假设要安装 Windows 2000 操作系统，则给这台虚拟计算机起名就叫 Windows 2000，如图 17 所示。

第三步：单击“下一步”按钮，来到配置选项界面，配置选项将引导用户配置虚拟硬盘、内存的大小、用户想安装的操作系统。“创建默认 PC”选项是当用户非常熟悉此软件的使用方法后来进行配置用的。对于首次使用 Virtual PC 者，建议使用“设置向导”选项，然后单击“下一步”按钮，如图 18 所示。

第四步：如果想安装的操作系统是 Windows 2000，那就选 Windows 2000，单击下拉菜单可知能安装哪些操作系统，选择要安装的操作系统后单击“下一步”按钮，如图 19 所示。

第五步：配置虚拟计算机的内存（并不是 Virtual PC 运行时自身占用的内存），是在计算机上的物理内存，也就是说如果用户计算机使用的内存容量为 512 MB，而在此配置的内存容量为 128 MB（见图 20），当启动虚拟计算机时它要占用掉物理内存中的 128 MB 来运行要安装的 Windows 2000，这时用户现在正在运行的操作系统就只剩下 384 MB可用。

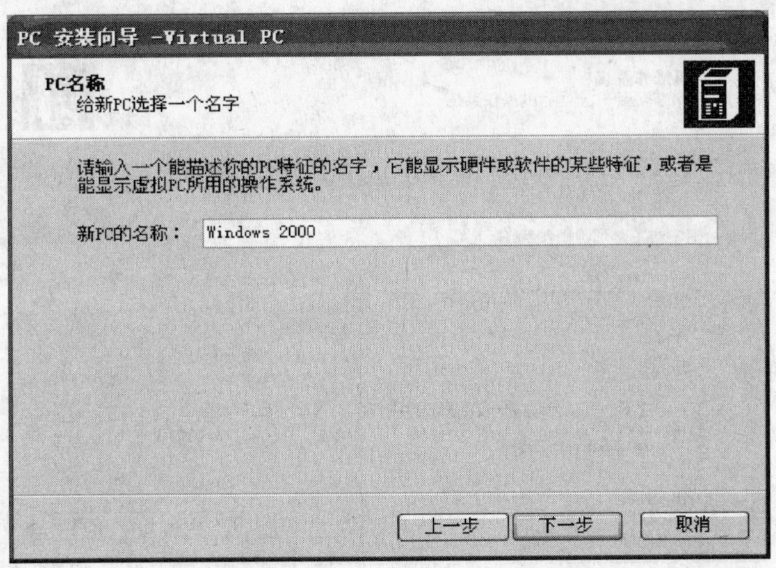

图 17　命名新的虚拟机

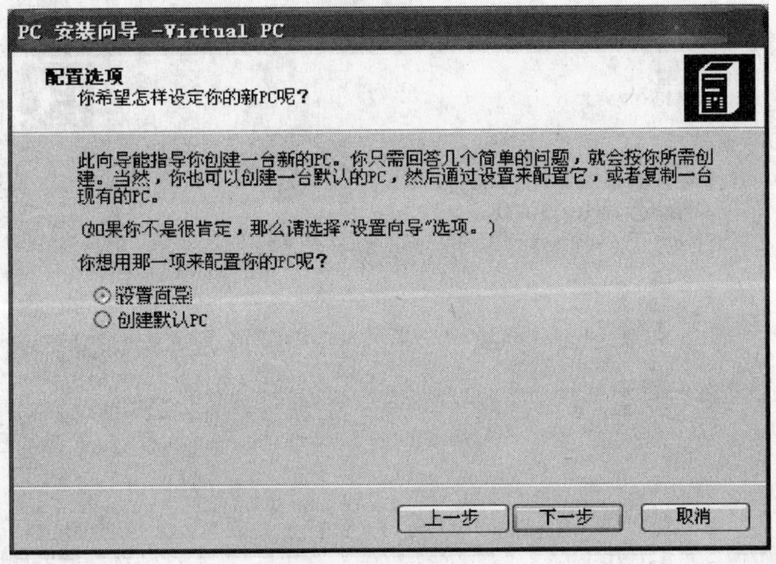

图 18　配置选项

第六步：创建硬盘，选择“创建一个新的硬盘映像文件”选项，如图 21 所示，单击“下一步”按钮。

第七步：选择所建虚拟硬盘所在的物理硬盘上的分区，虚拟硬盘事实上就是一个单独的文件，只有 Virtual PC 才能读取，而且还是动态的，就是此文件的大小由用户装入

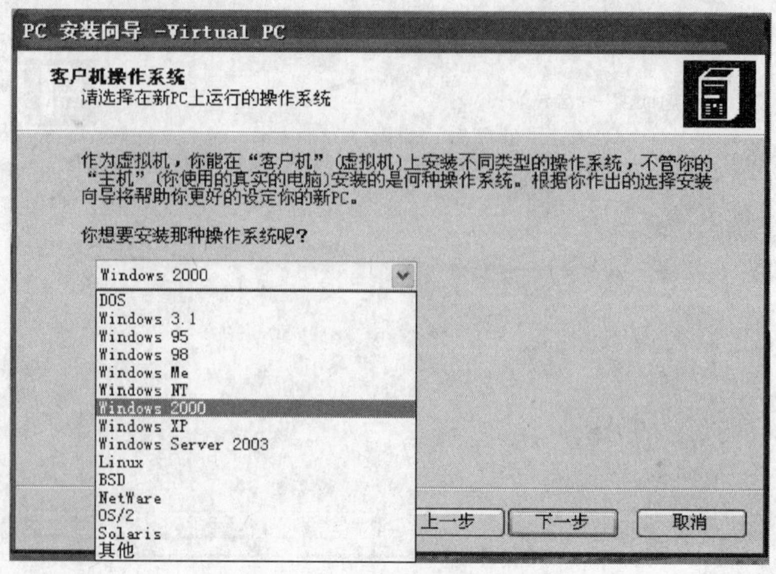

图 19　选择客户机操作系统

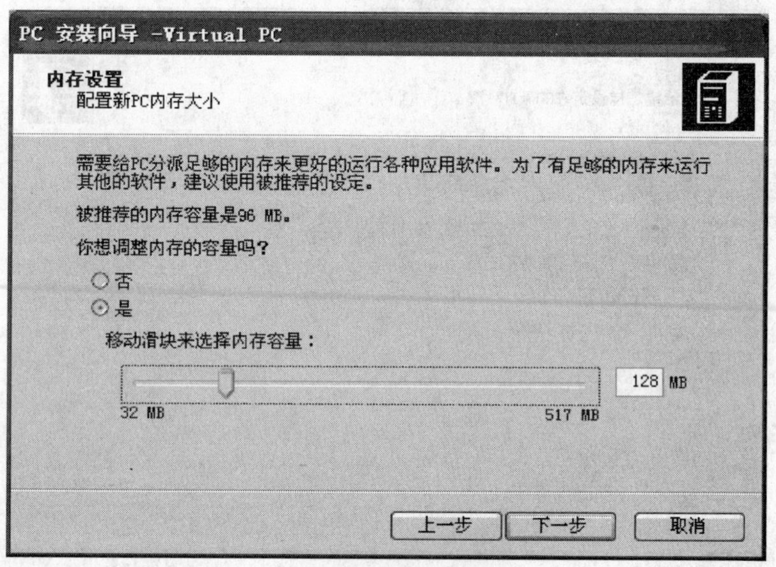

图 20　配置内存大小

其中的内容多少来决定。如果用户安装的操作系统是 DOS，那么此文件只有几十 MB 大小，如果用户安装的操作系统是 Windows XP，那么此文件可能就有 1.5 GB 大小。如图 22 所示，图 22 所示的硬盘位置是：D:\windows 2000. vhd，然后单击“下一步”按钮。

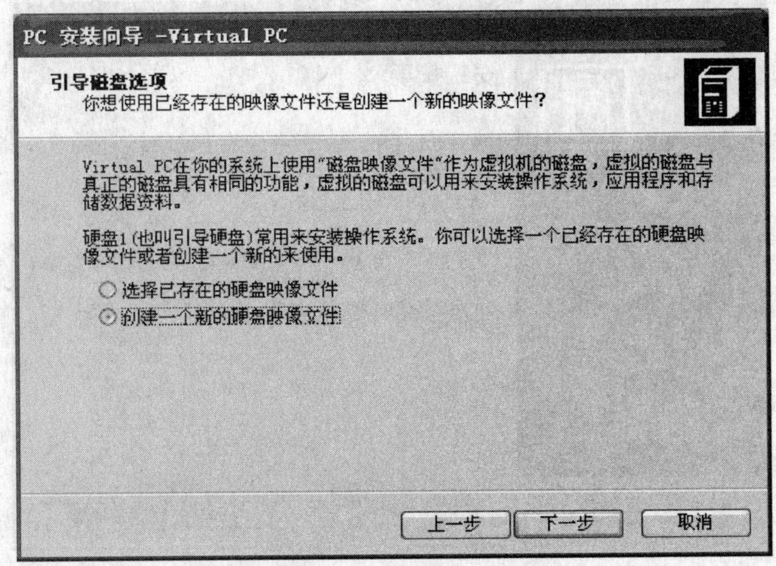

图 21　引导磁盘选项

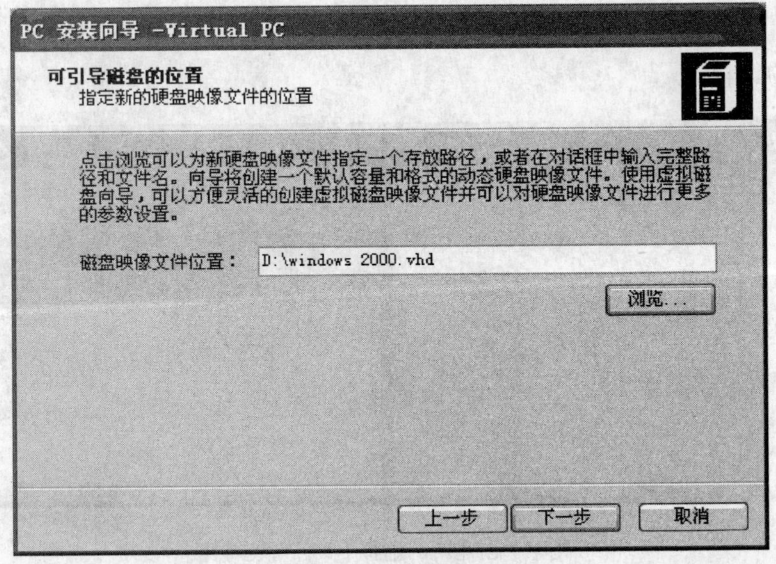

图 22　指定磁盘映像文件位置

第八步：配置步骤完毕，结果如图 23 所示。这里可以看到硬盘竟有 16 384 MB，但硬盘上可能根本放不下这么大的一个文件，其实虚拟硬盘是动态的，这个数字只表明此文件最大是 16 384 MB 大小。单击“完成”按钮来结束安装向导。

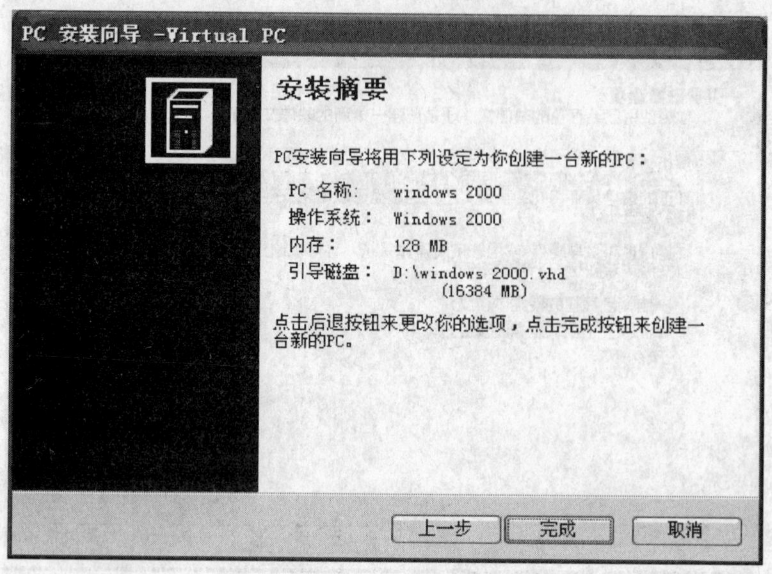

图 23 安装完成后的摘要

此时，原本空白的 Virtual PC 列表框中多出了“Windows 2000 已关闭”一项，右边的“属性设置…”按钮、“删除…”按钮、“启动系统”按钮也变为可用状态。如图 24 所示是配置前后的比较。

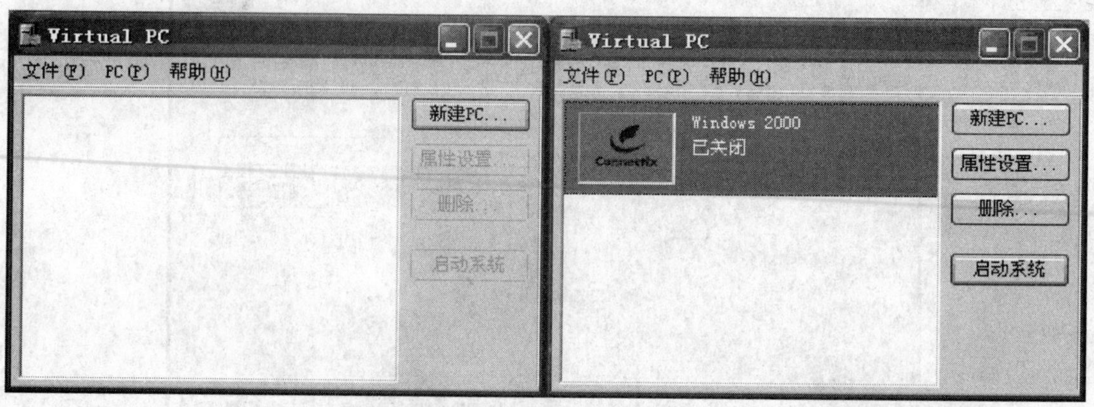

图 24 创建新的虚拟 PC 后列表对比

继续单击“新建 PC”按钮，则会重复上面的操作，用户可以再创建 WinXP、Linux……

“属性设置”按钮用来调整设置内容（见图 25），在此更改该 PC 的名称、改变内存的大小、更换所使用的硬盘（硬盘映像文件）、用户要使用的串并行端口，还有共享文件夹等。

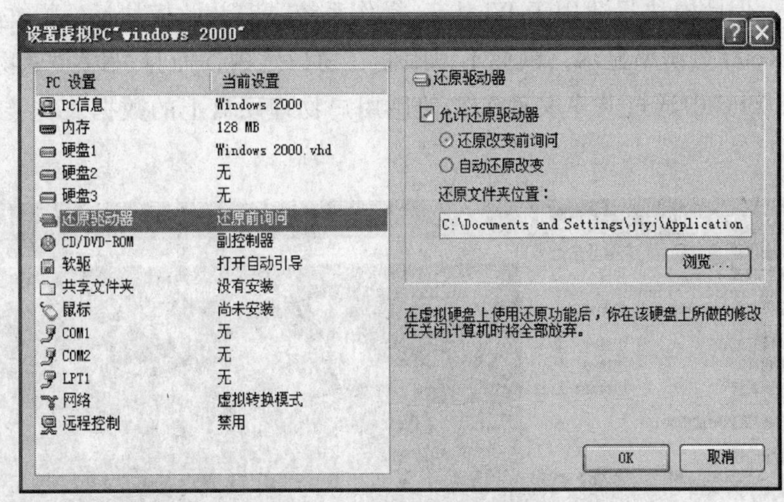

图 25　虚拟机属性设置

注意：默认设置是禁用还原，若要允许还原，则勾选“允许还原驱动器”复选框，这样就可以在虚拟硬盘上使用还原功能，在该硬盘上所做的修改在关闭计算机时可以选择全部放弃。

“删除”按钮则用来删除用户所创建的 PC，但其硬盘映像文件并没有删除，还可以在硬盘上找到。

2. 安装操作系统

单击“启动系统”按钮，所有的操作就像在一台真正的计算机上那样进行，包括：硬盘分区、格式化硬盘、从软驱启动、从可启动光盘启动、安装操作系统、关机、重启。由于还没有安装操作系统，出现了“OS not found install an OS on this hard drive”的提示，意思是用户没有安装操作系统。以下步骤以安装 Windows 2000 为示例，说明操作系统的安装。

首先把一张可光盘启动的 Windows 2000 操作系统安装盘放入光驱，单击“CD”选项，弹出菜单，“载入主机驱动器 F:”变为可用状态，也就是说，当光驱里放入光盘后，才能使用光驱。如果在计算机里没有光驱，也可以载入 ISO 文件作为光驱使用。对于 Virtual PC 来说，ISO 文件载入后就相当于光驱。用户可以用 ISO 编辑软件把 Windows 2000 或其他操作系统做成可启动 ISO 文件，然后加载此文件来进行操作系统的安装。

操作系统安装完毕后，安装程序重启时将把光盘弹出光驱或者释放 ISO 文件。

3. 设置

（1）安装/更新附加模块。附加模块是增强操作系统功能的程序。安装 Virtual PC 时，已带附加模块，但此模块只适用于 Windows 操作系统，安装此模块后，操作系统能以 32 位真色彩 800×600 分辨率显示，鼠标不再限制在窗口之内，而且可以共享物理硬盘上的文件夹，在虚拟 PC 中通过共享文件夹来使用用户物理硬盘上的数据。安装过程如图 26 所示。

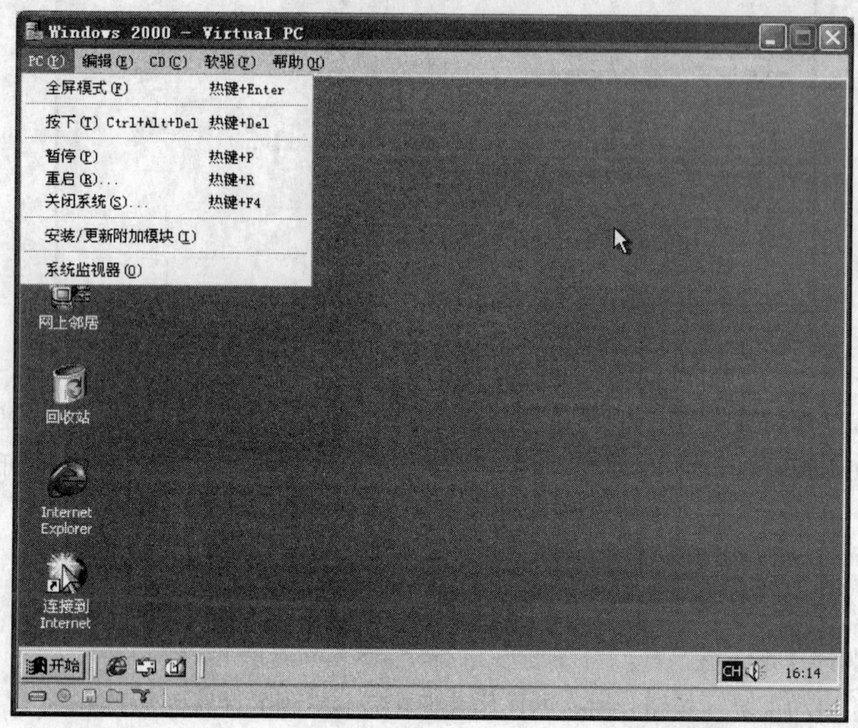

图 26　安装附加模块

单击“安装/更新附加模块”，稍等一会儿，出现安装程序，一直单击“下一步”按钮完成安装，重启。

（2）共享文件夹。把鼠标指向图 27 所示的文件夹图标，单击鼠标右键，在弹出的快捷菜单中单击“共享文件夹…”命令。

图 27　单击“共享文件夹”

出现如图 28 所示的对话框，示例选择共享的是物理硬盘上的 D:\Backup，虚拟机盘符为“Z”，设定为“总是共享”（下次启动时将共享相同的文件夹）。

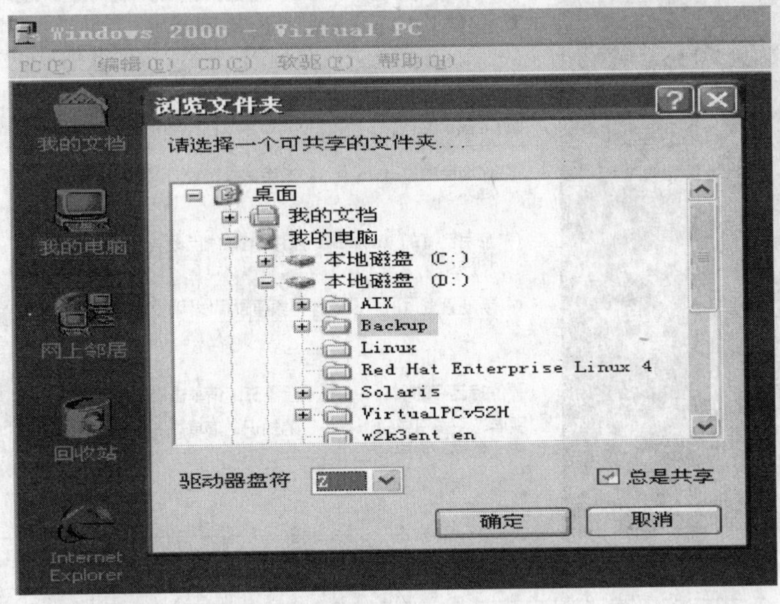

图 28　浏览要共享的文件夹

确定后就可以在虚拟系统里对 Z 盘（即物理宿主机的 D:\Backup 文件夹）进行读写操作。

(3) 在虚拟机中上网。首先在“属性设置”→“网络设置”中设置为“共享网络模式”，如图 29 所示。

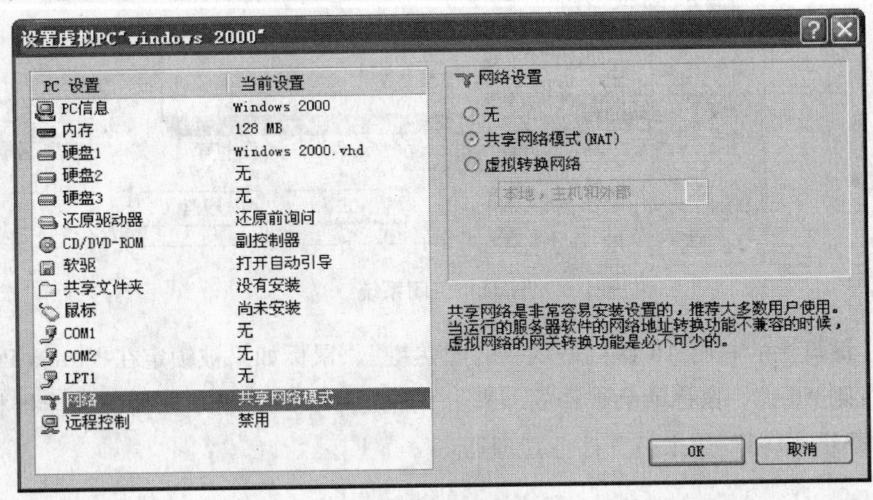

图 29　网络设置

然后在虚拟机中完成“Internet 连接向导”后即可上网，如图 30 所示。

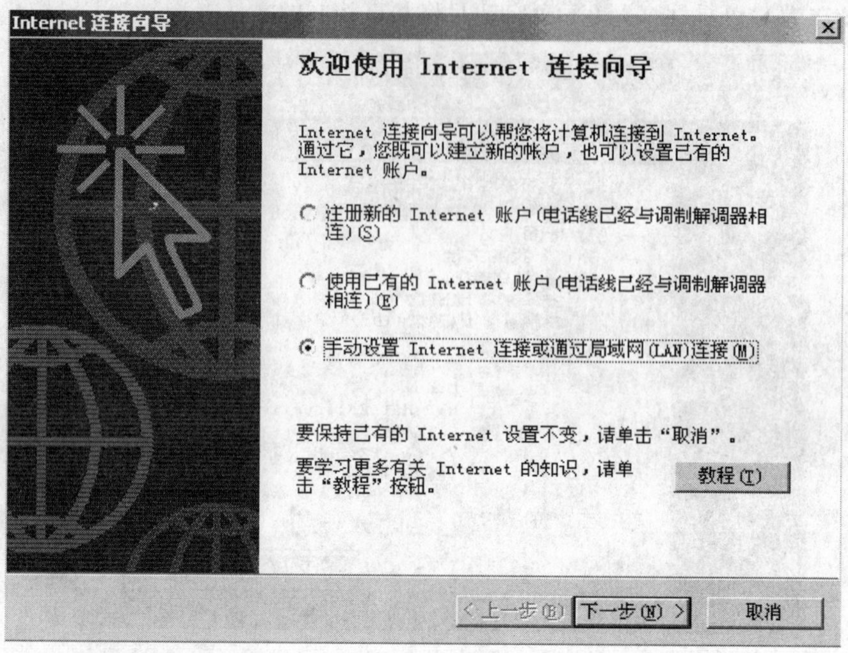

图 30　连接 Internet

最后关闭 Virtual PC 时会有如图 31 所示的提示，按需选择即可。

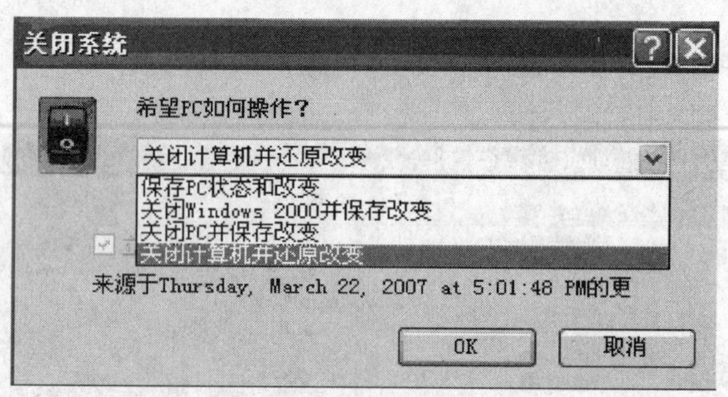

图 31　关闭系统

注意：键盘上的右侧 Alt 键就是默认的“热键”，鼠标如果被锁定在 Virtual PC 的窗口中，按下右侧 Alt 键，鼠标就会被释放出来。“热键 + Enter”用来在窗口和全屏模式下进行转换，“热键 + Del”用来打开任务管理器。

三、使用 Ghost

Ghost（幽灵）软件是美国 Symantec（赛门铁克）公司推出的一款出色的硬盘备份还原工具，可以实现 FAT16、FAT32、NTFS、OS2 等多种硬盘分区格式的分区及硬盘的备份还原。

Ghost 的备份还原是以硬盘的扇区为单位进行的，也就是说可以将一个硬盘上的物理信息完整复制，而不仅仅是数据的简单复制；但 Ghost 能克隆系统中所有的内容，例如声音、动画、图像，连磁盘碎片都可以复制。Ghost 支持将分区或硬盘直接备份到一个扩展名为 . gho 的文件里（Symantec 把这种文件称为镜像文件），也支持直接备份到另一个分区或硬盘里。

Ghost 2003 可以在 Windows 环境下运行，但其核心的备份和恢复仍要在 DOS 下完成。Symantec 公司推出了功能更为强大、使用更加方便的 Ghost 9. 0，其全新的“Hot Image”技术可以让用户直接在 Windows 环境下，对系统分区进行热备份而无须关闭 Windows 系统；它新增的增量备份功能，可以将磁盘上新近变更的信息添加到原有的备份镜像文件中去，用户不必再反复执行整盘备份的操作；它还可以在不启动 Windows 的情况下，通过光盘启动来完成分区的恢复操作，十分方便。

下面以 Ghost 2003 为例，说明 Ghost 的使用。

通常把 Ghost 文件复制到启动软盘（U 盘）里，也可将其刻录进启动光盘，用启动盘进入 DOS 环境后，在提示符下输入 Ghost，回车即可运行 Ghost，首先出现的是“关于”界面。

按任意键进入 Ghost 操作界面，出现 Ghost 菜单，主菜单共有 4 项，从下至上分别为 Quit（退出）、Options（选项）、Peer to Peer（点对点，主要用于网络中）、Local（本地）。一般情况下用户只用到 Local 菜单项，其下有三个子项：Disk（硬盘备份与还原）、Partition（磁盘分区备份与还原）、Check（硬盘检测），前两项功能是用户用得最多的，下面的操作讲解就是围绕这两项展开的。

注意：Ghost 在备份还原时按扇区来进行复制操作，所以在操作时一定要小心，千万不能把目标盘（分区）弄错了，否则会抹掉目标盘（分区）的全部数据。

1. 功能菜单

（1）Disk：磁盘。

（2）Partition：即分区，在操作系统里，每个硬盘盘符（C 盘以后）对应着一个分区。Partition 其下有三个子菜单：

1）To Partition：将一个分区（称源分区）直接复制到另一个分区（目标分区），注意，操作时目标分区空间不能小于源分区。

2）To Image：将一个分区备份为一个镜像文件，注意存放镜像文件的分区不能比源分区小，最好是比源分区大。

3）From Image：从镜像文件中恢复分区（将备份的分区还原）。

（3）Image：镜像，镜像是 Ghost 的一种存放硬盘或分区内容的文件格式，扩展名为 . gho。

（4）To：到，在 Ghost 里，简单理解 To 即为“备份到”的意思。

（5）From：从，在 Ghost 里，简单理解 From 即为“从……还原”的意思。

2. 制作分区镜像文件

第一步：运行 Ghost，用光标方向键移动到菜单“Local→Partition→To Image”，如图 32 所示，然后按“Enter”键。

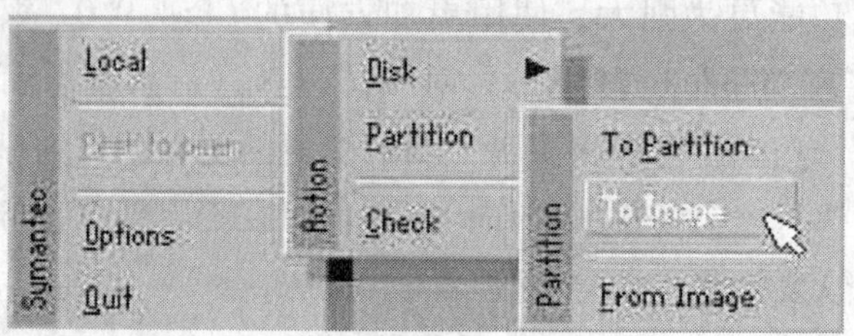

图 32　制作分区镜像文件

第二步：选择本地硬盘，如图 33 所示，单击“OK”按钮确定。

Select local source drive by clicking on the drive number

Drive	Size(MB)	Type	Cylinders	Heads	Sectors
1	16383	Basic	2088	255	63

OK　Cancel

图 33　选择源硬盘

第三步：在选择源分区窗口（源分区就是用户要把它制作成镜像文件的那个分区），用上下光标键将蓝色光条定位到用户要制作镜像文件的分区上，按“Enter”键确认用户要选择的源分区，再按一下“Tab”键将光标定位到“OK”按钮上（此时“OK”按钮变为白色），如图 34 所示。

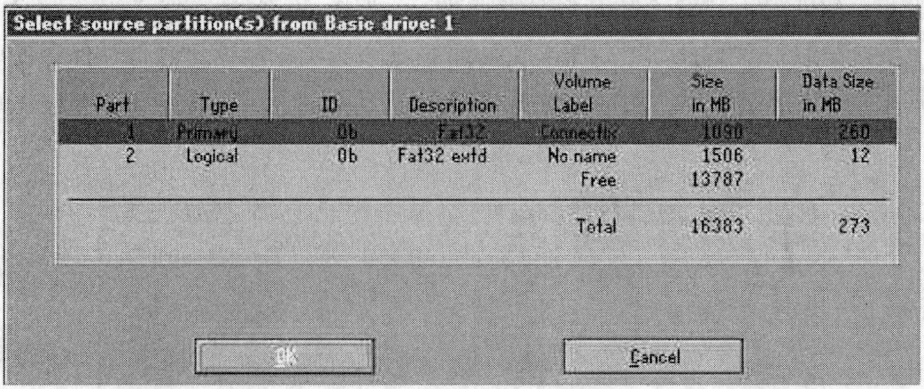

图 34　选择源分区

第四步：提示镜像文件存储目录，默认目录是 Ghost 程序所在的目录，在 File name 处输入镜像文件的文件名，如输入 D:\sysbak\cwin98，表示将镜像文件 cwin98. gho 保存到 D:\sysbak目录下，如图 35 所示，输好文件名后，按“Enter”键确认。

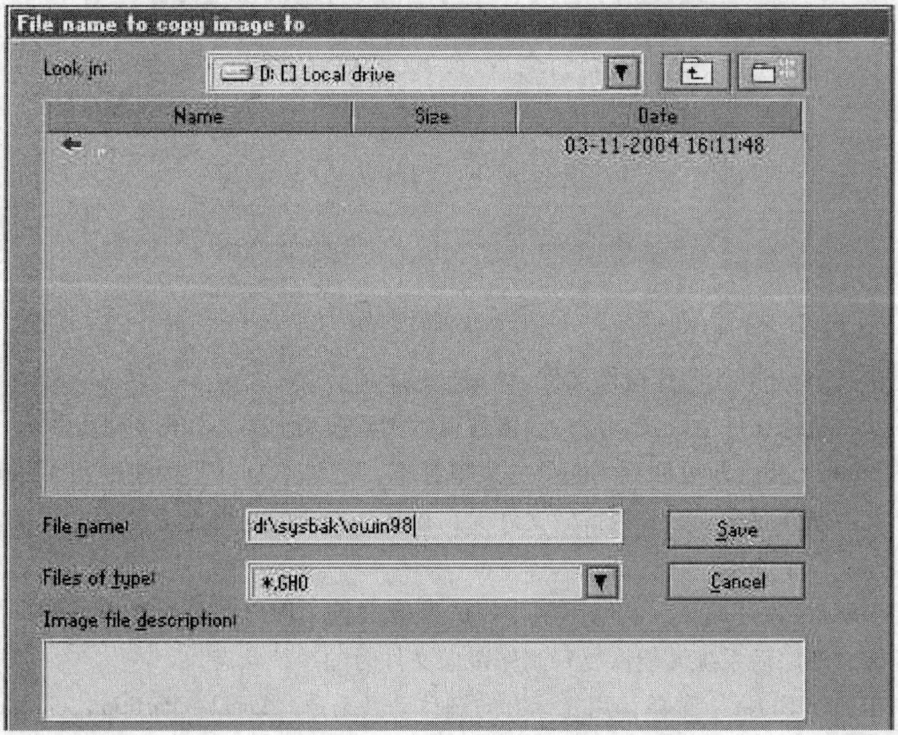

图 35　选择镜像文件名称

第五步：软件提示“是否要压缩镜像文件”，如图 36 所示，有“No”（不压缩）、“Fast”（快速压缩）、“High”（高压缩比压缩）三个选项，压缩比越低，保存速度越快。一般选择“Fast”按钮即可，用向右光标方向键移动到“Fast”按钮上，按“Enter”键确定。

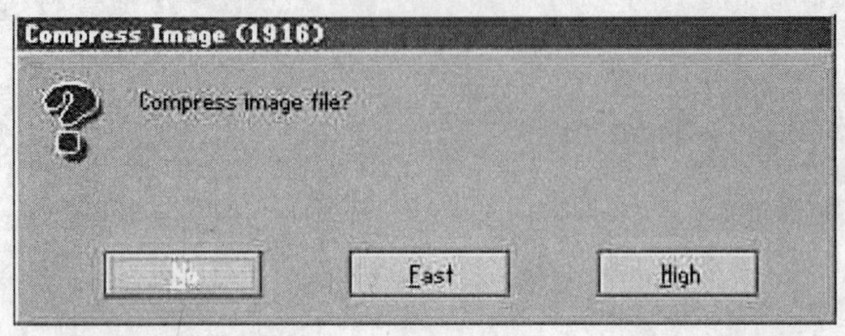

图 36　选择压缩方法

第六步：最后单击“Yes”按钮确定，如图 37 所示。

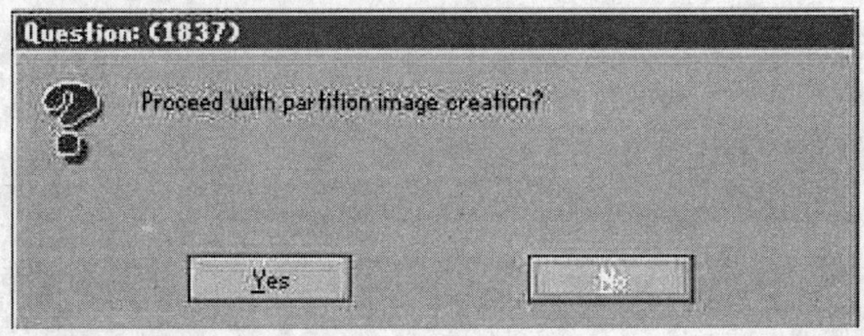

图 37　最后确认

第七步：Ghost 开始制作镜像文件，如图 38 所示。

第八步：镜像文件生成成功后，会出现提示创建成功窗口，如图 39 所示。

按“Enter”键后即可回到 Ghost 主菜单界面，选择“Quit”按钮退出 Ghost。至此，分区镜像文件制作完毕。将分区镜像文件保存在某个安全的地方作为备份，要恢复系统的时候再操作。

1）从镜像文件还原分区。利用制作好的镜像文件，用户就可以在做好测试的时候进行系统还原，还原后系统又能恢复到制作镜像文件时的系统状态。

第一步：在 Ghost 主菜单，用光标方向键移动到菜单“Local→Partition→From Image”，如图 40 所示，然后按“Enter”键确认。

第二步：在“镜像文件还原位置”窗口中，如图 41 所示，在“File name”处输入镜

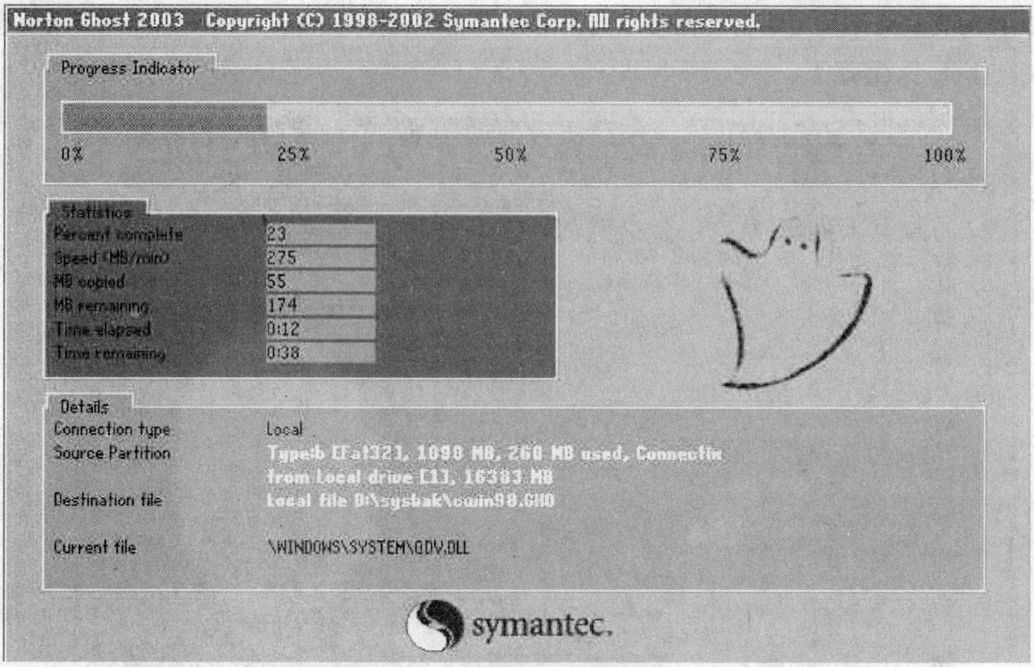

Norton Ghost 2003 Copyright (C) 1998-2002 Symantec Corp. All rights reserved.

Progress Indicator

0% 25% 50% 75% 100%

Statistics

Percent complete 23
Speed (MB/min) 275
MB copied 55
MB remaining 174
Time elapsed 0:12
Time remaining 0:38

Details

Connection type Local
Source Partition Type:b [Fat32], 1098 MB, 260 MB used, Connectix from Local drive [1], 16383 MB
Destination file Local file D:\sysbak\cwin98.GHO

Current file \WINDOWS\SYSTEM\GDV.DLL

symantec.

图 38　制作镜像过程中的进度显示

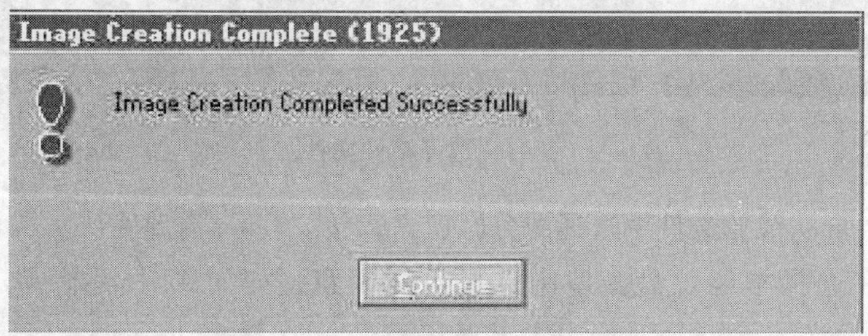

图 39　成功提示

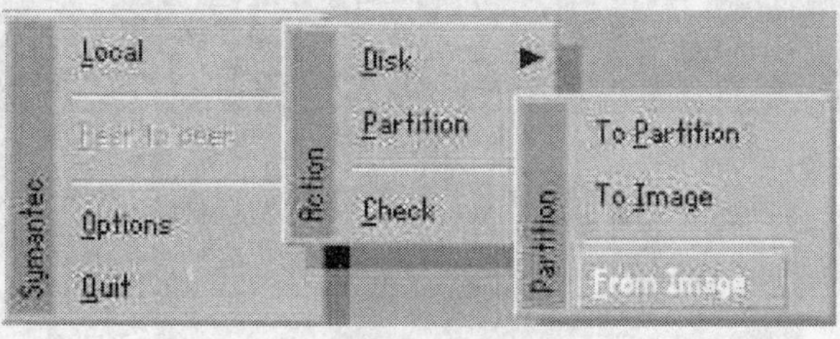

图 40　选择还原命令

像文件的完整路径及文件名（也可以浏览的方式选择文件），如 d:\sysbak\cwin98.gho，然后按“Enter”键确认。

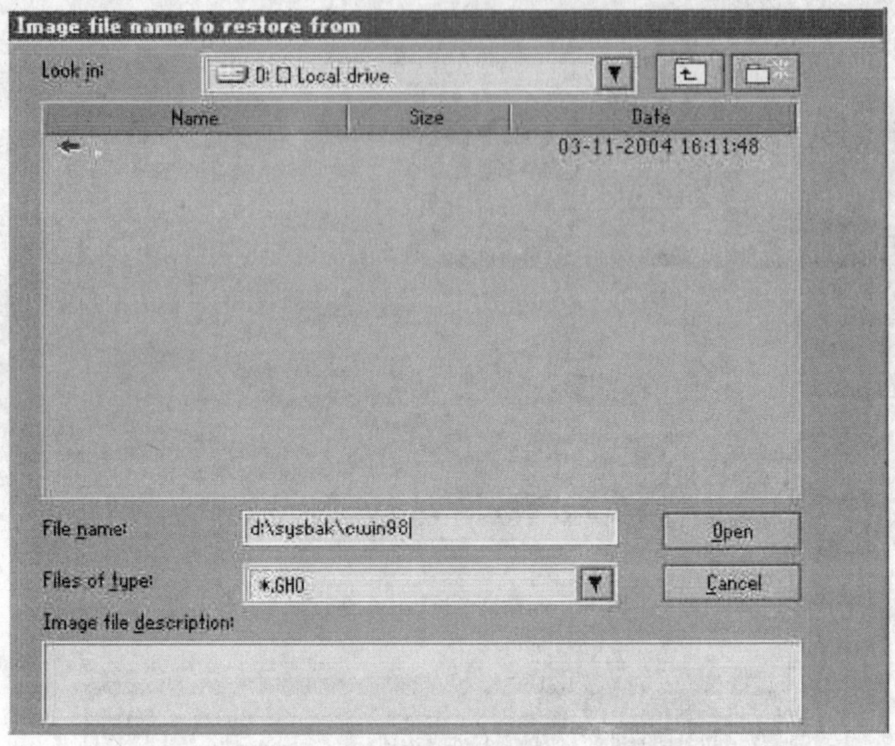

图 41　选择镜像文件

第三步：出现从镜像文件中选择源分区窗口，按“Enter”键确认。

第四步：在选择本地硬盘窗口中选择目标硬盘，如图 42 所示，单击“OK”按钮确定。

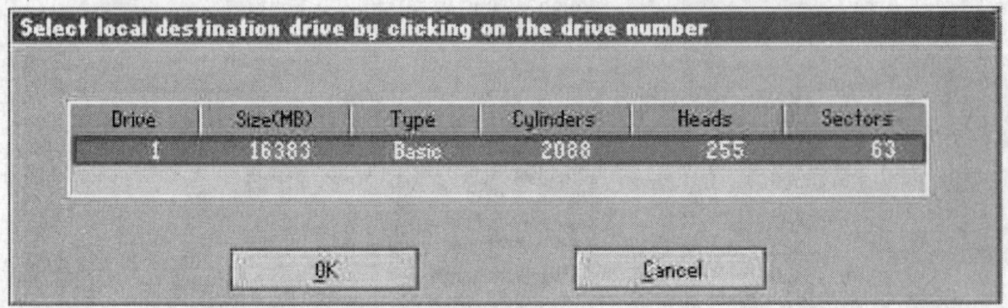

图 42　选择目标硬盘界面

第五步：在选择目标分区窗口中，用光标键选择要还原到哪个分区后按“Enter”键确认。

第六步：出现提问窗口，如图 43 所示，单击“Yes”按钮确定，Ghost 开始还原分区信息。

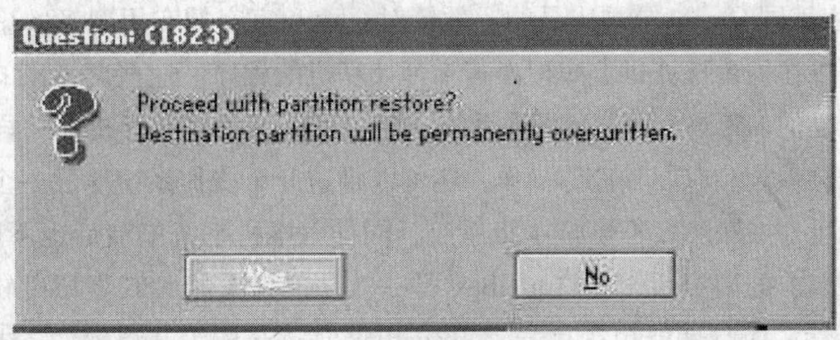

图 43　确认恢复分区

第七步：很快就还原完毕，出现还原完毕窗口，如图 44 所示，单击“Reset Computer”按钮重启计算机。至此，完成对分区的恢复操作。

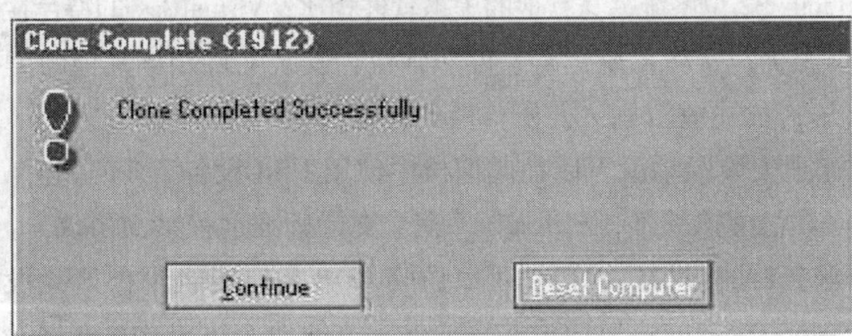

图 44　成功恢复提示

2）硬盘的备份及还原。Ghost 可以实现硬盘到硬盘的直接复制（Disk To Disk）、硬盘到镜像文件（Disk To Image）、从镜像文件还原硬盘内容（Disk From Image）。

在计算机的配置完全相同的情况下，用户可以先在一台计算机上安装好操作系统及软件，然后用 Ghost 的硬盘复制功能将系统完整地“复制”一份到其他计算机中，这样安装操作系统就比逐步安装效率要高很多。

Ghost 的 Disk 菜单使用与 Partition 大同小异，这里不再赘述。

3）针对测试的 Ghost 最佳实践。根据测试要求完成操作系统以及各种驱动程序的安装后，确认系统能够与被测试的软件运行环境相同，然后用 ghost 软件使用较高的压缩方法备份成文件。由于系统软件的测试存在不同的先决条件，这样可能要保存不同安装要求的操作系统的备份，在这种情况下，如果测试使用非物理机也可以接受，最好的办法还是使用虚拟机。

四、Virtual Box

VirtualBox 由美国 Oracle 公司出品的一款针对企业和家庭的实用型 X86 虚拟化软件。虚拟化软件是指可以在一台计算机上虚拟出若干台计算机的程序。这些虚拟出的机器运行时互不干扰，拥有独立的 CMOS、硬盘和操作系统。用户可以像使用普通机器一样对它们进行分区、格式化、安装系统和应用软件等操作，还可以将这几个操作系统连成一个网络。在虚拟系统崩溃之后，可直接删除，不影响本机系统，同样，本机系统崩溃后也不影响虚拟系统，重装后可再加入以前的虚拟系统。VirtualBox 是一款功能强大的 X86 虚拟机软件，它不仅具有丰富的功能特性，而且性能也很优异。VirtualBox 正逐步成为开源软件，成为一个发布在 GNU General Public Licence（GPL）许可之下的自由软件。作为开源阵营中的一个重要虚拟机，VirtualBox 从诞生之日起就一直受到广大用户的追捧。这款软件不但功能丰富强大，而且运行迅速，中文界面操作简单。它是基于 GPL 条款之上的开放、免费软件。目前，VirtualBox 可以运行于 Windows 和 Linux 32 位系统，与其他的虚拟软件相比，VirtualBox 的特色在于：

- 使用主机资源少，寄宿系统运行速度非常快，安装文件相比其他的虚拟机要小得多。
- 使用 XML 语言描述虚拟机，方便移植到其他计算机上。
- 无须在 Host 上安装驱动就可以在虚拟机中使用 USB 设备。
- 不同于任何其他虚拟软件，VirtualBox 完全支持标准远程桌面协议。
- 作为 RDP 服务器的虚拟机，仍然可以访问 RDP 客户端插入的 USB 设备。
- 在虚拟机和宿主机之间可以通过共享文件夹方便地交流、共享文件。
- 具有典型的模块化设计，有界定明确的内部编程接口，使用客户机/服务器设计模式。

五、VMware Esxi 云管理技术

在信息技术领域，“云”的概念在各类媒体频繁曝光。这一新理念也被看做是信息技术发展的新契机。了解云概念，掌握相关技术也是当今时代信息技术人才的发展要求。

作为云技术相关概念，首先需要了解云计算。云计算（Cloud Computing），是一种基于互联网的计算方式，通过这种方式，共享的软硬件资源和信息可以按需提供给计算机和其他设备。云其实是网络、互联网的一种比喻说法。云计算的核心思想是将大量用网络连接的计算资源统一管理和调度，构成一个计算资源池向用户提供按需服务。提供资源的网络被称为“云”。狭义云计算是指 IT 基础设施的交付和使用模式，指通过网络以按需、易

扩展的方式获得所需资源。广义云计算是指服务的交付和使用模式，指通过网络以按需、易扩展的方式获得所需服务。这种服务可以是 IT 和软件、互联网相关，也可以是其他服务。

云计算按照服务对象的不同，一般分为公有云和私有云两大类，前者指的是面向广域范围内服务对象的云计算服务，一般具有社会性，普遍性和公益性等特点，而后者一般是指社会单位因自身需要所建设的自有云计算服务模式，一般具有行业性特点。

VMware ESXi 是一个用于构建云架构的平台，可以将 CPU、网络和存储等分布资源集合到一个无缝、灵活而动态的云架构里，帮助用户最大限度地提高效率，加强控制并提供更灵活地选择。

附录3

常见的软件测试规范

一、测试用例模块化管理规范

测试用例在软件测试活动中可以以不同的组织形式存在。一般来说，软件测试行为组织划分为两个维度：测试宽度和测试深度。测试宽度是指不同的测试类型，每种测试类型可以发现与之相对应的缺陷类型。测试深度是指在某种测试类型下的测试技术和测试理念，从而可以发现小概率发生的缺陷。

测试用例可以基于上述测试活动的组织形式，将测试用例做相应归类管理。

二、缺陷状态即时跟踪管理规范

1. 缺陷的描述

缺陷描述是任何缺陷跟踪和报告系统的核心，包含缺陷的必要信息。缺陷描述所形成的技术文档就是缺陷报告，它描述与单个缺陷相关的各种征兆或模式。

（1）缺陷的描述

1）Header（头）：包含缺陷的编号，相应产品，缺陷报告创建者，创建日期，当前状态等基本信息。

2）Body（体）：包含缺陷所在的子系统和相应版本，对应的功能模块，简要描述和详细描述，缺陷严重等级，缺陷紧急程度，缺陷覆盖范围等具体信息。

3）Follow - up（跟踪）：包含缺陷的分析，决策，实现和测试，更正缺陷的新版本等详细信息。

4）History（历史）：缺陷在生命周期中经历的状态变化和相应的日期。

5）Comments（注释）：与缺陷相关的自由信息。

（2）缺陷的等级

1）G0：系统无法运行。

2）G1：系统的关键功能受到严重影响。

3）G2：系统的关键功能受到影响，导致软件部分或完全无法工作，但有临时解决方案。

4）G3：系统的正常操作受到轻微影响。

5）G4：不会影响系统的操作，但如果改正，可以改善客户对系统的印象。

（3）缺陷的优先级

1）U0：最高，必须尽可能马上解决。

2）U1：高，必须在下一个软件维护版本中解决。

3）U2：中，需在下一个软件发布版本中解决。

4）U3：低，在需要达到一定的质量等级时解决。

5）U4：非常低，可根据产品所需负责的范围判断是否解决。

（4）缺陷的覆盖范围

1）D0：微小的影响或编辑问题。

2）D1：对一个子系统的单独功能有影响。

3）D2：对一个子系统的至少一个功能有严重影响。

4）D3：对至少一个子系统有严重影响。

5）D4：对整个系统结构或多个子系统有影响。

2. 状态与流程

缺陷跟踪的过程中存在以下状态：

（1）CRE（CREated）：缺陷报告（FR）被发起人（Originator）创建。

（2）OPEN（OPENed）：缺陷报告（FR）发送给缺陷报告负责人（FRR）做评估。

（3）RFA（Request For Analysis）：FR 发送给设计人员分析。

（4）RFI（Request For Information）：FR 的分析者向 Originator 寻求相关信息（如 Trace，发生缺陷的具体情况等）。

三、测试报告撰写规范

1. 概述

（1）编写目的。编写测试文档的目的在于通过对测试结果的分析，得到对软件的评价。为纠正软件缺陷提供依据，使用户对系统运行建立信心。

（2）参考资料。说明软件测试所需的资料（需求分析、设计规范等）。

（3）术语和缩写词。说明本次测试所涉及的专业术语和缩写词等。

2. 测试对象

包括测试项目、测试类型、测试批次（本测试类型的第几次测试）、测试时间等。

3. 测试分析

（1）测试结果分析。列出测试结果分析记录，并按下列模板产生 Bug 分布表和 Bug 分布图。

分析模板：

从软件测试中发现的并最终确认的错误点等级数量来评估。

从以上提出的 Bug 等级来统计等级和数量的一个分布情况，见表 6。

表 6 Bug 等级分布情况

	A	B	C	D	E
Bug 数量	2	17	3	0	1
所占比例	9%	74%	13%	0%	4%

（2）对比分析。若非首次测试时，将本次测试结果与首次测试、前一次测试的结果进行对比分析比较。

（3）测试评估。通过对测试结果的分析，提出一个对软件能力的全面分析，需标明遗留缺陷、局限性和软件的约束限制等，并提出改进建议。

（4）测试结论。根据测试标准及测试结果，判定软件能否通过测试。

四、测试计划撰写规范

1. 引言

（1）编写目的。说明测试计划的具体编写目的，指出预期的读者范围。

（2）背景说明

1）说明测试计划所从属的软件系统的名称。

2）说明该开发项目的历史，列出用户和执行此项目测试的计算中心，说明在开始执行本测试计划之前必须完成的各项工作。

（3）定义。列出本文件中用到的专门术语的定义和外文首字母组词的原词组。

（4）参考资料。列出要用到的参考资料，如：

1）本项目经核准的计划任务书或合同、上级机关的批文。

2）属于本项目的其他已发表的文件。

3）本文件中各处引用的文件、资料，包括所要用到的软件开发标准。列出这些文件的标题、文件编号、发表日期和出版单位，说明能够得到这些文件资料的来源。

2. 计划

（1）软件说明

提供一份图表，并逐项说明被测软件的功能、输入和输出等质量指标，作为叙述测试计划的提纲。

（2）测试内容。列出组装测试和确认测试中的每一项测试内容的名称标识符、这些测试的进度安排以及这些测试的内容和目的，例如模块功能测试、接口正确性测试、数据文卷存取的测试、运行时间的测试、设计约束和极限的测试等。

（3）测试 1（标识符）。给出这项测试内容的参与单位及被测试的部位。

1）进度安排。给出对这项测试的进度安排，包括进行测试的日期和工作内容（如熟悉环境、培训、准备输入数据等）。

2）条件。陈述本项测试工作对资源的要求，包括：

①设备——所用到的设备类型、数量和预定使用时间。

②软件——列出将被用来支持本项测试过程而本身又并不是被测软件的组成部分的软件，如测试驱动程序、测试监控程序、仿真程序、桩模块等。

③人员列出在测试工作期间预期可由用户和开发任务组提供的工作人员的人数、技术水平及有关的预备知识，包括一些特殊要求，如倒班操作和数据键入人员。

3）测试资料。列出本项测试所需的资料，如：

①有关本项任务的文件。

②被测试程序及其所在的媒体。

③测试的输入和输出举例。

④有关控制此项测试的方法、过程的图表。

4）测试培训。说明或引用资料说明为被测软件的使用提供培训的计划。规定培训的内容、受训的人员及从事培训的工作人员。

（4）测试2（标识符）。用与本测试计划（3）相类似的方式说明用于另一项及其后各项测试内容的测试工作计划。

3. 测试设计说明

（1）测试1（标识符）。说明对第一项测试内容的测试设计考虑。

1）控制。说明本测试的控制方式，如输入是人工、半自动或自动引入、控制操作的顺序以及结果的记录方法。

2）输入。说明本项测试中所使用的输入数据及选择这些输入数据的策略。

3）输出。说明预期的输出数据，如测试结果及可能产生的中间结果或运行信息。

4）过程。说明完成此项测试的一个个步骤和控制命令，包括测试的准备、初始化、中间步骤和运行结束方式。

（2）测试2（标识符）。用与本测试计划（1）条相类似的方式说明第2项及其后各项测试工作的设计考虑。

4. 评价准则

（1）范围。说明所选择的测试用例能够检查的范围及其局限性。

（2）数据整理。陈述为了把测试数据加工成便于评价的适当形式，使得测试结果可以同已知结果进行比较而要用到的转换处理技术，如手工方式或自动方式；如果是用自动方式整理数据，还要说明为进行处理而要用到的硬件、软件资源。

（3）尺度。说明用来判断测试工作是否能通过的评价尺度，如合理的输出结果的类型、测试输出结果与预期输出之间的容许偏离范围、允许中断或停机的最大次数。

五、白盒测试代码的编写规范

在编写测试代码时，测试人员需要遵循编码规范。这样可以使代码易读性强，降低代码出错概率和维护成本。在此特别强调单元测试中的类名、实例化方法及其传递参数这类在测试代码中常用的代码实例。

1. 类（Class）

命名规则：类名是名词，采用大小写混合的方式，每个单词的首字母大写。尽量使类名简洁而富于描述性。使用完整单词，避免缩写词（除非该缩写词被更广泛使用，像URL，HTML）。

例如：class Raster；

class ImageSprite；

当编写类的时候应该遵守以下格式规则：

（1）在方法名与其参数列表之前的左括号“(”间不要有空格。

（2）左大括号“{”位于声明语句同行的末尾，也可以单起一行，与声明语句首端对齐。

（3）右大括号“}”另起一行，与相应的声明语句对齐，除非是一个空语句，“}”应紧跟在“{”之后。

（4）方法与方法之间以空行分隔。

```
class Sample extends Object {
    int ivar1;
    int ivar2;

    Sample(int i,int j) {
        ivar1 = i;
        ivar2 = j;
    }


    int empty Method() {}

    ...
```

}

2. 方法（Method）

方法名是一个动词，采用大小写混合的方式，第一个单词的首字母小写，其后单词的首字母大写。

例如：run( )；

runFast( )；

get Back ground( )；

3. 变量（Variable）

除了变量名外，所有实例，包括类、类常量，均采用大小写混合的方式，第一个单词的首字母小写，其后单词的首字母大写。变量名不应以下划线或美元符号开头，尽管这在语法上是允许的。

变量名应简短且富于描述信息。变量名的选用应该易于记忆，即能够指出其用途。尽量避免单个字符的变量名，除非是一次性的临时变量。临时变量通常被取名为 i，j，k，m 和 n，它们一般用于整型。c，d，e 一般用于字符型。

例如，char c；

int i；

float my Width；

4. 实例变量（Instance Variable）

大小写规则和变量名相似，但是变量名间需要一个下划线。

例如，int_ employeeId；

String_ name；

Customer_ customer；

5. 常量（Constant）

类常量和 ANSI 常量的声明，应该全部大写，单词间用下划线隔开。

例如，static final int MIN_ WIDTH = 4；

static final int MAX_ WIDTH = 999；

static final int GET_ THE_ CPU = 1；